HUMMUS BULGUR & ZA'ATAR

Rawia Bishara eröffnete 1998 ihr Restaurant Tanoreen in Bay Ridge, Brooklyn. Das *New York Magazine* hat es zum Restaurant mit den besten Mezze und dem günstigsten Essen gekürt. Das Tanoreen erhielt Auszeichnungen und positive Bewertungen von *The New York Times, Gourmet magazine, The New Yorker, The Village Voice, Travel & Leisure, Zagat Survey, MICHELIN Guide, Time Out New York, New York Post* und „The Best Thing I Ever Ate" von *Food Network*. Rawia hat ihre Rezepte in *The New York Times*, im *New York Magazine* und im *Plate Magazine* veröffentlicht und unterrichtet regelmäßig am kulinarischen Institut der *DeGustibus Cooking School* in New York.

HUMMUS BULGUR & ZA'ATAR

MEDITERRAN-ORIENTALISCHE KÖSTLICHKEITEN

RAWIA BISHARA

FOTOGRAFIE PETER CASSIDY

WIDMUNG

Für meine Mutter und meinen Vater, Monira und Anton. Dafür, dass ihr mir die Liebe fürs Essen und für die Familie vermittelt habt, und für das Zusammengehörigkeitsgefühl an unserem Essenstisch.

First published in Great Britain in 2014
by Kyle Books
67–69 Whitfield Street
London W1T 4HF
www.kylebooks.com

© der deutschsprachigen Ausgabe 2015
Fackelträger Verlag GmbH, Köln
Emil-Hoffmann-Straße 1
D-50996 Köln

Text © Rawia Bishara und Jumana Bishara
Fotografie © Peter Cassidy, außer auf der Seite 219 (Rawia Bishara)
Design © Kyle Cathie Ltd.
Umschlagdesign © Grade Design
Umschlagfotografie © Peter Cassidy

Übersetzer: Amelia Sassano für mcp concept
Redaktion: Susanne Kraus, Oliver Maute, mcp concept
Satz : mcp concept, Kolbermoor
Gesamtherstellung: Fackelträger Verlag GmbH, Köln

ISBN 978-3-7716-4585-4
Printed in China

www.fackeltraeger-verlag.de

INHALT

EINLEITUNG

Rawia bedeutet auf Arabisch „Geschichtenerzähler". Ich bevorzuge es, die Geschichten über meine Familie, mein Leben und meine Kultur durch mein Essen auszudrücken. Meiner Meinung nach sagt die Art und Weise, wie Zutaten eingekauft, Gerichte serviert und Mahlzeiten zelebriert werden, sehr viel aus.

Ich wurde im wunderschönen Nazareth geboren und wuchs in einer palästinensisch-arabischen Familie auf, die großen Wert auf gutes Essen legte. Obwohl es damals Begriffe wie „Biodynamik", „Slow Food" und „Nachhaltigkeit" noch nicht gab, könnte man sagen, dass meine Eltern all das bei der Zubereitung ihres Essens beachteten. Sie waren damals schon echte Feinschmecker.

Meine Großmutter hatte immer Keramikschalen mit Olivenöl von eigenen Oliven im Haus. Auch meine Mutter presste immer ihr eigenes Olivenöl und mit dem restlichen „rohen" Öl stellte sie Seife her. Sie produzierte eigenen Essig, ließ ihre Kräuter und Früchte sonnentrocknen, stellte haufenweise Ziegenkäse, ihren eigenen lieblichen Wein und Marmeladen von den Früchten der örtlichen Obstgärten her.

Ich habe viele Kindheitserinnerungen, aber am besten kann ich mich an die Sommer erinnern, die ich mit meinen vier Geschwistern bei unseren Großeltern in Rama und Tarshiha, in den Bergen Galiläas, verbrachte. Schon die Fahrt dorthin war der Traum jedes Liebhabers hochwertiger Lebensmittel. Ein farbenfrohes Mosaik aus Dächern ragte in den Himmel, jedes bedeckt mit Gemüse und Kräutern, die zum Trocknen in die Sonne gelegt wurden. Es gab Flaschentomaten, Auberginen, Okraschoten, geräucherten Weizen, Sesamkörner, Za'atar, Sumak, Feigen, Aprikosen und grüne Minze – Köstlichkeiten, die für den Winter eingelegt wurden. Wir kehrten immer mit riesigen Mengen an Zutaten für Monate nach Hause zurück. So war meine Kindheit; so habe ich gelernt, wo und wie Lebensmittel wachsen und wie man sie respektvoll zubereitet.

VON NAZARETH NACH NEW YORK

Als ich meinen Mann Wafa heiratete und anschließend nach Bay Ridge, Brooklyn (New York) zog, fand ich mich plötzlich in einer der multikulturellsten Regionen der Welt wieder. Ich war begeistert von der Vielfältigkeit der verschiedenen Küchen und aß mich praktisch langsam durch die ganze Stadt.

„ICH HABE SEHR VIELE KINDHEITSERINNERUNGEN, ABER AM BESTEN KANN ICH MICH AN DIE SOMMER ERINNERN, DIE ICH MIT MEINEN VIER GESCHWISTERN BEI UNSEREN GROSSELTERN IN RAMA UND TARSHIHA, IN DEN BERGEN GALILÄAS, VERBRACHTE."

Diese Erkundungsreise hat meine Küche sehr beeinflusst. Auch die Reisen mit meiner Familie in den folgenden Jahren haben meinen kulinarischen Horizont und mein Repertoire erweitert. Ich werde nie unseren Spanienurlaub vergessen, bei dem ich immer wieder meine Kinder bestach, mit mir Paella zu essen. Ich wollte dieses nationale Gericht in all seinen Facetten erkunden. Diese kulinarische Erfahrung habe ich in mein eigenes *Sayadiyya*, einem traditionellen Fischgericht, einfließen lassen.

Unsere Europareisen waren etwas ganz Besonderes, aber nicht vergleichbar mit den regelmäßigen Besuchen in meiner Heimat. Mir war es wichtig, dass meine Kinder nicht nur ihre Wurzeln kennenlernten, sondern genauso wie ich damals eine Verbindung zum Essen des Nahen Ostens aufbauen konnten.

Als meine Kinder dann älter waren, fing ich an zu arbeiten und wurde Vorsitzende einer Frauenorganisation in New York, die sich um die Integration neuer Einwanderer kümmerte. Bei diesem Job waren oft Fähigkeiten als Entertainer gefragt – eine Rolle, die ich gerne übernahm. Meine Mitarbeiter, meine Familie und meine Freunde, für die ich seit Jahren kochte, sagten mir ständig, ich solle ein Restaurant eröffnen. Irgendwann war es dann soweit: Ich wagte den Schritt.

DIE ERÖFFNUNG DES TANOREEN

1998 eröffnete ich zu Ehren meiner Mutter – Monira Hanna – mein Restaurant, das Tanoreen, und interpretierte ihre einfallsreiche Nahostküche neu. Sie war eine leidenschaftliche Köchin, die nicht nur für uns Sieben Essen zauberte, sondern auch für viele Gäste, die sich häufig an unserem Tisch versammelten. Obwohl sie sich von den Traditionen ihres Heimatortes Galiläa inspirieren ließ, hielt sie nicht vehement daran fest. Sie wusste schon damals: Beim Kochen gibt es keine Grenzen. Wir hatten das Glück, jeden Abend Zeuge ihrer Kunst zu werden. Ich liebte

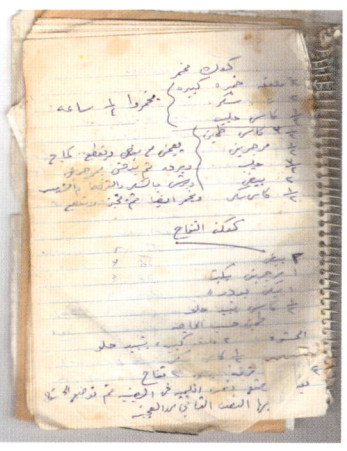

diese Seite an ihr und versuche noch heute jeden Tag, meinem Leben – und meinem Essen – mit demselben kreativen Überschwang zu begegenen wie meine Mutter.

Das Tanoreen ist nach einem majestätischen Dorf, das in den nördlichen Tälern der Libanons liegt, benannt. Seine Schönheit inspirierte die berühmte libanesische Sängerin Fairuz zu einer Ode. Ursprünglich kommt der Name von *Tannour*, einem Steinofen aus der Antike. Aber ehrlich gesagt mag ich daran, dass Tanoreen im Gegensatz zu meinem eigenen Namen, ganz einfach auszusprechen ist. Ich habe nämlich mein ganzes Leben damit verbracht, meinen Namen für andere zu buchstabieren!

Anfangs bestand das Tanoreen aus einer bescheidenen kleinen Schaufensterfront und zwölf Tischen. Auf der Speisekarte fand man hauptsächlich einfache Dinge wie Sandwiches, Aufstriche und Salate. Ich hatte mir ziemlich schnell einen festen Kundenstamm erarbeitet und erlebte, dass die traditionelle Hausmannskost, die mir so sehr am Herzen liegt, am meisten geschätzt wurde. Meine Gäste liebten die Gerichte, die ich von meiner Mutter gelernt hatte und die eine ständige Quelle des Glücks für mich waren.

Eine permanent weiterentwickelte Speisekarte, glückliche Kunden und gute Mundpropaganda führten dazu, dass über uns geschrieben wurde und wir positive Bewertungen erhielten. Und noch bevor ich mich umsehen konnte, standen die Leute vor unserer Tür Schlange. Wir mussten uns also vergrößern und so kam es dann auch. Zehn Jahre nach der Eröffnung des kleinen Restaurants kauften wir eine Immobilie und eröffneten ein viel größeres Restaurant mit 40 Sitzplätzen, 50 Tischen und einem Imbissbereich.

VERÄNDERUNGEN ANNEHMEN UND UMSETZEN

Meine Küche steht für Tradition und Moderne. Teilweise koche ich Gerichte so, wie sie seit Jahrzehnten gekocht werden; andere Male experimentiere ich etwas herum und gebe den Rezepten einen modernen Touch, indem ich mehr Gewürze verwende oder die Zubereitung etwas verändere. Das beste Beispiel hierfür ist mein Rosenkohlgericht mit Panko und Tahini, meine Lammhaxe im Kräutermantel, meine Kafta-Rolle (eine überarbeitete Variante des Klassikers) und meine Auberginen Napoleon mit Baba Ghanoush auf knackigen Auberginen und einem Basilikum-Tomaten-Klecks – alles in diesem Buch zu finden.

Meine Liebe für Zutaten, der Respekt für meine Herkunft und die Leidenschaft für das Kochen sind in diesem Buch

„EINS MUSS GESAGT SEIN, DIE ORIENTALISCHE KÜCHE BIETET WEITAUS MEHR ALS NUR FALAFEL UND ŞIŞ KEBAB. DIE GERICHTE, DIE ICH KOCHE, SIND GENAUSO VIELFÄLTIG WIE, SAGEN WIR MAL, DIE ITALIENISCHE KÜCHE – UND SPIEGELN DIE LANDSCHAFT, DAS KLIMA UND DAS LANDLEBEN WIDER."

gesammelt. Sie werden kreative, geschmackvolle und dennoch traditionelle Rezepte finden, die auf eine moderne Küche abgestimmt sind. Meine Interpretation der orientalischen Küche unterscheidet sich durch ihre Raffinesse, Vielfalt, Ausgewogenheit und Kochbarkeit.

Neue Restaurantgäste sind oft überrascht von dem einzigartigen Geschmack und der Vielfalt der Gerichte, die wir im Tanoreen anbieten. Eins muss gesagt werden – die orientalische Küche bietet weitaus mehr als nur Falafel und Şiş Kebab. Die Gerichte, die ich koche, sind genauso vielfältig wie, sagen wir mal, die italienische Küche – und spiegeln die Landschaft, das Klima und das Landleben wider.

Man muss kein Kochprofi sein, um diese Gerichte zu kochen. Es sind einfache Rezepte, die ich mit Herz und Köpfchen kreiert habe, und die für mich eine kleine Schatzsammlung aus meinem Leben zwischen zwei kulinarischen Welten sind. Sie werden merken, dass ich neben den kulinarischen Riten meiner Heimat Israel bei meinen Gerichten gerne auch die Traditionen breche und die moderne Küche einfließen lasse. Ich habe von der besten Meisterköchin gelernt – meiner Mutter. Sie hat das Kochen nie als etwas Technisches betrachtet – und hat sich nie genau an das Rezept gehalten oder die Angaben eins zu eins übernommen. Doch sie steckte immer viel Liebe in ihr Essen. Ich gehe sehr großzügig mit Gewürzen um und mag den Geschmack, den ein guter Schuss Zitronensaft dem Gericht verleiht. Würzen Sie das Essen nach Ihrem Geschmack und freuen Sie sich darauf, es für Menschen zuzubereiten, die Ihnen wichtig sind. Kochen ist etwas sehr Persönliches – machen Sie Gebrauch von Ihrer Vorstellungskraft, Intuition, Leidenschaft und – was am wichtigsten ist – Ihren Geschmacksknospen! Ich hoffe, dass diese Rezepte Ihnen nicht nur während des Kochens große Freude bereiten, sondern Ihnen dabei behilflich sind, eine gesellige und gastfreundliche Atmosphäre zu schaffen. Denn das macht die Freude am Kochen und Essen aus.

SPEISEKAMMER

Basmatireis: Dieser Langkornreis hat eine weiche Konsistenz und einen nussigen Geschmack. Auf Arabisch bedeutet Basmati „mein Lächeln".

Bulgur: Dieser Schrot aus ballaststoffreichem Weizen wird im Nahen Osten für Suppen, Salate und Hauptspeisen verwendet. Die Größen reichen von grob bis zu fein gemahlen.

✤ Tipp: Eignet sich hervorragend als Reisersatz bei den vegetarischen Weinblättern (siehe Seite 49).

Chilipaste: Ich bevorzuge die Chilipaste aus dem Nahen Osten, türkische kernlose ist ebenfalls fantastisch. Sie können Sie in orientalischen Lebensmittelgeschäften oder im Internet kaufen.

Freekeh: Die grüne Weizenbeere wird über offenem Feuer geröstet. Sie entwickelt dadurch einen rauchig-nussigen Geschmack und duftet wunderbar.

✤ Tipp: Freekeh kann statt Reis verwendet werden, beispielsweise bei Hühnchenfüllungen oder in Suppen und Eintöpfen

Ghee: Geklärtes Butterfett. Butter wird zerlassen und lange bei niedriger Hitze gekocht, dann wird das Eiweiß abgeschöpft. Wenn das Wasser verdampft ist, hat das Ghee einen stärkeren Geschmack als Öl und einen höheren Siedepunkt als Butter.

✤ Tipp: Ghee ist bei Zimmertemperatur für Wochen und im Kühlschrank monatelang haltbar. Sie können es auch leicht selbst herstellen.

Granatapfelsirup: Aus den Samen des Granatapfels gewonnen, verleiht dieser dickflüssige, süße Sirup vielen orientalischen Gerichten einen perfekt süß-säuerlichen Geschmack.

✤ Tipp: Passt hervorragend in Salatdressings, zu Sorbets oder Cocktails.

Kardamom: Diese Gewürzkapsel ist Teil unserer Tanoreen-Gewürzmischung. Wir verwenden Kardamom bei herzhaften Gerichten und Desserts und mahlen etwas davon sogar in unseren Kaffee hinein.

✤ Tipp: Öffnen Sie die Kapsel und kauen Sie die Samen. Sie verleihen sofort frischen Atem.

Koriandersamen: Der Samen der Korianderpflanze ist reich an Antioxidanzien und besitzt einen intensiven Geschmack. Zu Pulver gemahlen wird er bei vielen unserer Gerichte verwendet.

✤ Tipp: Geben Sie ein paar Samen als großartige Geschmacksergänzung zu eingelegtem Gemüse.

Kreuzkümmel: Dieser Samen ist für seinen rauchigen, nussigen Geschmack bekannt. Er wird in allen Küchen der Welt verwendet, von Mexiko über Italien bis nach Indien und darüber hinaus. Überraschenderweise gehört er der Familie der Petersilie an. In der Antike wurde er gegen Bauchschmerzen verwendet, deshalb wird er sehr oft bei deftigen, herzhaften Speisen verwendet.

✤ Tipp: Kreuzkümmel mit Ingwer in Wasser gekocht, ergibt einen wunderbaren Verdauungstee.

Linsen: Dieses Gemüse wurde bereits in der Antike angebaut. Nach den Sojabohnen gehören die Linsen zu dem Gemüse mit dem höchsten Proteingehalt, außerdem sind sie besonders reich an Ballaststoffen.

✤ Tipp: Wir verwenden normalerweise rote Linsen, da diese weicher sind.

Maftool: Selbst gemachte Nudeln. Mehl wird per Hand mit Wasser benetzt und gerollt, sodass perlengroße Körner entstehen, die dann in Hühnerbrühe gedämpft werden. Abgepacktes Maftool ist in jedem orientalischen Lebensmittelladen erhältlich.

Mahlab: Ein aus gemahlenen St.-Lucy-Kirschkernen gewonnenes Gewürz. Mahlab verleiht dem Essen einen leichten blumigen Geschmack und eignet sich sehr gut für Süßspeisen.

Mastix: Eine Harzpflanze mit Piniengeschmack. Flüssiger Mastix wird zu kleinen Stücken getrocknet und frisch gemahlen. Mastix verleiht Sahleb (siehe Seite 202) einen einzigartigen Geschmack.

Muskatnuss: Ein starkes, leicht süßliches Gewürz, das am besten frisch gerieben schmeckt. Die Muskatnuss ist der Samen des Muskatnussbaums.

Olivenöl: Es eignet sich als Dressing, zum Beträufeln oder zum Anbraten. Ich empfehle, nur natives Olivenöl Extra zu verwenden. Nehmen Sie leichtere Sorten für das Kochen.

✤ Tipp: Probieren Sie die verschiedenen Ölsorten aus, spanisches schmeckt anders als italienisches oder griechisches.

Orangenblütenwasser: Es besteht aus destillierter Orangenblumenessenz. Orangenblütenwasser ist sehr intensiv im Geschmack und eignet sich hervorragend zu Desserts.

✤ Tipp: Für einen guten Digestif einfach Wasser kochen und einige Tropfen Orangenblütenwasser hineingeben, oder mit „weißem Tee" oder frischer Minzlimonade genießen.

Piment: wird aus den getrockneten Beeren des Pimentbaumes gewonnen. Es verleiht dem Essen eine Note von Zimt, Muskatnuss, Pfeffer und Nelke.

✤ Tipp: Passt besonders gut zu Lamm, es mildert den „Wild"-Geschmack.

Rosenwasser: Aus Rosenblättern gewonnen, verleiht es orientalischen Desserts einen einmaligen Geschmack.

✤ Tipp: Da es einen intensiven Geschmack hat, mit kleinen Mengen beginnen und dann die Dosierung steigern.

Rote Chilipaste (Harissa): Eine Mischung aus Chilischoten, Knoblauch, Koriander und/oder Kreuzkümmel und Olivenöl.

✤ Tipp: Für etwas mehr Schärfe einfach etwas davon auf Sandwiches oder in Suppen geben.

Schwarzer Pfeffer: Dieses allgegenwärtige Gewürz findet in jedem meiner Gerichte Verwendung und gibt dem Essen eine gute Geschmacksbasis.

✤ Tipp: Einen optimalen Geschmack erhalten Sie, indem Sie die Pfefferkörner frisch mahlen.

Sesam: Ich schlage vor, ihn roh zu kaufen und trocken goldbraun zu rösten, damit er sein ganzes Aroma entfalten kann. Da er schnell ranzig wird, sollte er im Kühlschrank gelagert werden.

✤ Tipp: Sesam ist reich an Kalzium, Eisen und Antioxidanzien. Geben Sie ein paar Körner auf Ihren Salat oder probieren Sie Halva, eine Süßspeise aus Sesamsamenpaste und Honig.

Sumak: Gewürz aus getrockneten, gemahlenen Beeren. Sie wachsen auf Sträuchern und sind im Nahen Osten weit verbreitet. Sumak wird oft zum Garnieren und Würzen verwendet.

✤ Tipp: Mischen Sie für einen spritzigen Geschmack etwas Sumak in Ihr Kebabgewürz oder Ihre Marinaden.

Tahini: Diese Sesampastete wird durch mahlen roher oder gerösteter Sesamsamen gewonnen.

✤ Tipp: Bei der Tahini-Paste ist es normal, dass sich die Paste vom Öl separiert. Sie wird auf dem Kopf stehend gelagert und vor dem Verwenden umgerührt oder geschüttelt.

Weinblätter: Das grüne, leicht säuerliche Weinlaub wird meistens in Salzlake verkauft. Vor dem Verzehr gut abspülen und abtropfen lassen.

✤ Tipp: Falls Sie frische Weinblätter finden, verwenden Sie sie, um damit Taboulé (siehe Seite 73) zu löffeln.

Za'atar: Getrockneter Oregano oder Thymian, oft mit Sumak, gerösteten Sesamsamen und Salz gemischt. Es wird als traditionelles Frühstück mit Olivenöl und Arabischem Brot serviert.

✤ Tipp: Verwenden Sie Za'atar und Hummus (siehe Seite 36) zum Garnieren oder für Salatdressings.

Zimt: Dieses Gewürz wird aus einer Baumrinde gewonnen und hat ein einzigartiges Aroma. In vielen orientalischen Gerichten wird es auch bei herzhaften Gerichten verwendet.

✤ Tipp: Als Geschmacksbooster etwas Zimt über den gekochten Reis für das Pilaf geben.

Zitronensäure: Sie verleiht Speisen einen konzentrierten Geschmack, ohne dass zusätzlicher Saft hinzugefügt werden muss. Auch bei der Käse- und Weinherstellung verwendet.

✤ Tipp: Da es genauso aussieht wie Salz, sollten Sie aufpassen, es nicht zu verwechseln!

FRÜHSTÜCK

TRADITIONELLES FRÜHSTÜCK

Immer wenn ich zu Besuch nach Nazareth kam und am Frühstückstisch meiner Eltern saß, kamen mir die schönsten Erinnerungen an meine Kindertage in den Sinn.

Meine Mutter war Lehrerin, und bevor sie sich auf den Weg zur Schule machte, weckte sie uns fünf Kinder. Bis heute bewundere ich die Leichtigkeit, mit der sie selbst an stressigen Arbeitstagen noch die Ruhe fand, raffinierte Brotaufstriche für uns zuzubereiten. Zu unserer morgendlichen Mahlzeit gehörte immer eine große Auswahl an Marmeladen und Eingemachtem, Oliven, Honig, warmem arabischem Fladenbrot, Olivenöl, Tomaten, Za'atar und Labneh.

Ich kann den sommerlichen Geschmack der selbst gemachten Aprikosenmarmelade noch genau schmecken; großzügig auf geröstetem Brot verteilt, mit einer dünnen Schicht cremiger Butter darunter. Wie die Aprikosen stammten auch die Trauben und Himbeeren, die sie mit Zucker und Pektin zu einem köstlichen Aufstrich einkochte, von den Obstbäumen in unserem Garten. Wir hatten immer genügend Marmeladen und Fruchtaufstriche, um die Zeit bis zur nächsten Ernte damit zu überbrücken. Mein Vater öffnete die Aprikosenkerne und röstete die darin enthaltenen Samen an, um sie anschließend mit der

Marmelade zu verkochen. Die Samen verliehen der Marmelade nicht nur einen intensiven Aprikosengeschmack, sondern sie schmeckten auch wunderbar knusprig.

Labneh, der würzige Käse aus Ziegenmilch und Joghurt ist in jedem Haushalt des Nahen Ostens zu finden und durfte auch auf unserem Frühstückstisch nicht fehlen. Meine Mutter bereitete immer gleich eine größere Menge vor, die für die nächsten Monate ausreichte. Dazu goss sie die Ziegenmilch in ein mit einem Musselintuch ausgelegtes Sieb, gab Meersalz hinzu und ließ die Molke über Nacht abfließen oder eben so lange, bis das Ganze eine frischkäseähnliche Konsistenz erreichte. Sie formte dann den Käse zu golfballgroßen Kugeln, legte sie in große Einmachgläser und füllte diese bis zum Rand mit Olivenöl, das vom Olivenhain ihrer Familie – in der Nähe von El Rameh – stammte. Nach nur wenigen Tagen war der Käse fertig zum Verzehr.

Und dann gab es da noch Za'atar ... *Mhhhh*, Za'atar! Ich liebe diese kräftige Gewürzmischung aus wildem Thymian, Oregano, säuerlichem Sumak und geröstetem Sesam, die ich während meiner Schwangerschaft löffelweise verschlang. Ich aß so viel davon, dass mein Sohn Tarek wohl deshalb verrückt danach ist

„MARMELADEN UND EINGEMACHTES, OLIVEN, HONIG, WARMES ARABISCHES FLADENBROT, OLIVENÖL, TOMATEN, ZA'ATAR UND LABNEH GEHÖRTE FÜR UNS EINFACH DAZU."

und nie genug bekommt. Auf unseren Frühstückstisch gehören immer eine Portion Za'atar, ein Teller mit Olivenöl und einer mit reichlich warmem Arabischem Brot – das war so und wird auch immer so sein. Es gibt wahrscheinlich keine köstlichere Art den Tag zu beginnen, als ein Stück Brot abzureißen, es in fruchtiges Olivenöl zu tunken und anschließend mit Za'atar zu würzen. Meine Mutter servierte dazu immer Tomatenspalten und dünne Gurkenscheiben aus unserem Garten, ein großes Glas mit Honig aus der Imkerei meines Onkels, in Chiliöl eingelegte grüne Oliven und Halloumi (ein in Salzlake eingelegter halbfester Käse aus Ziegen-, Schafs- oder Kuhmilch) mit frisch gepflückter Minze. Was für ein reichhaltig gedeckter Frühstückstisch! Auch wenn es sich unlogisch anhören mag: ein solches Festessen aufzubauen dauert länger, als es zuzubereiten, zumal kaum etwas davon gekocht werden muss. Vieles von dem was

wir aßen, wurde entweder Monate vorher zubereitet oder kam direkt aus dem Garten. Wenn es dann Zeit war, in die Schule zu gehen, deckten wir die Teller mit Frischhaltefolie ab und stellten sie bis zum nächsten Morgen in den Küchen- oder Kühlschrank.

DAS WOCHENENDFRÜHSTÜCK

Das Frühstück am Wochenende war immer aufwendiger in der Zubereitung, da es dann etwas mit Ei oder klassischem *Foul* (einem Dip, der aus Favabohnen, auch Dicke Bohnen genannt, hergestellt wird) gab. Da meine Mutter auch samstags arbeiten musste, war es dann mein Vater, der am Herd stand und für uns kochte: Eier mit Kartoffeln (siehe Seite 17) und Fleisch mit Eiern (siehe Seite 19). Damals war das sehr außergewöhnlich – Männer aus dem Nahen Osten kochten normalerweise nicht und Frauen arbeiteten am Wochenende nicht. Heute genießt mein Ehemann Wafa dank seiner Eier mit Za'atar (siehe Seite 16) bei unseren Gästen zuhause in New York einen sehr guten Ruf. Ich habe meine eigene *Foul*-Kreation (siehe Seite 24) entwickelt und habe mich dabei von dem klassischen Gericht (siehe Seite 21), das meine Mutter sonntags, an ihrem einzigen freien Tag so liebevoll zubereitete, inspirieren lassen.

EIER MIT ZA'ATAR

◆─•─◆

BAYID BI ZA'ATAR

Dieses Eierrezept eignet sich sehr gut zum Brunch. Wenn wir bei uns daheim in New York Übernachtungsgäste haben – was ziemlich häufig der Fall ist (mein Sohn hat unser Zuhause in „Hotel Bishara" umbenannt) – bereitet mein Mann dieses köstlich duftende Gericht zu und verarbeitet dazu oftmals bis zu einem Dutzend Eier, weil man davon natürlich nie genug kriegen kann! Um den intensiven Geschmack des Za'atars und Sumaks etwas abzumildern, kann das Gericht gut mit Tomatenspalten, Gurkenscheiben, Oliven und einem Stück Feta serviert werden.

Za'atar, Sumak, Salz und Pfeffer in einer kleinen Schüssel vermischen und beiseite-stellen.

Aus jeder Brotscheibe ein münzgroßes Loch ausstechen.

In einer großen Bratpfanne 60 ml Öl bei mittlerer Temperatur erhitzen. Sobald das Öl heiß ist, die Hälfte der Brotscheiben in die Pfanne legen und von beiden Seiten je 1 Minute anbräunen. Die Temperatur reduzieren und jeweils ein Ei aufschlagen und in das Loch in der Mitte der Brotscheiben geben. Die Za'atar-Mischung über die Eier streuen, anschließend die Bratpfanne zudecken und alles 2–3 Minuten garen. Wenn Sie das Eigelb lieber fest haben, schöpfen Sie etwas Öl vom Pfannenboden ab und beträufeln damit die Eier.

Mit einem Pfannenwender den Toast zusammen mit den Eiern auf die Servierteller geben und warmhalten. Vorgang mit dem restlichen Öl, den Brotscheiben und den Eiern wiederholen.

Warm zusammen mit Tomaten, Gurken und Feta servieren.

FÜR 6 PORTIONEN

3 EL Za'atar
1 EL Sumak
1 italienisches Landbrot, in 5 cm dicke
    Scheiben geschnitten (ca. 6 Scheiben)
120 ml natives Olivenöl Extra
6 Eier (Größe M)
Meersalz und frisch gemahlener
    schwarzer Pfeffer

Zum Servieren:
Tomatenspalten, Gurkenscheiben und Feta

EIER MIT KARTOFFELN

— ◆ —

BAYID WA BATATA

Dieses Gericht ruft bei mir wunderbare Erinnerungen wach. Da meine Mutter auch samstags arbeiten musste, übernahm dann mein Vater das Kommando in der Küche und bereitete das Frühstück für uns vor. Während er beim Kochen immer seine Ruhe haben wollte und die Küchentür dabei schloss, bot er uns später beim Essen immer ein großes Spektakel. Er zelebrierte seine Mahlzeit stets voller Hingabe. Jeder Bissen bestand aus exakt der gleichen Menge an Arabischem Brot und Ei, immer gefolgt von exakt einer Olive und einer Tomatenscheibe. Bereits bei der Zubereitung können frisch geschnittene Tomaten und fein gewürfelte Paprikaschoten der Mischung hinzufügt werden, zuerst sollte aber die Zwiebel angebraten werden. Das Gericht direkt aus der Pfanne mit warmem Arabischem Brot servieren und dazu Tomatenscheiben und Zitronenspalten reichen.

🍃 **TIPP** Wenn ich Chilischoten verwende, bevorzuge ich die langen grünen, weil sie milder sind als Jalapeños – aber falls Sie die scharfe Variante bevorzugen, können Sie gerne Jalapeños verwenden. Allen, die es ganz mild mögen, empfehle ich stattdessen kleine grüne Paprikaschoten.

Das Öl in einer Bratpfanne bei mittlerer Temperatur erhitzen und die Zwiebeln darin etwa 2 Minuten goldbraun anbraten. Wenn Chilischoten verwendet werden, diese hinzufügen und die Mischung 2 Minuten weiterbraten, bis sie weich sind und duften. Die Kartoffelscheiben dazugeben und 5–7 Minuten braten, bis sie braun und weich sind.

In der Zwischenzeit die Eier in eine große Schüssel aufschlagen, mit Salz, 1½ TL Pfeffer, Piment und Muskatnuss würzen, verquirlen und über die Kartoffeln gießen. Unter ständigem Rühren die Eier je nach gewünschter Konsistenz garen.

Mit Arabischem Brot, Zitronenspalten und Tomatenscheiben warm servieren.

FÜR 4–6 PORTIONEN

8 TL natives Olivenöl Extra
1 kleine weiße Zwiebel, fein gehackt
1 lange grüne Chilischote, fein gehackt (optional)
3–4 kleine mehligkochende Kartoffeln, geschält und in 1 cm dicke Scheiben geschnitten
12 Eier (Größe M)
2 TL gemahlener Piment
⅓ TL frisch geriebene Muskatnuss (optional)
Salz und frisch gemahlener schwarzer Pfeffer

Zum Servieren:
Arabisches Brot (siehe Seite 57)
Zitronenspalten und Tomatenscheiben

FLEISCH MIT EIERN

— ◆ —

BAYID WA LAHMEH

Mein Mann liebt dieses Frühstück. Die lockeren Rühreier und das mit bodenständigen Gewürzen verfeinerte Lammfleisch sind ein Klassiker, den mein Vater samstagmorgens zubereitete. Dieses Gericht eignet sich auch hervorragend als Mittagessen oder als leichtes Abendessen. Oliven, Essiggurken, Chilischoten, Frühlingszwiebeln und Rettich sind eine erfrischende Beilage dazu. Falls Sie das Lammfleisch nicht selbst schneiden möchten, kann Ihr Metzger es durch den Fleischwolf drehen. Aber bitte nur einmal, denn es sollten nicht zu kleine Stücke sein.

In einer großen Bratpfanne das Öl bei mittlerer Temperatur erwärmen und die Schalotte 3 Minuten anbraten, bis sie weich und leicht braun ist. Die Chilischote hinzufügen und etwa 2 Minuten anbraten, bis sie weich ist. Piment, Salz, Pfeffer, Muskatnuss, Zimt und Kardamom einrühren und 30 Sekunden weiterbraten, bis es duftet. Das Lammfleisch hinzufügen und so lange garen, bis es seine rosa Farbe verliert, etwa 4–5 Minuten.

Eier in eine große Schüssel aufschlagen, verquirlen, über die Fleischmischung in der Pfanne gießen und stocken lassen. Nach einer Minute die Mischung gelegentlich umrühren, bis die Eier die erwünschte Konsistenz erreicht haben. Mit Arabischem Brot zum Dippen servieren

FÜR 4–6 PORTIONEN

60 ml Olivenöl oder Pflanzenöl
1 Schalotte, feine Würfel
1 Chilischote, bevorzugt Jalapeños, (je nach
  Vorliebe Samen entfernt) fein gehackt
½ TL gemahlener Piment
1 Prise frisch geriebene Muskatnuss
1 Prise gemahlener Zimt
1 Prise gemahlener Kardamom (optional)
500 g Lammkeule, ausgelöst,
  in 1 cm große Würfel geschnitten
10 Eier (Größe M)
Meersalz und frisch gemahlener
  schwarzer Pfeffer
Zum Servieren:
Arabisches Brot (siehe Seite 57)

RÜHREI MIT HALLOUMI

— ◆ —

BAYID WA HALLOUMI

Halloumi ist ein fester, salziger Käse aus Ziegen- und Schafsmilch. Da er beim Erhitzen seine Form behält, eignet er sich hervorragend zum Grillen oder Frittieren. In diesem Rezept wird der Käse in Würfel geschnitten, angebräunt und unter die Eier gemischt. Je öfter Sie dieses Gericht zubereiten, desto mehr Gefühl bekommen Sie für das Würzen. Abwechslung bringen frische Kräuter wie Koriandergrün oder Basilikum.

Eine große Bratpfanne bei hoher Temperatur erhitzen – in diesem Fall keine beschichtete Pfanne verwenden. Öl hinzugeben und, wenn es heiß ist, Halloumi von allen Seiten insgesamt 2 Minuten goldbraun anbraten. Tomaten, Salz, Pfeffer und Muskatnuss hinzugeben und so lange dünsten, bis die Tomaten weich sind, aber nicht auseinanderfallen.

Die Eier direkt in die Bratpfanne aufschlagen und den Pfanneninhalt 1 Minute unberührt garen lassen. Danach alles mit einer Gabel verrühren und 2–3 Minuten weitergaren. Je nachdem, welche Konsistenz Sie bevorzugen auch noch länger.

Warm mit Arabischem Brot und Oliven servieren.

FÜR 6 PORTIONEN

60 ml natives Olivenöl Extra
225–300 g Halloumi, in 2,5 cm große
  Würfel geschnitten
2 Flaschentomaten, überbrüht, gehäutet
  und gewürfelt
¼ TL frisch geriebene Muskatnuss
10–12 Eier (Größe L)
Meersalz und frisch gemahlener
  schwarzer Pfeffer
Zum Servieren:
Arabisches Brot (siehe Seite 57)
  und schwarze oder grüne Oliven
  (siehe Seite 57)

EINFACHES OMELETT

· —• •— · ·

IJII ARABIA

Anders als bei der französischen Version, bei der die Füllung in die Mitte des fertig gegarten Omeletts kommt, werden bei einem arabischen Omelett alle Zutaten vermischt und dann in die Pfanne gegeben. Und obwohl *ijii* wörtlich übersetzt Omelett bedeutet, ähnelt dieses Eiergericht doch eher einer Frittata – der italienischen Variante des Omeletts. Dieses Rezept ist von meiner Mutter, jedoch gibt es auch hier unzählige Variationen.

FÜR 4–6 PORTIONEN

12 Eier (Größe M)
3 TL rote oder weiße Zwiebel, gehackt
3 TL gehackte glatte Petersilie
1 TL fein gehackte Minze
1 Prise frisch geriebene Muskatnuss
   (optional)
1 Chilischote, fein gehackt (optional)
60 ml natives Olivenöl Extra
Salz

Die Eier in eine große Schüssel aufschlagen. Zwiebeln, Petersilie, Minze, Salz, Muskatnuss und Chilischote dazugeben und so lange verquirlen, bis die Eier hellgelb sind.

Das Öl in einer Bratpfanne bei mittlerer Temperatur erwärmen. Die Eimischung in die Pfanne gießen und 3 Minuten unberührt stocken lassen. Danach das Omelett mit einem Pfannenwender am Rand anheben und die Bräunung der Unterseite prüfen. Wenn diese goldbraun ist, das Omelett wenden und 2 Minuten weitergaren.

Das Omelett aus der Pfanne auf einen großen Teller gleiten lassen, in Tortenstücke schneiden und warm servieren.

ALTERNATIVE ZUBEREITUNG *Für eine ausgefallenere Variante bereitete meine Mutter sechs sehr dünne Omeletts zu. Sie rührte fein gehackte Flaschentomaten und Jalapeños in die Eimischung und streute Käse (je nachdem, welche Sorte sie gerade zur Hand hatte: Cheddar, Kashkaval – ein strohfarbener Käse aus Schafsmilch, der dem Cheddar geschmacklich sehr ähnelt – oder Ziegenkäse) in die Mitte des gewendeten Omeletts. Daraufhin faltete sie das Omelett auf ein Drittel zusammen. Jede Seite wurde dann nochmals 1 Minute gebraten.*

FRÜHSTÜCK FÜR UNTERWEGS

In meiner Jugend bestand mein Lieblingsfrühstück unter der Woche aus warmem Brot, belegt mit Labneh und gekochtem Ei, garniert mit Tomatenscheiben und mit viel Za'atar und Pfeffer gewürzt. Kaak, ein wunderbares weiches Fladenbrot im Sesammantel, das einem riesigen Bagel sehr ähnelt, kam gleich an Platz zwei. Während es früher nur daheim gebacken wurde, ist Kaak mittlerweile auch an den Imbisswagen erhältlich, die in jeder größeren Stadt des Nahen Ostens zu finden sind. Es ist das Pendant zum beliebten westlichen Eisandwich oder Käsebrötchen. Ein sehr beliebtes Frühstück für unterwegs.

Für die Zubereitung des Sandwiches das Kaak aufreißen, mit etwas Olivenöl beträufeln, mit ein wenig Za'atar bestreuen und dann mit gekochten Eischeiben belegen. Ich gebe auch gerne noch eine kleine gehackte Tomate und Gurke dazu. Das Brot ist in Geschäften für nahöstliche Lebensmittel und in einigen Feinkostläden erhältlich. Alternativ können Sie auch arabisches Fladenbrot nehmen, um dieses kräftige Frühstück zuzubereiten.

FAVABOHNENPÜREE

FOUL MUDAMMAS

Foul, das traditionelle Gericht aus Favabohnen, ursprünglich aus Ägypten, wird im gesamten Nahen Osten gegessen. Heute darf *Foul* bei keinem Frühstück fehlen, doch in meiner Jugend gab es das nur am Wochenende. Wir fuhren dazu fünf Stunden nach Jerusalem, nur um über den alten Markt zu schlendern und in einem winzigen Restaurant mit vier Tischen und einer riesigen Menschenschlange vor der Tür *Foul* zu essen. Hier gab es die köstlichsten Bohnen, die noch traditionell zubereitet wurden – in Tontöpfen mehr als zwölf Stunden über niedrigem Feuer gegart. Im Tanoreen ist *Foul* ein fester Bestandteil unseres Samstagsbrunches und extrem beliebt bei allen, die ein traditionelles nahöstliches Frühstück mögen.

FÜR 4–6 PORTIONEN

400 g getrocknete Favabohnen (alternativ: Dicke Bohnen), eingeweicht, gekocht und abgetropft (siehe rechts), oder 2 Dosen (à 400 g), abgetropft; ⅓ der abgegossenen Flüssigkeit beiseitestellen und die Bohnen abspülen
120 ml natives Olivenöl Extra zzgl. etwas zum Beträufeln
120 ml frisch gepresster Zitronensaft
4 Knoblauchzehen, fein gehackt
½ TL gemahlener Kreuzkümmel (optional)
2 TL gehackte glatte Petersilie
Meersalz

Die Bohnen mit 60 ml Öl in eine große Bratpfanne geben und bei mittlerer Hitze zum Kochen bringen. Die Pfanne vom Herd nehmen und Zitronensaft, Knoblauch, Salz und Kreuzkümmel hinzufügen. Die Bohnenmischung mit einem Kartoffelstampfer zerkleinern, bis die gewünschte Konsistenz erreicht ist.

Das *Foul* in einer Servierschüssel füllen, mit der Rückseite eines Löffels die Oberfläche glätten und in der Mitte eine Kuhle eindrücken. Das restliche Öl in die Kuhle träufeln, mit Petersilie garnieren und servieren. Das *Foul* ist abgedeckt im Kühlschrank 1 Woche haltbar.

✥ **TIPP** Meine Foul-Variante ist etwas gröber als die meisten – ich zerdrücke die Bohnen nur bis zu dem Punkt, an dem sie aufbrechen, aber Sie können sie auch feiner stampfen. Servieren Sie es mit Tetbileh (siehe Seite 129) oder hausgemachter Scharfer Sauce (siehe Seite 194) oder Sriracha (einer asiatischen Sauce, Online zu beziehen), zusammen mit den oben genannten Beilagen.

GUT EINWEICHEN

Im Restaurant verwende ich immer getrocknete Bohnen, die eingeweicht werden. Aber ich verstehe natürlich, dass diese Methode für das Kochen im Alltag zu aufwendig ist. Doch wenn Sie eine große Menge kochen und einfrieren möchten, ist es durchaus sinnvoll getrocknete Bohnen zu verwenden, zumal der Großteil der Zeit keine aktive Kochzeit ist. So bereite ich es zu:

Die gewünschte Bohnenmenge in einen schweren Topf geben und so viel Wasser zugeben, bis die Bohnen 10 cm hoch bedeckt sind. 12 Stunden einweichen, abtropfen lassen und wieder in den Topf geben. Den Topf erneut mit Wasser auffüllen, bis die Bohnen etwa zu 10 cm bedeckt sind. Pro 800 g Bohnen 1 EL Salz hinzufügen und zugedeckt bei hoher Temperatur zum Kochen bringen. (Bei Kichererbsen ½ TL Natron hinzufügen, um die Kochzeit zu verringern.) So lange garen, bis sich die Bohnen mit dem Daumen und Zeigefinger zerdrücken lassen, je nach Bohnenart 1–2 Stunden.

Für einen intensiveren Bohnengeschmack die nicht eingeweichten Bohnen mit Wasser und Salz bei starker Hitze zum Kochen bringen, die Temperatur reduzieren und 4–5 Stunden köcheln lassen. Abgießen und, falls Favabohnen oder Kichererbsen verwendet werden, das Kochwasser auffangen. Zum Einfrieren die Bohnen in Portionen zu je 400 g aufteilen und in wiederverschließbare Gefrierbeutel füllen. Das Kochwasser der Favabohnen oder Kichererbsen kann ebenfalls eingefroren werden.

KICHERERBSEN
UND FAVABOHNEN

Makhloota heißt wörtlich übersetzt „Mischung", und genau
das ist es auch. Es gibt zig Variationen, die aus verschiedenen
Bohnenarten, Reis und Bulgur bestehen. Mein Favorit mit
Kichererbsen und Favabohnen stammt aus Palästina. Serviert
wird das Ganze mit einer selbstgemachten Scharfen Sauce
(siehe Seite 194) oder *Tetbileh* (siehe Seite 129).

FÜR 4–6 PORTIONEN

300 g getrocknete Favabohnen, eingeweicht und gekocht
(vgl. Seite 21), 250 ml Kochwasser beiseitegestellt, oder
2 Dosen Favabohnen (à 400 g), Flüssigkeit von 1 Dose
aufgefangen und beiseitegestellt
200 g getrocknete Kichererbsen, eingeweicht und
gekocht (vgl. Seite 21), oder 1 Dose (400 g) Kichererbsen, abgegossen
180 ml natives Olivenöl Extra
180 ml frisch gepresster Zitronensaft
6 Knoblauchzehen, fein gehackt
1 EL gemahlener Kreuzkümmel oder je nach Geschmack
1 Jalapeño, in kleine Würfel geschnitten, zum Garnieren
3 EL gehackte glatte Petersilie zum Garnieren
Meersalz und frisch gemahlener schwarzer Pfeffer

Zum Servieren:
Arabisches Brot (siehe Seite 57)

Bohnen und Kichererbsen mit der beiseitegestellten Flüssigkeit in
einer großen Bratpfanne vermischen. Bei mittlerer Hitze zum
Kochen bringen. Die Temperatur reduzieren und 15 Minuten garen
oder so lange, bis die Flüssigkeit fast komplett verdunstet. Falls sie
verdampft, bevor die Bohnen gar sind, etwas Wasser zugeben.
60 ml Olivenöl zugeben, die Temperatur reduzieren und köcheln
lassen. Abdecken und 5 Minuten weitergaren. Zitronensaft,
Knoblauch, Kreuzkümmel, Salz und Pfeffer einrühren. Abdecken,
den Herd ausschalten und 2 Minuten ziehen lassen. In einer
Servierschüssel anrichten und mit dem restlichen Olivenöl
beträufeln. Mit Petersilie und Jalapeño garnieren. Arabisches Brot
dazu servieren.

FAVABOHNEN
À LA TANOREEN

Die Idee, die Klassiker neu zu definieren, entstand, als ich für
das Tanoreen diese *Foul*-Variation kreierte. Ich nahm die
Beilagen, die normalerweise zu *Foul* serviert werden und
kochte sie direkt mit dem Gericht zusammen.

FÜR 4–6 PORTIONEN

400 g getrocknete Favabohnen, eingeweicht und gekocht
(siehe Seite 21), oder 2 Dosen (à 400 g), abgetropft
und gespült
120 ml natives Olivenöl Extra zzgl. etwas zum Beträufeln
3 Schalotten oder 1 Zwiebel, gewürfelt
5 Knoblauchzehen, fein gehackt
1 grüne milde Chilischote, entkernt und fein gehackt
30 g gehacktes Koriandergrün
3 Flaschentomaten, gewürfelt
120 ml frisch gepresster Zitronensaft
1 TL gemahlener Kreuzkümmel
gehackte glatte Petersilie zum Garnieren
Meersalz und frisch gemahlener schwarzer Pfeffer

Zum Servieren:
Arabisches Brot (siehe Seite 57)

Die Bohnen mit 60 ml Öl in einer großen Pfanne zum Kochen
bringen. Die restlichen 60 ml Öl in einer weiteren großen Pfanne
bei mittlerer Temperatur erhitzen. Die Schalotten hinzufügen und
etwa 3 Minuten braten, bis sie goldbraun sind. Dann den Knoblauch etwa 2 Minuten mitbraten, bis er weich ist. Die Chilischote
hinzufügen und so lange mitbraten, bis sie weich ist. Danach das
Koriandergrün in die Pfanne geben und erhitzen, bis es dunkel
wird und zusammenfällt. Die Tomaten hinzufügen und 3 Minuten
weiterkochen, bis sie ihre Flüssigkeit abgeben. Die Bohnen zu den
Tomaten geben, mit Zitronensaft, Kreuzkümmel, Salz und Pfeffer
würzen und die Mischung pürieren, bis sie sämig ist. Das *Foul* in
einer Servierschale anrichten. In die Mitte der Masse mit der
Rückseite eines Löffels eine kleine Kuhle drücken und etwas
Olivenöl hineingeben. Mit Petersilie bestreuen und zusammen mit
warmem Arabischem Brot servieren.

JOGHURT-TAHINI MIT KICHERERBSEN

◦•◦

TISKAI

Beim ersten gemeinsamen Frühstück mit meinen syrischen Freunden in New York lernte ich dieses traditionelle Gericht kennen. Wir haben es von Anfang an auf die Speisekarte des Tanoreen gesetzt und seitdem ist es besonders unter Vegetariern sehr beliebt. Es eignet sich nicht so sehr als Frühstück unter der Woche, sondern eher als reichhaltiger Brunch und wird mit eingelegtem Gemüse, Frühlingszwiebeln und Rettich serviert. Ich persönlich benutze fettarmen Joghurt, denn dieser ist würziger als der Normale.

In einem großen Topf die Kichererbsen mit Zitronensaft, Öl, Knoblauch, Kreuzkümmel, 1 EL Salz und Pfeffer vermischen und bei hoher Temperatur erhitzen. Aufkochen und dann den Topf sofort vom Herd nehmen – die Kichererbsen sollten nun zerfallen.

Ein wenig Öl, Ghee oder Butter in einer kleinen Bratpfanne bei mittlerer Temperatur erwärmen. Die Pinienkerne hinzufügen und unter ständigem Rühren etwa 2 Minuten goldbraun anrösten. Die Kerne mit einem Schaumlöffel aus der Pfanne nehmen und zum Abtropfen auf Küchenpapier legen.

In einer mittelgroßen Schüssel den Joghurt und die Tahini-Sauce mit einem Holzlöffel oder einem Handmixer vermischen und sämig rühren. Die Mischung in eine kleine Bratpfanne geben und bei geringer Temperatur erwärmen – aber nicht aufkochen lassen. Mit Zitronensaft abschmecken und bei Bedarf salzen.

Zum Anrichten das geröstete Arabische Brot um den Rand einer Servierplatte legen. Die Kichererbsen in die Mitte der Platte geben. Die warme Joghurtmischung über den Kichererbsen verteilen. Mit den Pinienkernen und der Petersilie garnieren und dazu Chilipaste servieren.

FÜR 6–8 PORTIONEN

400 g getrocknete Kichererbsen, eingeweicht (siehe Seite 21) und gekocht, oder
  3 Dosen (à 400 g), abgetropft und gespült
120 ml frisch gepresster Zitronensaft
  zzgl. etwas zum Würzen
60 ml natives Olivenöl Extra oder Ghee
  oder Butter zzgl. etwas zum Anrösten
5 Knoblauchzehen, fein gehackt
1 ½ TL gemahlener Kreuzkümmel
60 g Pinienkerne
250 g fettarmer Naturjoghurt
120 ml dickflüssige Tahini-Sauce
  (siehe Seite 195; ohne Petersilie)
2 Stück Arabisches Brot (siehe Seite 57),
  in 2,5 cm große Vierecke schneiden,
  geröstet oder getoastet
3 TL gehackte glatte Petersilie
  zum Garnieren
Meersalz und frisch gemahlener
  schwarzer Pfeffer

HUMMUS MIT FLEISCH

HUMMUS BIL LAHMEH

Bei dieser herzhaften Hummusvariante wird das zarte Lammfleisch mit Piment und Muskatnuss gewürzt und anschließend mit gerösteten Pinienkernen und Mandeln garniert. Es eignet sich nicht nur wunderbar zum Brunch, sondern auch als Mezze – also als Vorspeise oder Snack – und natürlich als Mittagessen. Das Fleisch sollte sehr zart sein, da es schnell zubereitet wird. Ich benutze immer mehr Öl als Butter, aber Sie können das Mengenverhältnis nach Belieben ändern. Servieren Sie das Ganze mit Arabischem Brot (siehe Seite 57), Frühlingszwiebeln, Zwiebeln, scharfen Chilischoten, eingelegten Steckrüben, Roter Bete (siehe Seite 188) und Rettich.

Den Hummus auf einer flachen Servierplatte verteilen und mittig etwas aushöhlen. Beiseitestellen.

Öl und Ghee oder Butter in einer kleinen Bratpfanne bei mittlerer Temperatur erhitzen. Mandeln hinzufügen und unter ständigem Rühren 1 Minute anrösten. Pinienkerne hinzufügen und ebenfalls unter Rühren 2 Minuten goldbraun rösten. Mit einem Schaumlöffel aus der Pfanne nehmen und auf Küchenpapier abtropfen lassen.

Lammfleisch, Piment, Pfeffer, Salz und Muskatnuss in die Bratpfanne geben und 3–5 Minuten anbraten, bis es rosa oder ganz durchgegart ist. Mandeln und Pinienkerne in die Pfanne zum Fleisch geben, vermischen und 30 Sekunden mitgaren. Vom Herd nehmen. Das Fleisch in die Aussparung auf dem Humusteller löffeln und mit frischem oder geröstetem Arabischen Brot servieren.

FÜR 4–6 PORTIONEN

400 g Hummus (siehe Seite 36)
3 TL natives Olivenöl Extra
1 TL Ghee oder Butter
2 TL gehobelte Mandeln
2 TL Pinienkerne
250 g Lammfleisch aus der Keule, in 1,5 cm große Stücke geschnitten
½ TL gemahlener Piment
1 Prise frisch geriebene Muskatnuss
Meersalz und frisch gemahlener schwarzer Pfeffer

Zum Servieren:
Arabisches Brot (siehe Seite 57), frisch oder geröstet

VORSPEISEN

ESSEN, REDEN, TRINKEN

Die Italiener haben Antipasti, die Spanier Tapas, die Amerikaner Appetizer und die Chinesen Dim Sum. Der Nahe Osten hat *Mezze* – kleine Teller mit Vorspeisen, die gleichzeitig serviert werden und eine Fülle von Geschmackserlebnissen, Düften, Farben und Formen bieten. Ein oder zwei Teller sind ein Snack, während mehr als zwei schon eine komplette Mahlzeit ergeben. Zu Mezze wird immer Arak serviert. Dieser klare, ungesüßte Anisschnaps wird zu cremigen Dips mit Arabischem Brot, frittierten oder rohen *Kibbeh* und scharf gewürzten Fleischhäppchen getrunken.

Die einfachsten Mezze werden aus Zutaten gezaubert, die der Garten oder die Speisekammer hergeben. In meiner Jugend bestanden die Mezze meist aus *Makdous*, Labneh, Oliven, Hummus, Arabischem Brot, Gurken und Tomaten.

Mezze sind jedoch nicht nur verschiedene Speisen, sie sind ein Stück Lebensart. Das Wort Mezze kommt aus dem Arabischen *Mezmiz* und bedeutet so viel wie „Essen, Reden und Trinken". Stellen Sie sich vor: Freunde und Familie sitzen an einem Tisch, und sie reichen die gutgefüllten Teller mit Hummus, Baba Ghanoush (Püree aus Auberginen und Sesampaste), Falafel und Za'atar-Broten herum. Es wird gelacht, geredet und teils heftig diskutiert. Stellen Sie sich das Klirren der Gläser und der Teller vor. Mezze ist ein Ritual. Im Mittelpunkt steht nicht nur das Teilen des wunderbaren Essens, sondern auch das Teilen der Geschichten, Erfahrungen, Freuden und Meinungen.

Beim Vorbereiten der Mezze kann man fast nichts falsch machen; das Einzige was Sie dazu benötigen, sind mehrere kleine Teller und gute Gesellschaft! Wenn ich zum Kartenspielen zu meiner Freundin gehe, bietet sie uns Hummus (siehe Seite 36), Romanasalat, Gläser mit Taboulé (Bulgursalat) zum Dippen (siehe Seite 73) und eine Schüssel mit gerösteten Nüssen an, dazu natürlich gekühlten Arak und kaltes Bier. Wenn meine Kinder Besuch haben, bieten sie Ihren Gästen *Mhammara* (siehe Seite 42), geröstetes Arabisches Brot (siehe Seite 57), etwas Käse mit Honig und Chips an. Ohne viel Tamtam.

Ich muss gestehen, dass ich meine Mezze sowohl daheim als auch im Tanoreen eher reichlich ausfallen. Es ist nun mal Teil meiner Kultur, viel Essen anzubieten, und so handhabe ich das auch mit diesen kleinen kulinarischen Schätzen. Sowohl in diesem als auch im darauffolgenden Kapitel über Salate werden Sie sehr viele inspirierende Mezze-Rezepte finden. Erleben Sie durch Ihre persönlich zusammengestellte Mezze-Tafel den Geschmack und den Geist des Nahen Ostens. Und falls ein Hauptgang folgt, liegt der Trick darin, die Portionen nicht zu üppig zu gestalten. Ich rate unseren Restaurantgästen oft, nicht zu viel Mezze zu bestellen, da ich weiß, dass sie sonst schon vor dem Hauptgang satt sind!

Die Mezze-Rezepte in diesem Kapitel überschneiden sich leicht mit anderen – viele mögen Hummus zum Frühstück und oft gibt es diese traditionelle Mezze auch auf Hochzeiten oder Cocktailpartys. Falafel (siehe Seite 52) gehört natürlich zu den Mezze-Klassikern, eignet sich aber auch hervorragend zum Mittagessen, beispielsweise mit Arabischem Brot und einer dickflüssigen Tahini-Sauce (siehe Seite 195).

Aber vergessen Sie nie, dass das Besondere beim *Mezmiz* nicht so sehr die Auswahl an Speisen ist, sondern vielmehr die Atmosphäre, die entsteht. In diesem Sinne: Esst, redet, trinkt – und lasst es euch schmecken!

„ICH MUSS GESTEHEN, DASS MEINE MEZZE SOWOHL DAHEIM ALS AUCH IM TANOREEN EHER REICHLICH AUSFALLEN. ES IST NUN MAL TEIL MEINER KULTUR, VIEL ESSEN ANZUBIETEN, UND SO HANDHABE ICH DAS AUCH MIT DIESEN KLEINEN KULINARISCHEN SCHÄTZEN."

HOSSI FÜR KIBBEH

❖ ·❖· ❖

Ich werde nie vergessen, wie meine Mutter diese Kibbeh-Variation zubereitete. Wie sie mit dem Fleischgemisch kleine Kegel formte und mit der Handkante ein Kreuz hineindrückte. Zur Flasche Arak, die es immer zu Kibbeh gab (so gehört sich das – die Flasche steht immer auf dem Tisch, sodass die Gäste selbst entscheiden können wie viel sie davon möchten), stellte sie stets eine Schüssel *Hossi*, eine gut duftende Hackfleisch-Chili-Paste mit Majoran und Kreuzkümmel, in die Mitte des Tisches und servierte dann einen Kegel Kibbeh pro Person. Diesen drückten wir mit der Rückseite unserer Gabeln flach und verteilten Hossi darüber. Wir tunkten das Saj, ein hauchdünnes Brot, zunächst in eine Schüssel mit hellgrünem Olivenöl und danach in den Kibbeh und Hossi.

In einer Bratpfanne 120 ml Olivenöl bei mittlerer Temperatur erhitzen. Die Zwiebeln hinzufügen und ohne zu rühren 15 Sekunden anbraten. Dadurch wird das Austreten des Wassers vermieden. Insgesamt 8–10 Minuten weiterbraten, sodass die Zwiebeln leicht karamellisieren. Dabei nur gelegentlich umrühren. Mit einem Schaumlöffel die Zwiebeln aus der Pfanne nehmen und in eine Schüssel geben.

Piment, Kreuzkümmel, Majoran, Muskatnuss, Salz und Pfeffer in der gleichen Pfanne 10 Sekunden – bis es duftet – anbraten. Fleisch hinzufügen und 2 Minuten rundherum scharf anbraten. Jetzt die Temperatur reduzieren und 3 Minuten weiterbraten. Die Zwiebeln zurück in die Pfanne geben und 3–5 Minuten weitergaren. Die Pfanne vom Herd nehmen und die Chilipaste unterrühren. Mandeln, Pinienkerne und Walnüsse hinzufügen und gut miteinander vermischen. Das *Hossi* in kleine Schalen verteilen – eine für jeden Teller Kibbeh – und mit dem restlichen Olivenöl beträufeln.

Das Kibbeh aus dem Kühlschrank nehmen und aus der Fleischmischung 12,5 × 5 cm große Kegel formen. Achten Sie darauf, dass die Hände hierbei sehr sauber sind, da die Masse roh ist. Mit der Handkante auf jedem Kegel ein Kreuz eindrücken. Das Gleiche mit der restlichen Kibbeh-Masse wiederholen und insgesamt 4–6 Stücke formen. Auf jedem Teller einen Kegel servieren und das Hossi dazu reichen.

FÜR 4–6 PORTIONEN

Für das Hossi

250 ml natives Olivenöl Extra zzgl. etwas zum Dippen

2–3 große weiße Zwiebeln, gehackt

1 EL gemahlener Piment

⅔ TL gemahlener Kreuzkümmel

¼ TL getrockneter Majoran

¼ TL frisch geriebene Muskatnuss

1 kg Lammfleisch aus der Keule oder mageres Rindfleisch, gehackt

1–2 EL kernlose nahöstliche oder türkische Chilipaste (optional)

150 g Mandelstifte, geröstet

75 g Pinienkerne, geröstet

75 g Walnüsse, geröstet (optional)

Meersalz und frisch gemahlener schwarzer Pfeffer

Kibbeh (siehe Seite 35), gekühlt

KIBBEH: DAS STAMPFEN DES DORFES

Ein befremdlicher, aber dennoch passender Titel. Es gibt viele galiläische Essgewohnheiten, aber wahrscheinlich ist keine bedeutender als die Zubereitung von Kibbeh. Die Fleischmasse besteht aus ganz frischem, sehr magerem Ziegen- oder Lammfleisch, gemischt mit feinem Bulgur und regionalen Gewürzen. Wann immer diese Köstlichkeit aufgetischt wurde, wusste jeder: Es gab etwas Wichtiges zum Feiern. Da die Zubereitung sehr arbeitsintensiv und kostspielig war, gab es Kibbeh nur zu besonderen Anlässen. Die einzigen großen Zusammentreffen, bei denen es kein Kibbeh gab, waren Trauerfälle nahestehender Menschen.

Kibbeh wird immer am Festtagsmorgen zubereitet. Früher gab es in jedem Haushalt einen großen Stößel mit Mörser. Dieser lag für gewöhnlich auf der Veranda und wurde für die Zubereitung dieses besonderen Gerichtes verwendet. Das frische Fleisch wurde mit dem Stößel, der die doppelte Breite eines Nudelholzes hatte, geklopft. Dadurch wurde das Hackfleisch zu einer teigähnlichen Masse verarbeitet. Diese Tradition wird bis heute fortgeführt. Ich kann immer noch hören, wie das Fleisch mittels Stößel geklopft wurde. Dieses Geräusch zog sich durch mein gesamtes Dorf, von Haus zu Haus und von Straße zu Straße. Es war Musik für unsere Ohren und bereitete große Vorfreude auf dieses wunderbare Gericht.

Ich mag alle Arten von Kibbeh, aber die rohe Variante auf Arabischem Brot, mit Hossi (Seite 32), einer würzigen Chilipaste, ruft in mir weit zurückliegende Erinnerungen hervor. Plötzlich bin ich wieder die kleine Rawia und spaziere durch Tarshiha, das schöne Dörfchen, wo ich die meiste Zeit meiner Kindheit verbracht habe. Bis heute zählt Kibbeh zu einem der beliebtesten Gerichte des Nahen Ostens. Mein Vater erzählte uns, dass es allein in Aleppo, Syrien, hunderte verschiedene Kibbeh-Variationen gibt. Als ich in die Staaten zog, wurde mir diese Behauptung von meinen syrischen Freunden bestätigt.

Das Grundrezept – die traditionellste Version von Kibbeh – besteht aus ganz frischem Ziegenfleisch, Bulgur und verschiedenen Gewürzen. In meinem Restaurant verwende ich aufgrund vergleichbaren Konsistenz Lamm- statt Ziegenfleisch. Unabhängig von der Sorte sollten Sie darauf achten, dass das Fleisch sehr frisch ist und am besten bei dem Metzger Ihres Vertrauens kaufen. Es gibt nichts Besseres als frisches, rohes Kibbeh, in einer dünnen Schicht auf einem Teller verteilt, angerichtet mit fruchtigem Olivenöl, Chilipaste, frisch gehackter Minze und garniert mit Zwiebeln. Es ist die nahöstliche Antwort auf Tatar. Am darauffolgenden Tag kann die rohe Kibbeh-Masse auf ein Blech ausgerollt, mit Hossi bestrichen und gebacken oder zu Kegeln geformt und mit Hossi gefüllt frittiert werden.

Man kann Kibbeh und Hossi auch aus Fisch machen. Hierfür werden fein gehackter Fisch (Snapper, Tilapia oder Thunfisch) und geröstete Pinienkörnern verarbeitet. Im Tanoreen biete ich sogar eine vegane Kibbeh-Version mit fein gehacktem Kürbis (mit scharfem Bulgur gemischt) an. Die Füllung besteht aus frischem Spinat und gerösteten Walnüssen und wird mit Granatapfelsirup gebunden.

ROHES KIBBEH

Ob roh oder gekocht, warm oder kalt, als Bällchen oder flaches Scheibchen zubereitet – gebacken, gegrillt, gekocht oder gefroren – für Kibbeh wird nur das frischeste, qualitativ hochwertigste Fleisch verarbeitet. Kibbeh gab es meistens nur samstags, da dies der Tag war, an dem in Nazareth geschlachtet und das Fleisch verkauft wurde. Das beste Kibbeh besteht aus ganz zartem Lamm- oder Ziegenfleisch, preiswerter ist das heutzutage oft verwendete Rindfleisch. Im Gegensatz zu einem guten Steak darf das Fleisch für Kibbeh kein Fett und keine Marmorierung haben. Ich weiß noch, wie meine Mutter mit einer Gabel sämtliche Spuren von Fett oder Sehnen aus dem Hackfleisch entfernte. Das folgende Rezept stammt aus dem Libanon und wird mit Minze und Zwiebeln serviert.

✣ **TIPP** Bei nahöstlichen Gerichten gibt es etwa so viele Arten der Würzung, wie es Köche gibt. Die Palästinenser mögen besonders pikantes Kibbeh und servieren dazu Scharfe Sauce, während die Libanesen eine mildere Variante bevorzugen.

Vergewissern Sie sich, dass bei der Zubereitung von Kibbeh alles was mit dem Fleisch in Berührung kommt – Hände, Schüsseln, Platten – eiskalt ist. Den Bulgur gut abtropfen lassen, ansonsten wird die Masse beim Kneten sehr wässrig.

Eine kleine Schüssel mit Eiswasser füllen. Piment, Kreuzkümmel, Pfeffer, Majoran und Muskatnuss in eine große Schüssel geben und die Hälfte des Bulgurs unterrühren. Die Hände in Eiswasser tauchen und die Wassertropfen in die Bulgurmischung tropfen lassen. Mit den Händen die Mischung ordentlich durchkneten, ähnlich wie Brotteig, und die Gewürze dabei sorgfältig einarbeiten. Immer wieder die Hände in das Wasser tauchen, über der Mischung abtropfen lassen und weiterkneten, bis sich die Bulgurmischung, ohne wieder auseinanderzufallen, formen lässt.

Salz, Chilipaste, Zwiebel, Hackfleisch und den restliche Bulgur hinzufügen und, wie oben beschrieben, zu einer Masse kneten. (Sie werden etwa 120 ml Wasser für das Benetzen des Bulgurs und des Fleisches benötigen.)

Falls Sie das Kibbeh gleich servieren möchten, bereiten Sie eine sehr große Schüssel mit Eiswürfeln und Wasser gefüllt vor und stellen die kleinere Schüssel mit dem Kibbeh in das Eiswasser hinein. Falls Sie das Kibbeh nicht sofort servieren, sollten Sie die Masse sehr gut mit Frischhaltefolie abdecken und – so lange Sie Beilagen wie beispielsweise *Hossi* vorbereiten – kalt stellen. Die Reste können in einem wiederverschließbaren Gefrierbeutel bis zu 2 Monate eingefroren werden und zum Backen oder Frittieren verwendet werden. Vor dem Einfrieren auf einem Tablett pressen oder Bällchen formen. Gefrorener Kibbeh darf nicht mehr roh verzehrt werden.

Zum Anrichten den Kibbeh auf eine kleine ovale Platte geben. Mit Minzeblättern und Zwiebelringen garnieren und mit Öl beträufeln.

FÜR 4–6 PORTIONEN

1 TL gemahlener Piment

½ TL gemahlener Kreuzkümmel (oder nach Geschmack)

¼ TL getrockneter Majoran

¼ TL frisch geriebene Muskatnuss

200 g feiner Bulgur, 30 Minuten eingeweicht

1 EL kernlose nahöstliche oder türkische Chilipaste

½ weiße Zwiebel, geraspelt oder fein gehackt und trockengetupft

500 g zartes Lammfleisch aus der Keule, sehr fein gehackt

frische Minzeblätter und Zwiebelringe zum Garnieren

Olivenöl zum Beträufeln

Meersalz und frisch gemahlener schwarzer Pfeffer

Zum Servieren:
Hossi (siehe Seite 32)

HUMMUS

Hummus ist wahrscheinlich das bekannteste nahöstliche Gericht weltweit. Man isst es nicht nur als Mezze, sondern verwendet es auch als Grundlage für Gerichte wie Hummus mit Fleisch (siehe Seite 27), Kichererbsen und Favabohnen (siehe Seite 24). Hummus ist in keinem anderen Restaurant der Stadt so gefragt wie bei uns im Tanoreen. Es ist das am häufigsten bestellte Gericht auf unserer Speisekarte.

Sie fragen sich jetzt bestimmt, wie sich die Mischung aus Kichererbsen, Tahini, Zitronensaft und Knoblauch so von anderen abheben kann? Abgesehen von den großzügigen Mengen an Zitronensaft und Knoblauch, liegt das Geheimnis in der Zubereitung der Kichererbsen. Sie müssen die getrockneten Kichererbsen so lange kochen, bis sie sich häuten und mit Daumen und Zeigefinger zerdrückt werden können. Die Kochzeit hängt von deren Qualität ab. Ich koche immer gleich eine größere Portion, lasse sie abtropfen und friere sie in wiederverschließbaren Gefrierbeuteln für bis 6 Monate ein.

50 g Kichererbsen in eine kleine Schale geben und für die Garnitur beiseitestellen.

Tahini, Zitronensaft, Kochwasser, Knoblauch, Salz und die restlichen Kichererbsen in den Becher eines Mixers geben. So lange mixen, bis alles weich und cremig ist, für die gewünschte Konsistenz dürfen Wasser oder Zitronensaft hinzugefügt werden. (Falls Sie den Hummus einfrieren möchten, bedenken Sie bei der Portionierung, dass das Volumen im gefrorenen Zustand zunimmt.) Mit Zitronensaft und Salz würzen.

Auf einem Servierteller anrichten und mit der Rückseite eines Löffels etwa 1,5 cm vom Tellerrand entfernt eine Rinne in das Hummus ziehen. Das Öl in die Vertiefung gießen und mit den restlichen Kichererbsen und der frischgehackten Petersilie garnieren. Arabisches Brot dazu servieren.

FÜR 6–8 PORTIONEN

500 g getrocknete Kichererbsen, eingeweicht (siehe Seite 21) und gekocht,
  250 ml Kochwasser oder 2 Dosen
  (à 400 g), Flüssigkeit von 1 Dose
  beiseitegestellt
300 g Tahini (Sesampaste)
370 ml frisch gepresster Zitronensaft
  (oder nach Geschmack)
5 Knoblauchzehen, fein gehackt
  (oder nach Geschmack)
60 ml natives Olivenöl Extra
2 EL gehackte glatte Petersilie
  zum Garnieren
Meersalz

Zum Servieren:
Arabisches Brot (siehe Seite 57),

MUTTERS HUMMUS

HUMMUS BELZEIT

Meine Mutter versuchte bei Rezepten, die Tahini-Sauce vorsahen, diese immer wegzulassen. Sie vertrat die Meinung, dass ein Gericht ohne die Sauce gleich viel leichter war. Eine ihrer besten Alternativen war dieses säuerliche Hummus – ohne Tahini und mit extra viel Zitronensaft. Um dem Hummus etwas mehr Biss zu geben, zerdrückte sie die Kichererbsen auch lieber mit der Hand. Warm und mit *Tetbileh* (siehe Seite 129) beträufelt schmeckt es besonders gut. Servieren Sie dieses Hummus nicht nur als Mezze, sondern auch zum Frühstück mit warmem Arabischem Brot (siehe Seite 57), auf Sandwiches zum Mittagessen und abends als Beilage zu gegrilltem Fleisch.

Die gekochten Kichererbsen mit der beiseitegestellten Flüssigkeit in einem großen Topf vermischen. Bei niedriger Temperatur leicht zum Kochen bringen und mit dem Kartoffelstampfer die Kichererbsen grob zerdrücken. Vom Herd nehmen.

60 ml Öl, Zitronensaft, Knoblauch, Chilipaste, Kreuzkümmel und Salz mit einem Holzkochlöffel unterrühren. Alle Zutaten mittels des Kartoffelstampfers gut einarbeiten. Falls der Hummus zu fest ist, etwas Wasser hinzufügen, bis die erwünschte Konsistenz erreicht ist. Nochmals mit Zitronensaft, Chilipaste und Salz würzen.

Den Hummus in eine flache Schale geben, mit dem restlichen Öl beträufeln und die gehackter Petersilie darüberstreuen.

FÜR 8–10 PORTIONEN

500 g getrocknete Kichererbsen, gekocht (siehe Seite 21), 250 ml Kochwasser beiseitegestellt oder 2 Dosen (à 400 g), Flüssigkeit von 1 Dose beiseitegestellt

120 ml natives Olivenöl Extra

180–250 ml frisch gepresster Zitronensaft

6 Knoblauchzehen, fein gehackt (oder nach Geschmack)

1 TL kernlose nahöstliche oder türkische Chilipaste (optional)

1 TL gemahlener Kreuzkümmel

2 EL gehackte glatte Petersilie zum Garnieren

Meersalz

TAHINI MIT PETERSILIENSAUCE

BAKDONSIYYEY

Diese vielseitige Sauce, bekannter unter ihrem libanesischen Namen Taratour, wird auf einer Mezze-Tafel auch als Dip eingesetzt. Träufeln Sie eine kleine Menge davon auf ein kleines, zusammengeklapptes Stück Arabisches Brot und genießen Sie dazu etwas Arak oder geben Sie einige Tropfen auf die Falafel, um den Kichererbsenbällchen einen spritzigen Geschmack zu geben. *Bakdonsiyyey* wird immer zu frittiertem Fisch (siehe Seite 129) gereicht. Manchmal wird es auch mit frischen Tomaten und Gurken als Salatbeilage zu Fisch serviert.

Tahini-Sauce, Petersilie und Zitronenschale in einer Schüssel mischen. Für eine dünn-flüssigere Sauce, etwas Zitronensaft oder 2 EL Wasser hinzufügen. Wenn Sie es schärfer mögen, Jalapeño dazugeben. Zum Aufbewahren die Sauce gut abdecken und in den Kühlschrank stellen. Mit Petersilie ist sie einige Tage haltbar, falls die Petersilie erst zum Servieren hinzugefügt wird, können Sie die Sauce bis zu 1 Woche frisch halten.

FÜR 375 ML

250 ml dickflüssige Tahini-Sauce (siehe Seite 195)

60 g gehackte glatte Petersilie

Schale von ½ unbehandelten Zitrone

frisch gepresster Saft von ½ Zitrone (optional)

½ Jalapeño, fein gehackt (optional)

AUBERGINEN-TOMATEN-SALAT

———— •◆• ————

Die Idee zu diesem Rezept kam mir als ich die riesigen dunkelvioletten Auberginen auf den amerikanischen Märkten entdeckte. Die Vorstellung, dass ich Auberginen in Scheiben mit 20 cm Durchmesser schneiden könnte war phänomenal! Anstatt sie also zu schmoren und auszuhöhlen, entschloss ich mich diese riesigen Scheiben zu schneiden und zu frittieren (oder braten) und als Grundlage für einen Salat zu verwenden. Für dieses Gericht braucht man viel Zitronensaft, und bedenken Sie, dass Auberginen die Sauce wie ein Schwamm aufsaugen. Für dieses Gericht bevorzuge ich es, die Tomaten zu enthäuten, aber es ist nicht zwingend notwendig. Diese Salattürmchen sind nicht nur eine kreative Mezze, sondern man kann daraus auch ein gutes veganes Sandwich zaubern: Arabisches Brot (S. 57) damit belegen oder zu Falafel servieren.

Die Auberginenscheiben auf einem Backblech verteilen, mit Salz und Pfeffer würzen und 30 Minuten beiseitestellen – oder so lange, bis die Auberginen zu schwitzen beginnen. Trocken tupfen.

Das Pflanzenöl 6 mm hoch in eine große Bratpfanne gießen und stark erhitzen. Die Auberginen portionsweise mit einem Pfannenwender in das heiße Öl geben und insgesamt etwa 4 Minuten frittieren. Dabei einmal wenden, bis sie auf beiden Seiten leicht gebräunt sind. Mit den restlichen Auberginen wiederholen, falls nötig wieder Öl in die Pfanne geben. Als Alternative, die Auberginenscheiben mit Öl einreiben und im Backofen bei 250 °C insgesamt etwa 15 Minuten goldbraun backen, dabei einmal wenden. Zum Abkühlen beiseitestellen.

Währenddessen Tomaten, gehackte Chilischoten, Knoblauch, 80 ml Olivenöl, Zitronensaft und Pfeffer in einer mittelgroßen Schüssel vermischen. Gut rühren, damit sich alles schön verbindet, und langsam so viel von dem restlichen Olivenöl hinzufügen bis die gewünschte Konsistenz erreicht ist. Zum Anrichten so viel Tomatenmischung auf die Auberginenscheiben geben, dass noch ein kleiner Rand übrigbleibt. Mit geschnittenen Chilischoten garnieren und servieren.

FÜR 8 PORTIONEN

3 mittelgroße Auberginen (1,25–1,5 kg), in 1,5 cm dicke Scheiben geschnitten

Speiseöl zum Frittieren oder Einreiben

8 Flaschentomaten oder 3 Fleischtomaten, überbrüht, gehäutet und gewürfelt

4 lange grüne Chilischoten oder Jalapeños, 2 entkernt (optional) und gehackt, 2 fein geschnitten

6 Knoblauchzehen, zerdrückt

80–120 ml natives Olivenöl Extra

frisch gepresster Saft von 2 Zitronen

Meersalz und frisch gemahlener schwarzer Pfeffer

BABA GHANOUSH

—◦•◦—

Jedes orientalische Land nimmt es für sich in Anspruch, dass dieser kräftige, würzige Aufstrich aus seiner Region stammt. Das liegt wahrscheinlich einfach daran, dass *Baba Ghanoush* auf verschiedene Arten zubereitet werden kann. Im Westjordanland und in Gaza benutzen die meisten Köche die rote Tahini-Sauce, bei der die Sesamkörner viel länger geröstet werden als bei der weißen. Viele Köche verwenden auch Zitronensaft statt Granatapfelsirup, und einige bestreuen Baba Ghanoush mit Petersilie, andere mit Pistazienstückchen und wiederum andere mit Granatapfelkernen.

Meine Version ist einfach in der Zubereitung und im Geschmack rauchiger und schärfer als die anderen.

TIPP Mein Vater sagte immer, dass der Schlüssel zu einem exzellenten Baba im richtigen Grillen der Auberginen liegt. Diese immer dicht über die heißen Kohlen oder über die Gasflamme legen; nur so bekommt das Gemüse sein herrliches Raucharoma. Wenn Sie einen milderen Geschmack bevorzugen, können Sie die Auberginen auch im Ofen grillen. Es eignet sich jede Auberginensorte, ideal ist eine mit wenigen Samen. Sie sollte auch nicht zu groß sein, da diese meist einen bitteren Geschmack haben. Ich bevorzuge die schwarzen italienischen Auberginen, die meistens nur sehr wenige Kerne haben.

Den Holzkohlen- oder Gasgrill anheizen. Wenn die volle Temperatur erreicht ist, die Auberginen dicht über die Wärmequelle legen und grillen, bis die Haut verkohlt und komplett schwarz ist. Zum Abkühlen beiseitelegen.

Als Alternative den Backofen auf 250 °C vorheizen und ein Backblech mit Alufolie auslegen. Die Auberginen mit einem scharfen Messer an einigen Stellen einritzen. Auf das vorbereitete Backblech legen und in den Ofen schieben. Die Auberginen alle 5 Minuten wenden und so lange im Ofen grillen, bis die Haut Blasen bildet und aufplatzt. Aus dem Backofen herausnehmen und zum Abkühlen beiseitelegen.

Die Aubergine einmal längs halbieren. Das Fruchtfleisch herauslösen und zum Abtropfen in ein Sieb legen.

Die abgetropfte Aubergine in einen mittelgroße Schüssel geben, Tahini-Sauce hinzufügen und mit einer Gabel grob zerdrücken. Falls nötig, die größeren Auberginenstücke mit einem Messer zerkleinern. Zum Abschmecken den Knoblauch zusammen mit dem Zitronensaft einrühren. Baba Ghanoush auf einem flachen Servierteller anrichten und mit der Rückseite des Löffels ringsherum – 1,5 cm vom Rand entfernt – eine Kuhle in den Dip drücken. Öl hineingießen, mit etwas Petersilie bestreuen und Arabisches Brot dazu servieren.

FÜR 6–8 PORTIONEN

3 mittelgroße Auberginen (1,25–1,5 kg)
370 ml dickflüssige Tahini-Sauce
　(siehe Seite 195)
2 Knoblauchzehen, zerdrückt
frisch gepresster Zitronensaft oder
　Granatapfelsirup zum Abschmecken
60 ml natives Olivenöl Extra
2 EL gehackte glatte Petersilie
　zum Garnieren

Zum Servieren:
Arabisches Brot (siehe Seite 57)

MUTABBAL

In den meisten Ländern des Nahen Ostens besteht dieses Rezept aus sehr einfachen Zutaten wie Auberginen, Knoblauch und Zitronensaft; sozusagen eine leichtere Version des Baba Ghanoush ohne Tahini. In Amerika angekommen, begann ich mit verschiedenen Zutaten herumzuexperimentieren und habe mich selbst dabei erwischt, wie ich Tomaten, Chilischoten und etwas Kreuzkümmel zu meinem Mutabbal hinzufügte. Ich serviere es gerne zu gegrilltem Fleisch und Hühnchen. Meine Kinder lieben es, und es eignet sich hervorragend als Aufstrich zu Arabischem Brot, knusprigem Fladenbrot oder Crackern.

Den Holzkohlen- oder Gasgrill anheizen. Wenn die volle Temperatur erreicht ist, die Auberginen dicht über die Kohlen oder die Gasflamme legen. Mit einer Grillzange wenden und grillen, bis die Haut verkohlt und komplett schwarz ist. Zum Abkühlen beiseitelegen.

Als Alternative können die Auberginen auch im Backofen zubereitet werden. Backofen auf 200 °C vorheizen und ein Backblech mit Alufolie auslegen. Die Auberginen mit einem scharfen Messer an einigen Stellen einritzen. Auf das vorbereitete Backblech legen und in den Ofen schieben. Die Auberginen alle 5 Minuten wenden und so lange im Ofen grillen, bis die Haut Blasen bildet und aufplatzt. Aus dem Backofen herausnehmen und zum Abkühlen beiseitelegen.

Die Aubergine einmal längs halbieren. Das Fruchtfleisch herauslösen und in einem Sieb abtropfen lassen.

Währenddessen Tomaten, Knoblauch, Schalotten, die Hälfte der Petersilie, 3 EL Öl, Zitronensaft, Kreuzkümmel, Pfeffer und Salz und Chilischoten in eine mittelgroße Schüssel geben. Die abgetropften Auberginen hinzufügen und mit einer Gabel zerdrücken. Die Auberginenmischung in einer Servierschüssel anrichten und mit den restlichen 3 EL Olivenöl beträufeln. Mit der restlichen Petersilie bestreuen und den Rand mit Gurkenscheiben auslegen.

FÜR 6–8 PORTIONEN

3 mittelgroße Auberginen (1,25–1,5 kg)
4 Flaschentomaten, klein gehackt
4–5 Knoblauchzehen, zerdrückt
1 Schalotte, fein gehackt
60 g gehackte glatte Petersilie
6 EL natives Olivenöl Extra
frisch gepresster Saft von 2 Zitronen
   zzgl. etwas zum Abschmecken
½ TL gemahlener Kreuzkümmel (oder
   nach Geschmack)
2 Chilischoten, entkernt und fein gehackt
   (optional)
Gurkenscheiben zum Garnieren
Meersalz und frisch gemahlener
   schwarzer Pfeffer

AUFSTRICH AUS ROTER PAPRIKA UND WALNÜSSEN

———— ·◆· ————

MHAMMARA

Dieser sehr beliebte Aufstrich aus Walnüssen und roter Paprika ist, ähnlich wie der spanische Romesco, scharf und gleichzeitig auch süß. Während die Türken ihn für ihre Erfindung halten, behaupten andere Stimmen, er käme aus Aleppo in Syrien. Ich jedenfalls habe diesen köstlichen Aufstrich von meinen syrischen Freunden, die ich währen meiner Anfangszeit in New York kennengelernt habe. Natürlich konnte ich es auch diesmal nicht bei der Originalversion belassen – also fügte ich ein Menge Walnüsse hinzu, und statt Weizenschrot verwendete ich frisches Paniermehl. Ich sorge auch dafür, dass der Großteil der Flüssigkeit abtropfen kann. Mhammara wird normalerweise mit geröstetem Arabischem Brot serviert, aber es passt auch wunderbar zu Rohkost. Die Reichhaltigkeit und Textur der Walnüsse verleihen dem Ganzen eine fleischartige Konsistenz, daher biete ich es oft als vegetarischen Ersatz für rohes Kibbeh (siehe Seite 35) an.

Paprika und Zwiebeln in den Behälter des Mixers geben und fein pürieren. Ein Sieb mit Küchenpapier auslegen, die Mischung in das Sieb geben und mindestens 30 Minuten abtropfen lassen. Die Paprikamischung in eine mittelgroße Schale geben und beiseitestellen.

Die Walnüsse in den Behälter des Mixers geben und grob hacken, aber nicht zu einem Teig verarbeiten. Als Alternative können Sie ein Messer benutzen. Von den gehackten Walnüssen 2 EL zum Garnieren beiseitestellen.

Die restlichen Walnüsse, Brotbrösel, 2 EL Granatapfelsirup, Öl, Kreuzkümmel, Piment, Muskatnuss, Chilipaste, Salz und Pfeffer in die Paprikamischung geben und gleichmäßig verrühren. Die Schüssel abdecken, 30 Minuten in den Kühlschrank stellen und gut durchkühlen lassen.

Die Mischung auf einem Servierteller anrichten, mit dem restlichen Granatapfelsirup beträufeln und mit den übrigen gehackten und ganzen Walnüssen bestreuen. Bei Zimmertemperatur servieren.

FÜR 6–8 PORTIONEN

4 große oder 6 kleine rote Paprika (750–1000 g), entkernt und gehackt

1 kleine weiße Zwiebel, gehackt

300 g Walnusskerne zzgl. einige zum Garnieren

60 g frische Brotbrösel

80 ml Granatapfelsirup

6 EL natives Olivenöl Extra

1½ TL gemahlene Kreuzkümmelsamen

½ TL gemahlener Piment

¼ TL frisch geriebene Muskatnuss

2 EL kernlose nahöstliche oder türkische Chilipaste (oder nach Geschmack)

Meersalz und frisch gemahlener schwarzer Pfeffer

ROSENKOHL MIT PANKO

––– ·◆· –––

In meiner Kindheit gehörte Rosenkohl nicht zur palästinensischen Küche. Ich entdeckte ihn erst in den Vereinigten Staaten und wollte ihn unbedingt auch auf den Speiseplan meiner Kinder stellen. Deshalb tat ich das, was jede gute Mutter macht: Ich peppte seinen Geschmack kindgerecht auf – mit etwas Tahini-Sauce und Granatapfelsirup. Es funktionierte! Rosenkohl hat es bis auf die Menükarte des Tanoreen geschafft und dort einen festen Stammplatz ergattert.

In eine große Pfanne Pflanzenöl 6–12 mm hoch gießen und bei hoher Temperatur erhitzen. Um zu testen, ob das Öl heiß genug ist, ein Stück Rosenkohl in die Pfanne geben. Wenn Bläschen aufsteigen, den Rosenkohl portionsweise in der Pfanne etwa 2–3 Minuten unter gelegentlichem Wenden ringsherum braun anbraten. Den Rosenkohl mit einem Schaumlöffel herausheben und auf einem mit Küchenpapier ausgelegten Teller abtropfen lassen.

Währenddessen Tahini-Sauce, Joghurt und Granatapfelsirup in einer mittelgroßen Schüssel verrühren und beiseitestellen.

Das Olivenöl in einer Bratpfanne bei mittlerer Temperatur erhitzen. Knoblauch etwa 1 Minute anschwitzen, bis er duftet. Das Panko hinzugeben und etwa 2 Minuten goldbraun anbraten, leicht salzen und die Pfanne vom Herd nehmen. Das Panko auf einer mit Küchentüchern ausgelegten Platte verteilen und etwas abkühlen lassen. Den Rosenkohl auf einem Servierteller anrichten, mit Sauce beträufeln und mit Panko bestreuen. Sofort servieren.

FÜR 6–8 PORTIONEN

Pflanzenöl zum Frittieren
2 kg Rosenkohl, äußere Blätter entfernt und halbiert
250 ml dickflüssige Tahini-Sauce (siehe Seite 195)
250 g Naturjoghurt
2 EL Granatapfelsirup
2 EL natives Olivenöl Extra
½ TL Knoblauch, klein gehackt
100 g Panko (Paniermehl nach japanischer Art)
Meersalz

TÜRKISCHER SALAT

––– ·◆· –––

SALATA TURKIYYA

Dieses Gericht sorgt unter meinen Gästen oftmals für Verwirrung. Sie erwarten bei ihrer Bestellung einen Tomatensalat, denn das ist es, was die meisten unter türkischem Salat verstehen. In Nazareth ist damit aber kleingehacktes Gemüse mit Scharfer Sauce gemeint. Gemeinsam mit Hummus (siehe Seite 36) und Baba Ghanoush (siehe Seite 40) gehört Türkischer Salat zum klassischen Aufstrich-trio der Mezze-Tafel.

◈ TIPP Ohne die Gurke ist der Salat im Kühlschrank 10 Tage haltbar ist, daher empfehle ich die Gurke immer erst kurz vor dem Servieren hinzuzufügen.

In einer Schüssel Gurken und Zwiebeln mit der Scharfen Sauce, Tomatenmark, Knoblauch, Kreuzkümmel, Piment, 1 TL Pfeffer, Zitronensaft und Öl mit einem Teigspatel vorsichtig vermischen. Anrichten und mit Olivenöl beträufelt servieren.

FÜR 8–10 PORTIONEN

2 persische kernlose Gurken, geschält und fein gewürfelt
2 kleine Zwiebeln, fein gewürfelt
250 ml selbst gemachte Scharfe Sauce (siehe Seite 194), oder 150 g Harissa
4 EL Tomatenmark
3–4 Knoblauchzehen, fein gehackt
1 TL gemahlener Kreuzkümmel
1 TL gemahlener Piment
frisch gepresster Saft von 2 Zitronen
120 ml natives Olivenöl Extra zzgl. etwas zum Beträufeln
frisch gemahlener schwarzer Pfeffer

EINGELEGTE GEFÜLLTE AUBERGINEN

◦•◦

MAKDOUS

Eingelegtes Gemüse ist bei jedem nahöstlichen Essen ein Muss. Dieses besondere Gericht, auch Makdous genannt, ist normalerweise Teil einer großen Mezze-Tafel, eignet sich aber auch sehr gut als separate Vorspeise. Es ist in seiner Zubereitung aufwendiger als die meisten anderen Mezze-Gerichte. Ich persönlich mag die Schärfe, die die Chilipaste der Füllung verleiht, aber Sie können auch gerne eine mildere Chilischote benutzen oder sie auch komplett weglassen. Gut verschlossen können Sie *Makdous* monatelang im Küchenschrank aufbewahren.

⚜ **TIPP** Zitronensalz eignet sich hervorragend als Konservierungsmittel. Es beschleunigt die Fermentierung, sodass die Auberginen viel früher verzehrt werden können. Zitronensaft würde in Verbindung mit Öl aus der Aubergine heraustropfen.

Einen großen Topf mit gesalzenem Wasser zum Kochen bringen. Währenddessen mit einem scharfen Messer die Auberginen an zwei Stelle ein-, aber nicht durchschneiden. So wird verhindert, dass sie an der Oberfläche schwimmen. Die Auberginen in das kochende Wasser geben und etwa 20 Minuten garen, bis sie durch sind. Danach in einem großen Sieb abtropfen lassen. Butterbrotpapier direkt auf die Auberginen legen und, um sie auszudrücken, schwere Dosen daraufstellen. Mindestens 4 Stunden oder über Nacht gut abtropfen lassen.

Walnüsse, Knoblauch, Öl, Chilipaste, Zitronensalz und 2 EL Meersalz in einer mittelgroßen Schüssel vermischen. Mit einem scharfen Messer jede Aubergine längs, vom unteren Ende bis zum Strunk aufschneiden. Die vorhergehenden Einschnitte dabei ignorieren. Die Walnussmischung gleichmäßig in die Auberginen füllen. Die Auberginen mit der gefüllten Seite nach oben in einen sterilen Glasbehälter legen und reichlich mit Öl bedecken. Ein Blatt Butterbrotpapier so platzieren, dass es die Auberginen berührt. Den Glasbehälter gut verschließen und bei Zimmertemperatur 5–7 Tage ruhen lassen. Zum Servieren die Makdous auf einem großen Teller anrichten, mit Olivenöl beträufeln und warmes Arabisches Brot dazu servieren.

ERGIBT 10–12 EINGELEGTE AUBERGINEN

10–12 kleine italienische Auberginen
450 g gehackte Walnüsse
10 Knoblauchzehen, zerdrückt
60 ml natives Olivenöl Extra zzgl. etwas zum Einlegen und Servieren
2 gehäufte EL kernlose nahöstliche oder türkische Chilipaste (optional)
1 EL Zitronensalz
Meersalz

Zum Servieren:
Arabisches Brot (siehe Seite 57)

VEGETARISCHE WEINBLÄTTER

— ⋅✦⋅ —

WARAK ANAB BIL ZAIT

Gefüllte Weinblätter sollten der Länge und Breite des kleinen Fingers einer Frau entsprechen. Die Größe der Weinblätter kann stark variieren. Falls der Durchmesser größer als 10 cm ist, dann die Blätter von der Spitze entlang der Rippe halbieren. Die gefüllten Weinblätter können bis zu 4 Monate in einem luftdicht verschlossenen Behälter eingefroren werden. Zum Auftauen über Nacht in den Kühlschrank oder auf die Arbeitsplatte stellen.

In einer großen Schüssel Tomaten, Reis, Petersilie, Zwiebeln, Öl, Zitronensaft, Tomatenmark, frische Minze, Piment, 1 TL Salz, getrocknete Minze, 1 TL Pfeffer, Muskatnuss und Kreuzkümmel vermischen. Mit einem Holzkochlöffel die Füllung gut durchrühren, sodass alle Zutaten gut vermischt werden.

Den Boden eines mittelgroßen Suppentopfs mit Karotten-, Kartoffel- oder Tomatenscheiben auslegen (das verhindert, dass die untersten Weinblätter verbrennen) und beiseitestellen.

Ein Weinblatt nach dem anderen füllen. Dazu den Stiel mit einer Küchenschere abschneiden. Das Weinblatt mit der glänzenden Seite nach unten und dem Blattansatz zu Ihnen gerichtet auf die saubere Arbeitsfläche legen. Falls die Blattadern tief liegen, das Blatt in der Mitte durchschneiden und zusammenklappen oder mit einem anderen Blatt die Unebenheiten ausgleichen. 1 EL Füllung in die Blattmitte geben. Das Blattende Richtung Spitze über die Füllung klappen, dann die Seiten nach innen über die Füllung falten. Das Blatt vom Stielansatz zur Spitze hin sehr straff aufrollen, sodass die ganze Füllung fest eingeschlossen wird. Mit den übrigen Blättern und der restlichen Füllung wiederholen. Nachdem jedes Blatt eingerollt ist, legen Sie sie in den vorbereiteten Topf. Die gefüllten Weinblätter werden vom äußeren Rand beginnend nach innen zur Mitte kreisförmig angeordnet. Die Rollen dicht Seite an Seite legen. Wenn der Boden des Topfes bedeckt ist, die übrigen Rollen als zweite Schicht darüberlegen.

500 ml Wasser salzen und in den Topf gießen. Einen kleinen hitzebeständigen Teller umgekehrt direkt auf die Weinblätter legen und den Topf mit einem Deckel verschließen. Bei hoher Temperatur aufkochen und die Temperatur dann reduzieren. Bei geringer Hitze 40–60 Minuten köcheln lassen, bis der Reis gar ist und man die Weinblätter leicht mit einer Gabel durchstechen kann.

Nach dem Ende der Garzeit den Teller von den Weinblättern nehmen, die Weinblätter vorsichtig mit Hilfe einer Gabel auf einem Servierteller anrichten und mit dem Gemüse garnieren. Als Alternative mit einem Geschirrtuch den Teller gegen die Weinblätter drücken und den Topf schräg halten, damit die Flüssigkeit abfließen kann. Den Teller entfernen. Eine Servierplatte über den Topf legen und samt Topf stürzen, damit die Weinblätter und das Gemüse auf der Platte landen. Den Topf wegstellen. Mit Zitronenspalten servieren.

ERGIBT 50–60 WEINBLÄTTER (FÜR 8–10 PORTIONEN)

6 Flaschentomaten oder
  5 Fleischtomaten, gehackt
300 g ägyptischer Reis
90 g gehackte glatte Petersilie
2 mittelgroße weiße Zwiebeln, gehackt
120 ml natives Olivenöl Extra
frisch gepresster Saft von 2 Zitronen
  (oder nach Geschmack)
1 EL Tomatenmark
1 EL gehackte Minzeblätter
1 EL gemahlener Piment
1 TL getrocknete Minze
½ TL frisch geriebene Muskatnuss
½ TL gemahlener Kreuzkümmel
3–4 Karotten, Kartoffeln oder Tomaten,
  in 5 mm dicke Scheiben geschnitten
1 Glas Weinblätter (450 g), gespült
Zitronenspalten zum Garnieren
Meersalz und frisch gemahlener
  schwarzer Pfeffer

Abbildungen auf der gegenüberliegenden Seite, im Uhrzeigersinn von oben rechts: Za'atar-Brot, Eingelegte gefüllte Aubergine, Vegetarische Weinblätter, Labneh, Marinierte Oliven, Baba Ghanoush, Taboulé, Eingelegte Chilischoten und Eingelegter Blumenkohl und Karotten

BIS DAS DER TOD UNS SCHEIDET

Galiläer lieben es überhaupt zu feiern, aber es gibt wahrscheinlich nichts Ausschweifenderes als eine Hochzeit. Das beste Beispiel dafür war die Hochzeit von meinem Onkel Elia und meiner Tante Marie. Ich war damals sieben und es war das aufregendste Fest, das ich bisher erlebt hatte – und wurde zu einem Schlüsselerlebnis meiner Kindheit. Ich kann mich immer noch an den Duft jedes einzelnen Gewürzes erinnern, an die wunderbar angerichteten Platten. So, als wäre es gestern gewesen.

Diese feierliche Stimmung konnte man schon lange vor der Hochzeit spüren. Die Tradition will, dass die Eltern des Bräutigams eine ganze Woche vor der Hochzeit jeden Abend ein geselliges Beisammensein für seine Familie und Freunde organisieren. Und dazu wird natürlich reichlich Mezze serviert.

Tagsüber trafen sich die Frauen der Familie und bereiteten große Mengen an Essen für die Gäste vor – frisch gebackene Spinatpasteten, gehackte glatte Petersilie, fein gehackte Tomaten und Gurken aus dem eigenen Garten für den Taboulé. Jeden Abend wurde kurz vor dem Festmahl rohes Kibbeh zubereitet und ganz frisch serviert. Es war unfassbar viel Arbeit, aber die Palästinenser sind stolz darauf, jedes Gericht von Grund auf selbst zu kochen. Diese festliche Stimmung ist ebenso ein Teil der Mezze wie die vielen Vorspeisenteller selbst.

Einige Tage vor der Hochzeit kam Onkel Elia von Tarshiha nach Nazareth, um meine Familie abzuholen. Wir Kinder saßen hinten auf der Ladefläche seines Kleintransporters, während er und meine Eltern vorne saßen. Und los ging die stundenlange Fahrt durch Galiläa. Wir fuhren vorbei an Wäldern mit unzähligen Bananen- und Avocadobäumen, Gurkenfeldern, jeder Feigensorte, die es auf diesem Planeten gibt und haufenweise Olivenbäumen. Wir sangen auf der Fahrt, bis wir heiser wurden. Ich weiß gar nicht, wie oft wir das englische ABC-Lied sangen. Die Lehrerin in meiner Mutter wollte unbedingt, dass wir es so oft singen, bis wir es in- und auswendig konnten!

Als wir uns Tarshiha näherten, das Dorf, in dem mein Vater geboren wurde und wir später unsere Sommer verbrachten, verstummte der Gesang. Wir trauten unseren Augen kaum. Das grüne Dörfchen, etwa acht Meilen südlich der libanesischen Grenze gelegen, schien von smaragdgrünen Weinreben und Zitruspflanzen völlig überwuchert. Auf den Dächern strahlte ein

farbenfrohes Meer von Früchten und Gemüsen, die zum Trocknen ausgelegt wurden. Knallrote Tomaten, erdige Weizensprossen, grüne Okraschoten, rote Peperoni für das Kibbeh, Molokhia-Blätter, schwarze Feigen, Tabakblätter, violette Auberginen und Knoblauch hingen allesamt an den Wäscheleinen. So wurde die Ernte für die Wintermonate präpariert.

Nach der Zeremonie folgten mein Onkel und meine Tante dem Sahje, einem Begrüßungskomitee von Männern, die das Ehepaar von der Kirche bis zu ihrem zukünftigen Zuhause begleitete. Diese alte Tradition ist heutzutage nicht mehr so verbreitet, damals dauerte dieses Ritual fast eine ganze Stunde.

Die richtige Feier fand spät abends statt – ein Freund hatte seinen Garten anlässlich der Festlichkeit umgestalten lassen. Lange Tischreihen waren weiß gedeckt und auf jeder Tafel standen mehrere Flaschen Arak, dem typisch orientalischen Anisschnaps. Und ganz wichtig ... Mezze!

Die Speisen auf den Tischen reichten von einem Ende zum anderen, cremiger Hummus, rauchiger Mutabbal, lockerer Taboulé, knackige frittierte und rohe Kibbeh, Labneh, schwindelerregend hohe Türme aus Arabischem Brot, Spinat- und Fleischpasteten. (In der kulinarischen Tradition des Nahen Ostens gilt, weniger ist niemals genug!) So überwältigt ich auch von dem reichlichen Essen und der Freude angesichts dieses Festtags war, beeindruckte mich vor allem die Art und Weise, wie sich meine Mutter bei derartigen Anlässen beim Kochen engagierte, und es prägt mich bis heute. Sie schaffte dieses Gefühl des Zusammenhalts und der Familienzugehörigkeit wie niemand sonst. Von dem Tag an träumte ich davon, wie meine Mutter zu kochen. Und ich tue das bis heute.

„DIE SPEISEN AUF DEN TISCHEN REICHTEN VON EINEM ENDE ZUM ANDEREN, CREMIGER HUMMUS, RAUCHIGER MUTABBAL, LOCKERER TABOULÉ, KNACKIGE FRITTIERTE UND ROHE KIBBEH, LABNEH, HOHE TÜRME AUS ARABISCHEM BROT, SPINAT- UND FLEISCHPASTETEN."

51

FALAFEL

— •❖• —

Was für Amerikaner die Burger, sind für Araber die Falafel: Fast Food. In Nazareth gibt es fast an jeder Ecke einen Falafelstand. Bemerkenswert: Falafel schmecken von Verkäufer zu Verkäufer, von Land zu Land unterschiedlich, jeder benutzt andere Gewürze. Im Gegensatz zu daheim, wo zu Falafel normerweise Tahini-Sauce oder Scharfe Sauce serviert wird (siehe Seiten 195 und 194), werden an den Straßenständen unbeschreiblich viele verschiedene Zutaten und Saucen angeboten, die dieses bescheidene Gericht zu etwas Außergewöhnlichem machen. Ich mag meine im Pitabrot und mit frittierten Auberginen, eingelegtem Gemüse, *Tetbileh* (siehe Seite 129), frischem Zitronensaft, eingelegten Auberginen, Rotkohl und gehackten Tomaten ebenso wie mit verschiedenen Saucen garniert.

❖ TIPP Am besten schmeckt Falafel natürlich frisch, aber sie können die fertig zubereitete Falafelmischung in einen Gefrierbeutel füllen, die gesamte Luft herauspressen und gut verschließen. Somit ist die Masse im Kühlschrank noch 7 Tage haltbar, im Gefrierschrank 2 Monate.

Die Zwiebel in der Küchenmaschine klein hacken, dann Knoblauch, Petersilie, Koriandergrün und Chilischote mithacken. Die Kichererbsen hinzufügen und so lange vermengen, bis Sie die Mischung zusammenhält - aber aufpassen, dass sie nicht zu „teigig" wird. Die Falafelmischung in eine Schüssel geben. Koriander, Kreuzkümmel, 1 EL Salz und Natron hinzufügen. Mit den Händen oder einem Plastikspatel die Gewürze vorsichtig untermischen. Bis zum Frittieren beiseitelegen.

Eine große Pfanne 5 cm hoch mit Öl füllen. Bei starker Temperatur erhitzen (etwa 190 °C). Zur Kontrolle ein kleines Stück der Mischung in das heiße Öl geben. Wenn es zischt und Bläschen aufsteigen, ist die Öltemperatur richtig. Zwei Tabletts bereitstellen, eines davon mit Küchenpapier ausgelegt.

In der Zwischenzeit die Falafel formen. Mit einem Falafelformer, auch Aleb genannt, oder mit angefeuchteten Händen eine walnussgroße Portion von der Masse abnehmen und zu einem Ball formen. Diesen zu einem 4–5 cm breiten Scheibchen zusammendrücken. Den Teig jedoch nicht zu sehr pressen, damit nicht zu viel Flüssigkeit verloren geht. Die Falafel auf dem Tablett ohne Küchenpapier ablegen und aus der Hälfte der Falafelmischung weitere Scheibchen formen.

Sobald das Öl heiß ist, mit dem Frittieren beginnen. Mit einem Schaumlöffel mehrere Scheibchen vorsichtig in die Pfanne gleiten lassen, aber nicht zu viele auf einmal. Die Falafel, die an die Oberfläche aufsteigen, mit dem Schaumlöffel umdrehen und etwa 5 Minuten weiterfrittieren, bis sie mahagonibraun sind. Zum Abtropfen auf das Tablett mit dem Küchenpapier legen. Während die Falafel frittiert werden und abtropfen, die restliche Masse formen und wie oben beschrieben frittieren. Warm mit Arabischem Fladenbrot, Tahini-Sauce und eingelegtem Gemüse servieren.

FÜR 8 PORTIONEN

1 große weiße Zwiebel, geviertelt
6 Knoblauchzehen, geschält
60 g fein gehackte glatte Petersilie
30 g fein gehacktes Koriandergrün
1 Chilischote, vorzugsweise Jalapeño, entkernt und fein gehackt
1 kg getrocknete Kichererbsen, eingeweicht
3 EL gemahlener Koriander
2 EL gemahlener Kreuzkümmel
⅓ TL Natron
Pflanzenöl zum Frittieren
Meersalz

Zum Servieren:
Arabisches Brot (siehe Seite57)
eingelegtes Gemüse und dickflüssige Tahini-Sauce (siehe Seite 195)

LIBANESISCHE PASTETEN

·•·

SFEEHA

Sfeeha sind im Orient ein sehr traditioneller Snack und meine Mutter bereitete sie sehr gerne zu. Sie verbrachte Stunden mit der Zubereitung des buttrigen Teigs, der aber eher einem Blätterteig ähnelte. Die Pasteten werden normalerweise in großen Mengen serviert, ich habe hier eine Vorspeise daraus gemacht. Mit einem Salat oder einer Suppe wird daraus eine komplette Mahlzeit. Normalerweise werden Sfeeha entweder mit Käse, Spinat oder Fleisch gefüllt. Sie können aber auch Saisongemüse, Fleisch und Käse nach Belieben kombinieren.

Hefe und Zucker in einer kleinen Schüssel mit 60 ml lauwarmem Wasser vermischen. So lange ruhen lassen, bis sich die Hefe aufgelöst hat und ein dünnflüssiger Teig entsteht.

Währenddessen das Mehl in eine große Schüssel sieben, Mahlab und Mastix dazugeben. In die Mitte des Mehls eine Mulde drücken. 1 ½ TL Salz, Hefemischung, 440 ml lauwarmes Wasser, Joghurt und Öl in die Vertiefung geben und mit den Händen das Mehl von außen nach innen in die Flüssigkeit einarbeiten, bis alles gut vermischt ist. Alternativ alle Zutaten in die Rührschüssel einer Küchenmaschine geben und mit dem Knethaken bei mittlerer Geschwindigkeit zu einem Teig verarbeiten. Den Teig auf einer sauberen Arbeitsfläche 3–5 Minuten mit den Händen kneten, bis er glatt und geschmeidig ist. Den Teig in 5 gleich große Stücke teilen, Kugeln formen und auf ein Backblech legen. Mit einem Geschirrtuch abdecken und 30 Minuten an einem geschützten, warmen Ort ruhen lassen.

Arbeitsfläche und Nudelholz mit Mehl bestäuben. Eine Kugel nach der anderen zu einem großen Kreis von etwa 40 cm Durchmesser ausrollen. Mit einer runden Ausstechform Teigkreise mit 7,5 cm Durchmesser ausstechen und auf das Backblech legen. Zwischen den Kreisen 2,5 cm Platz lassen. Mit einem Geschirrtuch abdecken und an einem geschützten, warmen Ort nochmals etwa 40 Minuten ruhen lassen. Mit den Fingerspitzen in die Oberfläche der Teigkreise kleine Vertiefungen drücken.

Für die Pasteten: Den Ofen auf 175 °C vorheizen und das Backblech mit Öl einfetten. 2 EL der Füllung in die Mitte aller Kreise geben. Für Spinatpasteten die Ränder der Teigkreise jeweils an drei Stellen zur Mitte klappen, damit ein Dreieck entsteht. Mit der Rückseite eines Löffels die Füllung in die Öffnung der Pastete geben. Für Fleisch- und Käsepasteten die Teigkreise flach liegen lassen oder die gegenüberliegenden Seiten zusammendrücken und so zu einem Schiffchen formen. Mit der Rückseite eines Löffels die Füllung in die Öffnung geben. Die Pasteten 12–15 Minuten backen, bis sie goldgelb sind und die Füllung warm ist.

ERGIBT 60 PASTETEN (Ø 7,5 CM) ODER 8 PASTETEN (Ø 20 CM)

1 EL Trockenhefe
1 EL Zucker
500 g Mehl (je 250 g Weizenvollkornmehl und Weizenmehl) oder 500 g Kartoffelmehl (für die glutenfreie Variante)
1 TL Mahlab (optional)
etwas Mastix (optional)
125 g Naturjoghurt
60 ml natives Olivenöl Extra oder Pflanzenöl zzgl. etwas zum Einfetten
Fleisch-, Spinat- oder Käsefüllungen (siehe Seiten 55–56)
Meersalz

🌿 **ZUTATENVORSCHLAG** Obwohl nicht zwingend notwendig, verwende ich bei diesem Teig gerne Mahlab, ein duftendes Gewürz, das aus dem Kern der Felsenkirsche gewonnen wird. Meistens benutzt man es für süßen Teig, aber ich mag den leichten Geschmack nach Nuss und Vanille, den es dem herzhaften Teig verleiht. Mastix, das Harz des griechischen Pistazienbaums (Pistacia lentiscus), ist ein weiteres exotisches Gewürz, das dem Teig einen leichten Hauch von Lakritze verleiht.

FLEISCHFÜLLUNG FÜR PASTETEN

SFEEHA BIL LAHMEH

FÜR 60 PASTETEN (Ø 7,5 CM)
ODER 8 PASTETEN (Ø 20 CM)

120 ml natives Olivenöl Extra
200 g weiße Zwiebeln, klein gewürfelt
1 EL gemahlener Piment
½ TL gemahlene Muskatnuss
⅓ TL gemahlener Zimt
½ TL gemahlener Kreuzkümmel
1 Prise gemahlener Kardamom (optional)
1,5 kg Lammfleisch aus der Keule, gehackt
370 g Naturjoghurt
120 ml dickflüssige Tahini-Sauce (siehe Seite 195)
1 EL Granatapfelsirup (optional)
frisch gepresster Saft von 1 Zitrone
75 g Pinienkerne, geröstet (optional)
150 g Mandelstifte, geröstet
Meersalz und frisch gemahlener schwarzer Pfeffer

Das Öl in einer Pfanne bei mittlerer Temperatur erhitzen und die Zwiebeln darin etwa 5 Minuten anbraten, bis sie gar sind und duften. Piment, Muskatnuss, Zimt, Kreuzkümmel, Salz, Pfeffer, Kardamom und das Lammfleisch in die Pfanne geben. Unter regelmäßigem Rühren so lange braten, bis das Fleisch gar und mit den Gewürzen vollständig umhüllt ist. Die Pfanne vom Herd nehmen, Joghurt, Tahini-Sauce, Granatapfelsirup, Zitronensaft, Pinienkerne sowie Mandeln hinzugeben und gut vermischen.

ERINNERUNGEN AN MASTIX

Immer wenn ich ein Glas mit duftendem Mastix öffne, muss ich an die Kirche in Nazareth denken, die unsere Familie jeden Sonntag zum Gottesdienst aufsuchte. Die Hostie bestand nicht aus Oblaten, sondern aus leckeren Brotstücken, die die Frauen der umliegenden Dörfer mit dem wohlduftenden Saft der Mastixpistazienbäume verfeinerten. Sie sorgten dafür, dass jede Familie nach der Messe einen Brotlaib mit nach Hause nehmen konnte. Ich denke, ich verwende in meinem Sfeeha-Teig Mastix aus purer Nostalgie – es ist teuer und nicht wirklich notwendig – aber ich möchte diese Erinnerung, die ich bei jedem Bissen dieser herzhaften Pasteten verspüre, nicht missen.

SPINATFÜLLUNG FÜR PASTETEN

FATAYER BIL SABANIKH

Wenn Sie für Ihre Füllung einen sehr frischen Geschmack
bevorzugen, sollten Sie das empfohlene Zitronensalz
verwenden, weil der größte Teil des Zitronensaftes beim
Abtropfen des Spinates verloren geht. Die Füllung kann
einen Tag vor Verzehr vorbereitet werden; gut abdecken
und kühlstellen.

FÜR 60 PASTETEN (Ø 7,5 CM)
ODER 8 PASTETEN (Ø 20 CM)

2 rote Zwiebeln, gewürfelt

1,5 kg frischer oder gefrorener Spinat, bei Bedarf
    aufgetaut und gehackt

2 EL Sumak

½ TL Zitronensalz (optional)

1 Prise zerstoßene rote Chiliflocken (optional)

150 g ganze Walnusshälften (optional)

125 ml natives Olivenöl Extra

frisch gepresster Saft von 2 Zitronen

Meersalz und frisch gemahlener schwarzer Pfeffer

Zwiebeln und Meersalz in eine Schüssel geben und mit den
Händen die Zwiebeln einreiben, bis diese weich sind und
Feuchtigkeit abgeben. Den ganzen Saft aus den Zwiebeln pressen,
sie anschließend in eine große Schüssel geben und den Spinat
hinzufügen. Die Zwiebeln und den Spinat so lange mit den
Händen kneten, bis der Spinat weich ist, zusammenfällt und
Gemüsesaft abgibt. Die Gemüsemischung wieder auspressen.

Sumak, Pfeffer, Zitronensalz, rote Chiliflocken, Walnüsse, Olivenöl
und Zitronensaft zusammen mit der Gemüsemischung in eine
große Schüssel geben und alles mit den Händen vermischen, bis
die Gewürze gut eingearbeitet sind. Zum Abtropfen in ein Sieb
geben, sodass die gesamte Flüssigkeit abfließt (bei zu viel
Flüssigkeit fällt der Teig auseinander) und erneut mit Salz
würzen.

KÄSEFÜLLUNG FÜR PASTETEN

FATAYER BIL JIBIN

FÜR 60 PASTETEN (Ø 7,5 CM)
ODER 8 PASTETEN (Ø 20 CM)

750 g Feta, gewürfelt

4 Flaschentomaten oder 2 Fleischtomaten,
    gewürfelt

1 mittelgroße weiße Zwiebel, gewürfelt

90 g gehacktes Za'atarkraut oder
    3 EL gehacktes getrocknetes

120 ml natives Olivenöl Extra zzgl. etwas
    zum Abschmecken

frisch gepresster Saft von 1 Zitrone

Käse, Tomaten, Zwiebeln, Za'atar, Öl und Zitronensaft in einer
großen Schüssel mit den Händen gleichmäßig vermischen.

AUF VORRAT BACKEN

Meistens backe ich die doppelte Menge an Sfeeha und
friere dann immer welches ein. Eingefroren sind die
Pasteten 3 Monate haltbar. Falls Sie auf Vorrat backen und
einfrieren möchten, dann nehmen Sie die Pasteten nach
15–20 Minuten aus dem Ofen und lassen sie auf einem
Gitterrost abkühlen. Die kalten Sfeeha in luftdichte
Behälter schichten und die einzelnen Schichten mit
Butterbrotpapier abtrennen. Zum Servieren, die Pasteten
etwa 2–3 Stunden bei Zimmertemperatur auftauen lassen.
Danach im vorgeheizten Backofen bei 200 °C etwa
10 Minuten aufwärmen.

ARABISCHES BROT

KMAJ

Meine Mutter backte früher immer gleich 40–50 Brote auf einmal. Als ich noch sehr klein war, brachte das Dorf seine Brote zum dorfeigenen Gemeinschaftsbackofen. Erst im Laufe der Zeit hatte jedes Haus seinen eigenen Backofen. Frisches Brot zu backen dauert lange; Sie können aber auch gutes abgepacktes Brot in einem Feinkostladen oder einem nahöstlichen Supermarkt kaufen.

⚜ **TIPP** Der Teig kann gut im Voraus zubereitet, 3 Monate zunächst in Butterbrotpapier eingewickelt und in Gefrierbeuteln verschlossen eingefroren werden. Den Teig bei Raumtemperatur auftauen lassen, bevor er zu einer runden Scheibe geformt wird. Falls das Brot für die Hühnchenpizza (S. 142) bestimmt ist, müssen Sie einen Tropfen Öl auf jedes Stück geben und es mit den Fingerspitzen gut verteilen. Dadurch werden Risse auf der Oberfläche verhindert.

120 ml lauwarmes Wasser mit Hefe und Zucker in eine kleinen Schüssel geben und etwa 5 Minuten lang jede Minute umrühren, bis die sich Hefe auflöst und ein dicker Schaum auf der Flüssigkeit entstanden ist.

Mehl, Milchpulver und 1 EL Salz in eine große Schüssel sieben und in die Mitte eine Mulde eindrücken. Hefemischung, 500 ml lauwarmes Wasser, Olivenöl und, sofern verwendet, den Joghurt in die Vertiefung geben. Mit einer Gabel die Mehl- in die Hefemischung von außen nach innen einarbeiten und dann etwa 5 Minuten kneten, bis ein geschmeidiger Teig entsteht. Als Alternative alle Zutaten mit einer Küchenmaschine mit dem Knethaken bei mittlerer Geschwindigkeit 10–12 Minuten durchkneten. Den Teig zu einer Kugel formen, einige Tropfen Olivenöl in die Schüssel geben und den Teig darin wenden. Mit einem Geschirrtuch abdecken und den Teig an einem warmen Ort etwa 30–60 Minuten gehen lassen, bis er sein Volumen verdoppelt hat.

Ein Backblech mit Pergamentpapier auslegen und mit etwas Öl einreiben, sodass die gesamte Oberfläche ölig glänzt. Den Teig auf die Arbeitsfläche geben und orangengroße Stücke davon abreißen. Jeweils immer nur ein Stück bearbeiten. Den Teig zunächst mit der Handfläche leicht glatt drücken, dann so in sich selbst falten, bis er an einen Geldsack erinnert. An der gefalteten Stelle den Teig festhalten und auf der Arbeitsplatte hin- und herrollen, bis die Unterseite glatt ist und die Form eines Hamburgers annimmt. Die Teigkugel mit der glatten Seite nach oben auf das Butterbrotpapier legen und die gleichen Arbeitsschritte mit dem restlichen Teig wiederholen. Das Backblech an einen warmen Ort stellen und die Teigkugeln weitere 20 Minuten gehen lassen.

Den Ofen auf 230 °C vorheizen, zwei Backbleche mit Öl einfetten. Eine saubere Arbeitsfläche mit Mehl bestäuben. Die Teigstücke auf 23 cm Durchmesser ausrollen, portionsweise auf die vorbereiteten Backbleche verteilen und einige Minute ruhen lassen. Im vorgeheizten Backofen 5–7 Minuten backen, bis die Unterseite der Brote goldgelb ist. Warm servieren

ERGIBT 12 BROTE

4 ½ TL getrocknete Hefe

1 EL Zucker

750 g Weizenmehl oder Weizenvollkornmehl, oder jeweils 375 g zzgl. etwas zum Bestäuben

50 g Milchpulver oder 250 g Naturjoghurt

250 ml natives Olivenöl Extra zzgl. etwas zum Beträufeln

Meersalz

ZA'ATAR-BROT

MANAKEESH

Es gibt nichts Besseres, als dieses aromatische Fladenbrot direkt aus dem Ofen warm zu essen. In meiner Jugend war das am Wochenende fester Bestandteil des Frühstücks. *Manakeesh* werden im gesamten Nahen Osten an Imbissständen verkauft. Das *Manooshi* wird mit Minze und Tomate belegt, kegelförmig aufgerollt, in einem Stück Butterbrotpapier eingepackt und, wenn Sie Glück haben, mit einem breiten Lächeln serviert. Normalerweise bereite ich das Fladenbrot gleich mit zwei Saucen zu, mit Za'atar- und mit Roter Paprika- und Zwiebelsauce (siehe Seite 59), sodass ich von jeder Brotsorte die gleiche Menge habe.

❧ **TIPP** Der Teig kann sehr gut im Voraus zubereitet und 3 Monate eingefroren werden. In Butterbrotpapier einwickeln und in einen geeigneten Gefrierbeutel packen. Als Alternative das gebackene und abgekühlte Manakeesh in zwei Schichten Frischhaltefolie wickeln und maximal 4 Monate einfrieren. Zum Erwärmen die Frischhaltefolie entfernen, in Alufolie wickeln und bei 175 °C aufbacken.

Den Ofen auf 230 °C vorheizen. Halten Sie sich zuerst an das Rezept für Arabisches Brot (siehe Seite 57) bis zu dem Punkt, an dem die ausgerollten Teigfladen auf dem Backblech ruhen. Die Fingerspitzen in den Teig drücken, damit Abdrücke zu sehen sind. Als Alternative einen erhabenen Rand formen, indem Sie den Teigrand mit den Fingern zusammendrücken, bis ein kleiner erhöhter Rand entsteht.

Za'atar und Olivenöl in eine mittelgroße Schüssel geben und gut vermischen.

Jeden Fladen mit Za'atar bestreichen und 5–7 Minuten backen, bis die Brotunterseite goldbraun ist. Warm servieren.

ERGIBT 12 FLADENBROTE

Arabisches Brot (siehe Seite 57)
Za'atar mit Sesamsamen (Menge nach Geschmack)
250 ml natives Olivenöl Extra

FLADENBROT MIT ROTER PAPRIKA UND ZWIEBELN

KHUBZ BIL FILFIL

Wafas Schwester Ikbal ist in der Familie für das allerbeste *Khubz bil filfil* bekannt. Sie bereitet das Fladenbrot auf traditionelle Weise zu – in einem Lehmofen im Freien, auch als Taboun bekannt, der dem Teig den perfekten geräucherten Geschmack verleiht. Bis heute trägt sie beim Backen ein traditionelles Hauskleid und ein blumengeschmücktes gehäkeltes Kopftuch, das Mandeel. Sie trägt es, seitdem ich denken kann, und jedes Mal, wenn sie ihr Mandeel anzieht, wissen wir: Das warme Brot ist in der Mache!

⚶ **TIPP** Falls Sie Purist sind, können Sie auch Zitronensaft benutzen, aber
Zitronensalz eignet sich besser, da der Teig damit feucht und klebrig wird.

Den Ofen auf 230 °C vorheizen.

Halten Sie sich zuerst an das Rezept für Arabisches Brot (siehe Seite 57) bis zu dem Punkt, an dem die ausgerollten Teigfladen auf dem Backblech ruhen. Mit den Fingerspitzen Vertiefungen in den Teig drücken, alternativ kann der Teig am Rand auch wie die Kruste eines klassischen Pies geformt werden.

Chilipaste, Zwiebeln und Tomaten mit Öl, Zitronensaft, Sesamkörner, Kreuzkümmel und Salz in eine mittelgroße Schüssel geben. Alles gut miteinander vermischen.

Jeden Fladen mit der Zwiebelmischung bestreichen und 5–7 Minuten backen, bis die Brotunterseite goldbraun ist. Warm servieren.

ERGIBT 12 FLADENBROTE

Arabisches Brot (siehe Seite 57)
250 ml kernlose nahöstliche oder
    türkische Chilipaste
1 mittelgroße weiße Zwiebel, gewürfelt
2 Flaschentomaten, überbrüht, gehäutet
    und klein gehackt, den Saft aufbewahren
120 ml natives Olivenöl Extra
frisch gepresster Saft von 1 Zitrone oder
    ⅓ TL Zitronensalz
100 g ungeschälte Sesamkörner
½ TL gemahlener Kreuzkümmel
Meersalz

HERZHAFTE PASTETE

— •◆• —

SAMBOSEK

Diese kleinen Halbmonde aus ungesäuertem Teig sind fester Bestandteil einer Mezze-Auswahl, und frittiert haben sie einen wunderbar knackigen Biss. Ein unkomplizierter und vielfältiger Teig, der mit Zwiebel- oder Knoblauchpulver, trockenen Kräutern, Kümmel oder schwarzen Nigellasamen gewürzt werden kann. Die folgenden Füllungen stehen alle auf der Karte im Tanoreen, aber Sie können genauso gut eine einfache Käsepastete mit Fetawürfeln und Za'atar, geriebenem Halloumi oder Ziegenkäse machen. Servieren Sie die Pasteten auf einer Platte gemeinsam mit selbst gemachter Tahini- und Scharfer Sauce (siehe Seiten 195 und 194). Oder versuchen Sie mein Basilikumpesto (siehe Seite 191) dazu.

Mehl, 500 ml Wasser Öl, Zucker und Salz in eine große Schüssel geben und mit einem Holzlöffel zu einem Teig verrühren. Etwas Mehl auf eine saubere Arbeitsfläche geben und den Teig darauf kneten, bis er weich ist. Als Alternative die Zutaten in die Rührschüssel einer Küchenmaschine mit Knethaken geben und auf mittlerer Stufe kneten, bis der Teig weich ist. Eine Kugel formen, mit einem Geschirrtuch abdecken und 10 Minuten ruhen lassen.

Eine saubere Arbeitsfläche mit Mehl bestäuben. Ein orangengroßes Stück Teig abtrennen. Nudelholz mit etwas Mehl einreiben und den Teig so dünn wie möglich ausrollen. Mit einem Keksausstecher (5 cm Ø) Kreise aus dem Teig ausstechen.

1 EL Fleisch- oder Gemüsefüllung auf eine Hälfte des ausgestochenen Kreises geben, dabei einen etwa 6 mm breiten Rand frei lassen. Die Kreise zu einem Halbmond zusammenklappen. Mit einer Gabel den Rand zusammendrücken und verschließen. Mit dem restlichen Teig wiederholen. So vorbereitet können die Pasteten in einem luftdichten Behälter 2 Monate eingefroren werden.

In eine Bratpfanne 1,5 cm hoch Öl gießen und bei hoher Temperatur erhitzen. Wenn das Öl heiß ist, die Sambosek portionsweise einlegen. Die Pfanne dabei nicht zu sehr füllen. Die Sambosek insgesamt 4 Minuten frittieren und dabei einmal wenden, bis beide Seiten goldgelb sind. Die Pasteten mit einem Schaumlöffel herausnehmen und zum Abtropfen auf ein mit Küchenpapier ausgelegtes Sieb geben.

ERGIBT 24 PASTETEN

500 g Weizenmehl zzgl. etwas zum Bestäuben
60 ml natives Olivenöl Extra
1 TL Zucker
Fleisch- oder Gemüsefüllung (siehe Seite 61)
Pflanzenöl zum Frittieren
Meersalz

FLEISCHFÜLLUNG

FÜR 24 PASTETEN

60 ml natives Olivenöl Extra
1 kleine rote Zwiebel, gehackt
6 Knoblauchzehen, fein gehackt
1 Chilischote, entkernt und gewürfelt (optional)
1 TL gemahlener Koriander
1 TL gemahlener Piment
1 TL gemahlener Kreuzkümmel
1 kg gehacktes Lammfleisch aus der Keule oder
   zartes Rinderfleisch aus der Lende
2 EL Granatapfelsirup
frisch gepresster Saft von 1 Zitrone
75 g Mandelstifte, geröstet
75 g Pinienkerne, geröstet
Meersalz und frisch gemahlener
   schwarzer Pfeffer

Das Öl in einer Pfanne bei mittlerer Temperatur erhitzen und die Zwiebeln etwa 3 Minuten glasig anschwitzen. Knoblauch hinzufügen und rühren, bis er duftet und goldgelb ist. Danach die Chilischote hinzugeben und mitbraten, bis diese weich ist. Koriander, Piment, Kreuzkümmel und ½ TL schwarzen Pfeffer hinzufügen und bis fünf zählen. Die Temperatur erhöhen, das Lammfleisch hinzugeben und 7–10 Minuten braten, bis es durchgegart ist. Granatapfelsirup, Zitronensaft und 2 TL Salz einrühren. Die Mandeln und Pinienkerne hinzufügen und gut vermischen. Vom Herd nehmen und beiseitestellen.

GEMÜSEFÜLLUNG

FÜR 24 PASTETEN

6 EL natives Olivenöl Extra
3 Schalotten, gewürfelt
3 Knoblauchzehen, fein gehackt
3 mittelgroße vorwiegend festkochende
   Kartoffeln, gewürfelt
1 EL gemahlener Koriander
1 TL gemahlener Kreuzkümmel
30 g gehacktes Koriandergrün
1 grüne Chilischote, entkernt und in kleine
   Würfel geschnitten (optional)
375 g gefrorene kleine Erbsen
frisch gepresster Saft von 1 Zitrone (oder nach
   Geschmack)
2 EL Granatapfelsirup
1 TL gemahlene Kurkuma
1 Prise Safran (optional)
Meersalz und frisch gemahlener
   schwarzer Pfeffer

In einer großen Bratpfanne das Öl bei mittlerer Temperatur erhitzen. Die Schalotten 3–4 Minuten anbraten, bis sie duften und weich sind. Knoblauch hinzufügen und unter ständigem Rühren eine Minute weiterbraten. Kartoffeln hinzufügen und etwa 5 Minuten braten, bis sie Farbe annehmen. Koriander, Kreuzkümmel und 1 TL Pfeffer einrühren und bis fünf zählen. Koriandergrün und Chilischotenwürfel hinzugeben und 1 Minute garen, bis der Koriander dunkel ist. Die Erbsen einrühren und 3–5 Minuten mitdünsten. Zitronensaft, Granatapfelsirup, Kurkuma, Salz und Safran hinzufügen und 1 Minute weitergaren. Nochmals abschmecken und bei Bedarf etwas Zitronensaft hinzufügen.

SALATE

WICHTIG ZU WISSEN

Anders als in Europa oder den Vereinigten Staaten, wo Salate nur sehr selten im Mittelpunkt stehen, sind sie im Nahen Osten fester Bestandteil einer jeden Mahlzeit. Aus welchen Zutaten er auch besteht, ein Salat gehört einfach auf den Tisch – als perfekte Ergänzung des Hauptgangs, als Teil einer Mezze-Tafel oder als Beilage.

Die nahöstliche Definition von Salat ist sehr breit gefächert: Er kann aus Blattsalaten und Gemüse bestehen, wie bei Fattoush (siehe Seite 70); aus Kräutern und einigen Körnern, wie bei Taboulé (siehe Seite 73); oder eine Mischung aus sehr fein gehacktem Gemüse in einer dickflüssigen, scharfen Sauce – eine Art Chutney – sein, wie beim Türkischen Salat (siehe Seite 45). Dieser würzige Salat passt perfekt zu Hühnchenkebab (siehe Seite 146) und ist ein guter Gegenpart zu Hummus. Unseren Restaurantgästen empfehle ich oft den Blumenkohlsalat mit Granatapfel-Tahini-Sauce (siehe Seite 75). Er eignet sich hervorragend zur Mezze-Tafel und passt wunderbar zu den kleinen Vorspeisentellern. Als große Portion kann er auch eine herzhafte und sättigende Hauptspeise sein. Es gibt Salate, die einfach perfekt mit bestimmten Hauptspeisen harmonieren, so als seien sie füreinander bestimmt. Einer meiner Lieblingssalate ist der Tomatensalat (siehe Seite 69), der sehr einfach in seiner Zubereitung ist und das nahöstliche Pendant zum amerikanischen grünen Salat darstellt. Mit einer Zitronen-Vinaigrette-Sauce ist er eine erfrischende Ergänzung zu herzhaften Gerichten, wie geschmorter Lammhaxe im Gewürzmantel (siehe Seite 164) und erdigem *Mujadara* (siehe Seite 178).

Unabhängig davon, wie Sie ihren Salat genießen möchten, tun Sie es mir gleich und lassen Sie ihrer Fantasie beim Würzen freien Lauf. Alle Gewürze, Kräuter, Öle, Essigsorten und andere Aromen können je nach Geschmack kombiniert werden. Ich persönlich bin eine bekennende Liebhaberin von Zitronensaft und gehe damit immer sehr großzügig um. Falls Sie eher den erdigen Geschmack bevorzugen, können Sie gerne etwas mehr Muskatnuss verwenden. Versuchen Sie es auch mal mit Chilipaste und fügen Sie diese nach und nach Ihrer Vinaigrette hinzu, bis das Dressing eine Schärfe nach Ihren Vorstellungen erreicht hat. Wie bei allen Gängen, die im Nahen Osten aufgetischt werden, wird auch dem Salat besondere Aufmerksamkeit geschenkt. Er wird mit der gleichen Liebe und Aufmerksamkeit und demselben Respekt zubereitet, wie jedes andere Gericht auch.

„AUS WELCHEN ZUTATEN ER AUCH IMMER BESTEHT, EIN SALAT GEHÖRT EINFACH AUF DEN TISCH – ALS PERFEKTE ERGÄNZUNG DES HAUPTGANGS, ALS TEIL EINER MEZZE-TAFEL ODER ALS BEILAGE."

AUBERGINENSALAT

— ∙◆∙ —

SALATET BAITENJAN

Eines der ersten Dinge, die ich mir zubereite, wenn ich meine Heimat Nazareth besuche, ist das Auberginensandwich, wie ich es als Kind jeden Freitagmittag gegessen habe. Ich richte es immer mit Tomatenscheiben an und gebe eine einfache Sauce aus Knoblauch, Zitronensaft und Olivenöl dazu. Fertig. Dieser Salat ist fester Bestandteil der Speisekarte im Tanoreen und gilt als Hommage an mein geliebtes Sandwich. Er passt sehr gut zu Mujadara (siehe Seite 170) oder Falafel (siehe Seite 52) im Brot.

Den Backofen auf 250 °C vorheizen. Die Auberginenstücke auf zwei Backbleche verteilen und mit Olivenöl bestreichen. Mit Salz bestreuen und 20–30 Minuten backen, bis die Auberginen leicht angebräunt sind. Zum Abkühlen beiseitestellen.

Tomaten, grüne und rote Paprikaschoten, Petersilie, Oliven, Schalotten, Knoblauch, Zitronensaft, 6 EL Öl und rote Chiliflocken in eine große Schüssel geben. Mit einem Holzlöffel alles gut vermischen. Mit Zitronensaft und Salz nochmals abschmecken.

Die abgekühlten Auberginen auf einer Platte anrichten. Die Gemüsemischung gleichmäßig darüber verteilen. und servieren.

FÜR 4–6 PORTIONEN

3 mittelgroße Auberginen (insgesamt 1,5–2 kg), ungeschält in große Würfel geschnitten

6 EL natives Olivenöl Extra zzgl. etwas zum Bestreichen

8 Flaschentomaten, in kleine Würfel geschnitten, oder 3 Fleischtomaten, in große Würfel geschnitten

1 mittelgroße grüne Paprikaschote, entkernt und gewürfelt

1 mittelgroße rote Paprikaschote, entkernt und gewürfelt

60 g gehackte glatte Petersilie

75 g Kalamata- oder grüne Oliven, entkernt und gehackt

3 Schalotten, 1 mittelgroße rote Zwiebel oder 6 Frühlingszwiebeln (nur der weiße Teil), gehackt

6–8 Knoblauchzehen, zerdrückt

frisch gepresster Saft von 3 Zitronen (oder nach Geschmack)

½ TL rote Chiliflocken (optional)

Meersalz

TOMATENSALAT

— ·◆· —

SALATET BANDOORA

In Palästina ist dieser Salat enorm beliebt. Sie werden kaum einen Haushalt in der Region finden, bei dem es während der Sommermonate nicht zu jedem Abendessen einen Tomatensalat gibt. Meine Version ist sehr traditionell und einfach: Tomaten, Zwiebeln und Chilischoten. Jedoch verwenden viele auch gewürfelte Gurken und gehackte Petersilie. Es ist eine farbenfrohe Ergänzung zur Mezze-Tafel und wird gerne zu frittiertem Fisch (siehe Seite 129), Gegrilltem und Reis mit Vermicelli Pilaf (siehe Seite 182) serviert. Am besten schmeckt er mit reifen Sommertomaten.

Tomaten, Zwiebeln und Chilischoten mit Minze, Knoblauch, Öl, Zitronensaft und Salz in eine mittelgroße Servierschale geben. Gründlich vermischen. Nochmals mit Öl, Zitronensaft und Salz würzen und servieren.

FÜR 4–6 PORTIONEN

3–4 Fleischtomaten oder 8 Flaschentomaten, überbrüht, gehäutet und gewürfelt

2 kleine rote oder weiße Zwiebeln, gewürfelt

1 Chilischote (Jalapeño oder eine lange grüne oder rote), entkernt und in kleine Würfel geschnitten

4 ½ TL gehackte Minzeblätter oder 1 TL getrocknete Minze

½ TL Knoblauch, fein gehackt

120 ml natives Olivenöl Extra (oder nach Geschmack)

4–6 EL frisch gepresster Zitronensaft (oder nach Geschmack)

Meersalz

ROTE-BETE-SALAT

— ·◆· —

SALATET SHAMANDAR

Im Nahen Osten kocht man Rote Bete am liebsten mit eingelegten Steckrüben (siehe Seite 188) oder, wie mein Vater es auch oft machte, mit Karotten und dippt sie danach in Zucker– ein schnelles, traditionelles Dessert.

Mein Rote-Bete-Salat im Tanoreen ist der perfekte Beweis dafür, wie sehr das Reisen meinen Geschmack beeinflusst hat – in diesem Fall meine Reise nach Italien. Ich füge zur Roten Bete käsefreies Basilikumpesto, geröstete Mandelblättchen und Walnüsse hinzu. Manchmal gebe ich kurz vor dem Servieren noch einen Klecks Ziegenkäse darauf.

Rote Bete in einen mit kaltem Wasser gefüllten Topf geben und zum Kochen bringen. Die Temperatur reduzieren und 20–40 Minuten in köchelndem Wasser garen, bis eine Gabel ganz leicht in eine Knolle gestochen werden kann. Zum Abtropfen in ein Sieb gießen. Sobald sie abgekühlt sind, die Roten Bete schälen und in 6 mm dicke Scheiben schneiden.

Währenddessen Öl, Zitronensaft, Basilikumpesto, Knoblauch, Basilikum, Minze, Walnüsse, Mandeln und 1 ½ TL Salz in eine große Schüssel geben und alles gut vermischen.

Die Rote Bete in die Schüssel geben und miteinander vermengen. Auf einem flachen Teller anrichten und servieren.

FÜR 6 PORTIONEN

1 kg mittelgroße Rote Bete, gewaschen

120 ml natives Olivenöl Extra

80 ml frisch gepresster Zitronensaft

80 ml Basilikumpesto (siehe Seite 191)

1 ½ TL Knoblauch, fein gehackt

30 g gehackte Basilikumblätter

30 g gehackte Minzeblätter

75 g gehackte Walnüsse, geröstet

50 g Mandelblättchen, geröstet

Meersalz

FATTOUSH-SALAT

——— •❋• ———

Der im ganzen Nahen Osten bekannte Salat wird in jedem Land anders zubereitet, ich halte die Version aus dem Libanon für die Beste. Für einige muss unbedingt Sumak in den Fattoush; andere sind der Meinung, dass Portulak die wichtigste Zutat sei. Ich denke, dass beide wichtige sind (aber machen Sie sich wegen des Portulaks nicht verrückt, wenn Sie keinen finden, verwenden Sie Rucola oder Brunnenkresse). Die einzig wichtige Zutat, die Fattoush zu dem macht was er ist, ist Arabisches Brot – und zwar in großen Mengen!

❋ **TIPP** Für mich ist der Fattoush meiner Mutter unschlagbar: Sie vermischte, was der Garten zu bieten hatte. Alle Zutaten müssen gleich groß (etwa 6-mm-Würfel) geschnitten sein und werden mit Sumak, getrockneter Minze und geröstetem Pita-Brot vermengt. Ansonsten sind bei den Zutaten keine Grenzen gesetzt! Verwenden Sie einfach alles frische Gemüse.

Salat, Tomaten, Gurken, Zwiebel, Frühlingszwiebeln, Knoblauch und Minze in eine große Salatschüssel geben und behutsam vermischen.

In einen Behälter mit Verschluss Zitronensaft, Öl, Sumak, Knoblauch, Minze und 1½ TL Salz geben. Diesen gut verschließen und alles durchschütteln.

Kurz vor dem Servieren den Salat mit dem Dressing beträufeln und mit den gerösteten Brotchips anrichten.

VARIATION *Eine meiner Fattoush-Lieblingsvarianten ist mit Rucola, Koriander, Frühlingszwiebeln, Steckmöhren und geröstetem Arabischem Brot – und über allem das Dressing.*

❋ GETROCKNETE KRÄUTER

Falls Sie Ihre eigenen Küchenkräuter anpflanzen (Minze, Petersilie, Oregano, Thymian oder Basilikum) oder Sie zu viel davon gekauft haben, können Sie die Kräuter trocknen. Die Blätter von den Stängeln zupfen und mehrmals gründlich in kaltem Wasser waschen (immer wieder frisches Wasser nehmen). Die Blätter dabei jedes Mal aus dem Wasser heben (nicht abschütten, ansonsten bleiben sie schmutzig). Mit einem Geschirrtuch die Blätter komplett trocken tupfen. Die trockenen Blätter auf ein Backblech legen und bei sehr niedriger Temperatur (50 °C) 1 Stunde in den Ofen stellen, dabei einmal wenden, um sicherzustellen, dass sie gleichmäßig Feuchtigkeit verlieren. Als Alternative können Sie die Blätter einen ganzen Tag in die pralle Sonne legen, dabei ebenfalls einmal wenden. Die getrockneten Kräuter in einem Einmachglas oder einem anderen verschließbaren Glasbehälter aufbewahren. Die Kräuter sollten so ihr Aroma und ihren Geschmack einige Monate beibehalten.

FÜR 8 PORTIONEN

180 g Romanasalat, geschnitten

3 Flaschentomaten, gehackt

3 kleine Gurken, gehackt

1 mittelgroße rote Zwiebel, gehackt

3 Frühlingszwiebeln, gehackt

1 Knoblauchzehe, zerdrückt

8 gehackte Minzeblätter

Für das Dressing

180 ml frisch gepresster Zitronensaft

120 ml natives Olivenöl Extra

2 EL Sumak

1 Knoblauchzehe, zerdrückt

2 TL getrocknete Minze

Meersalz

Zum Servieren:

Arabisches Brot (siehe Seite 57), geröstet und in mundgerechte Stücke geteilt

FETA-SALAT

— ◆ —

Frischer grüner Za'atar, im Nahen Osten auch als wilder Thymian bekannt, wird seit dem Mittelalter in der dortigen Küche verwendet. Leider bekommt man ihn aber nur sehr selten frisch. Getrockneter Za'atar – erhältlich in nahöstslichen Supermärkten oder bei Onlinehändlern – verleiht dem Salat ein etwas anderes, aber ebenfalls sehr leckeres Aroma.

Dieser Salat ist von einem klassischen Za'atar-Salat – Tomaten, Za'atar, Zitronensaft und Olivenöl – inspiriert, den ich für meine Tochter Jumana während ihrer Kindheit oft zubereitete. Außerdem habe ich mir auch etwas von den Libanesen abgeschaut, die sehr oft Feta hinzufügen, der dem Ganzen ein salziges Aroma und eine cremige Konsistenz verleiht.

☙ **TIPP** Wenn möglich, benutze ich griechischen Feta; er ist fester und daher leichter in saubere Würfel zu schneiden, als die cremigere französische Variante. Die Zwiebel für die Garnitur verwenden und nicht unter den Salat mischen. Somit können Sie Salatreste ganz einfach aufbewahren, indem Sie garnierte Zwiebel wieder entfernen und den Salat gut verpackt bis zu 3 Tage im Kühlschrank lagern.

In einer mittelgroßen Salatschüssel Feta, Tomaten, Za'atar, Öl, Zitronensaft und rote Chiliflocken vorsichtig miteinander vermischen.

Nochmals mit Öl, Zitronensaft und Salz würzen. Mit Zwiebeln bestreuen und mit warmem Arabischem Brot servieren.

FÜR 6–8 PORTIONEN

500 g Feta, möglichst griechischen,
    in 1,5 cm große Würfel geschnitten
8 Flaschentomaten oder
    4–5 Fleischtomaten, gewürfelt
60 g gehackter grüner Za'atar oder frische
    Oreganoblätter oder 30 g getrockneter
    Za'atar und/oder Oregano
120 ml natives Olivenöl Extra (oder nach
    Geschmack)
frisch gepresster Saft von 1½ Zitronen
    (oder nach Geschmack)
½ TL rote Chiliflocken (optional)
1 kleine rote Zwiebel, gehackt (optional)
Meersalz

Zum Servieren:
Arabisches Brot (siehe Seite 57)

TABOULÉ

Bulgursalat – *Taboulé* – der Klassiker unter den Mezze wird auch sehr gerne zu Mittag gegessen. In meiner Jugend wurde Taboulé nur von Frauen zubereitet ... und auch nur von Frauen gegessen. Heute essen Männer, Frauen, Kinder Bulgursalat – und das nicht nur im Nahen Osten, sondern auch bei uns im Westen. Bulgur ist der Innbegriff der gesunden Ernährung und wird durch die vitaminreiche Petersilie perfekt ergänzt. In den Vereinigten Staaten wird er oft mit Arabischem Brot serviert – eine Kombination, die Sie im Nahen Osten so nie sehen werden. Versuchen Sie den Bulgursalat mit Salatblättern oder mit ganz frisch gepflückten Weinblättern zu essen, falls Sie welche zur Hand haben. Wie bei vielen klassischen Gerichten, hat jede Region ihre eigene Bulgurvariante. In Nazareth gibt man eine Prise Kreuzkümmel hinein, die Libanesen fügen eine extra Portion Bulgur hinzu (Sie können die unten angegebene Menge dazu einfach verdoppeln oder verdreifachen). Bulgursalat sollte erst kurz vor dem Servieren angerichtet werden, denn er wird sehr schnell matschig. Ich empfehle Ihnen den Salat frisch zuzubereiten und auch nicht einzufrieren.

✥ **TIPP** Es gibt fast nichts Besseres als frisch zubereiteten Bulgur mit feiner Petersilie und etwas Olivenöl. Der Trick beim Zerkleinern der Petersilie ist, dass sie trocken sein muss, denn nur so bleibt sie nach dem Hacken federleicht. Ich bevorzuge glatte Petersilie; sie lässt sich zwar nicht so leicht schneiden wie die krause, ist dafür aber feiner und geschmacksintensiver.

Petersilie, die Hälfte der Tomaten, Zwiebeln oder Frühlingszwiebeln, frische und getrocknete Minze, Salz, Zitronensaft, Öl und Bulgur in eine große Schüssel geben. Die Zutaten behutsam mischen und mit Zitronensaft und Salz würzen.

Salat-, Kohl- oder Weinblätter in einer Servierschüssel verteilen, den Bulgursalat auf den Blättern anrichten und mit den restlichen Tomaten garnieren.

VARIATIONEN *Für Taboulé nach Nazarener Art 50 g geschälte, gehackte Gurke und 1 TL gemahlenen Kreuzkümmel hinzufügen. Falls Sie gegen Weizen allergisch sind, den Bulgur weglassen und gehackte Gurke und Chilischoten hinzufügen, damit der Salat den knackigen Biss und die richtige Schärfe erhält.*

FÜR 4 PORTIONEN

240 g gehackte glatte Petersilie
2 ½ Flaschentomaten, gehackt
1 mittelgroße rote Zwiebel oder
   6 Frühlingszwiebeln, gehackt
2 EL gehackte Minzeblätter
1 EL getrocknete Minze
frisch gepresster Saft von 2 Zitronen
   (oder nach Geschmack)
80–120 ml natives Olivenöl Extra
3–4 EL Bulgur, eingeweicht
   und ausgedrückt
Meersalz

Zum Servieren:
Romanasalat, Kohl- oder Weinblätter

BLUMENKOHLSALAT

— ⋯ —

SALATET ZAHRA

In Nazareth wird Blumenkohl recht simpel zubereitet: frittiert, in einem Arabischen Brot mit einem Spritzer Zitronensaft und etwas Meersalz. Dieses Gericht wurde von diesem einfachen Sandwich inspiriert und die Tahini-Sauce wurde mit Granatapfelsirup verfeinert. Im Tanoreen wird es sehr oft als Mezze bestellt, man kann es aber auch als Hauptspeise mit Fleisch oder Hühnchen bekommen.

Blumenkohlröschen in einen großen Topf geben und mit reichlich Wasser bedecken. Das Wasser zum Kochen bringen und 2 Minuten garen. Zum Abtropfen in ein Sieb gießen.

In eine große Bratpfanne 1,5–2 cm hoch Öl gießen und bei hoher Temperatur erhitzen. Dann die Blumenkohlröschen etwa 2 Minuten pro Seite goldbraun anbraten. Mit einem Schaumlöffel aus der Pfanne heben und zum Abtropfen auf Küchenpapier legen. Als Alternative den Ofen auf 250 °C vorheizen. Blumenkohlröschen auf einem Backblech verteilen und mit Öl einpinseln. In etwa 15 Minuten goldgelb backen, bis eine Gabel mühelos eingestochen werden kann.

Den Blumenkohl auf einem Servierteller anrichten. Tahini-Sauce und Granatapfelsirup darüberträufeln, mit Petersilie garnieren und servieren.

FÜR 6–8 PORTIONEN

2 Blumenkohlköpfe, in 5 cm große Röschen schneiden

Pflanzenöl zum Frittieren

250 ml dickflüssige Tahini-Sauce (siehe Seite 195)

60 ml Granatapfelsirup

2 EL gehackte glatte Petersilie zum Garnieren

KARTOFFELSALAT À LA TANOREEN

— ⋯ —

SALATET BATATA

In meiner Heimat gibt es sehr viele verschiedene Zubereitungsformen für Kartoffelsalat. Das traditionelle Rezept, das es überall in Palästina, im Libanon und in Syrien gibt, beinhaltet die ersten sechs Zutaten. Ich füge gerne noch Oliven hinzu. Das gibt dem Ganzen einen salzigen Kick.

Die Kartoffeln in einen großen Topf geben, mit Wasser bedecken und zum Kochen bringen. Die Kartoffeln bei mittlerer Hitze 7–10 Minuten garen. Der Garpunkt ist erreicht, wenn man mit einem Cocktailspieß leicht in eine Kartoffel stechen kann, ohne dass diese auseinanderbricht. In einem Sieb abgießen und unter fließendem kaltem Wasser abspülen. Die Kartoffeln zum Abkühlen auf ein Backblech legen.

Knoblauch und 1 EL Salz in eine Salatschüssel geben. Mit einer Gabel den Knoblauch zu einer Paste zerdrücken. Öl, Zitronensaft, Petersilie, Frühlingszwiebeln, grüne und rote Paprikaschote, Minze, Kreuzkümmel, Paprika und 1 TL Pfeffer hinzugeben und gut vermischen. Die Kartoffeln hinzufügen und mit einem Holzlöffel vorsichtig unterrühren, sodass sie mit dem Dressing bedeckt sind. Auf einem Servierteller anrichten und mit Oliven und Koriandergrün garnieren.

FÜR 6 PORTIONEN

15 kleine rote Kartoffeln, geschält, in 2,5 cm große Würfel geschnitten

2 EL Knoblauch, gehackt

120 ml natives Olivenöl Extra

frisch gepresster Saft von 2 Zitronen

80 g gehackte glatte Petersilie

6 Frühlingszwiebeln, gehackt

30 g grüne Paprikaschote, klein gewürfelt

30 g rote Paprikaschote, klein gewürfelt

2 EL gehackte Minzeblätter

1 TL gemahlener Kreuzkümmel

1 TL Paprikapulver

50 g grüne Oliven, gehackt, zum Garnieren

3 EL gehacktes Koriandergrün

Meersalz und frisch gemahlener schwarzer Pfeffer

GRÜNER SALAT À LA TANOREEN

Diese Tanoreen-Spezialität habe ich für Restaurantgäste kreiert, die nach einer Alternative zu einem einfachen grünen Salat suchen. Es handelt sich dabei um eine Mischung aus zartem Salatgrün und einem Dressing, bestehend aus geschmackvollen Zutaten aus der ganzen Welt: Sesamöl, Ingwer und Granatapfelsirup. Eine ungewöhnliche Kombination, die voll ins Schwarze trifft. Sie können die Salatsorten frei zusammenstellen, aber meiner Meinung nach ist würziger Rucola ein Muss.

In eine große Servierschüssel Rucola, Spinat, Kopfsalat, Kohl, Tomaten, Zwiebeln und Minze geben und alles gut miteinander vermischen.

Zitronensaft, Sesamöl, Granatapfelsirup, Olivenöl, Knoblauch und Ingwer in eine große Schüssel geben und verrühren.

Zum Servieren das Dressing über den Salat gießen und ganz vorsichtig unterheben. Mit Salz würzen und mit Oliven und Walnüssen bestreuen.

FÜR 6–8 PORTIONEN

Für den Salat
240 g Rucola
240 g Babyspinat
80 g kleinblättriger Kopfsalat
80 g Kohl, fein gehackt
2 Flaschentomaten, gewürfelt, oder
   12 Kirschtomaten, halbiert
1 rote Zwiebel, gewürfelt
8–10 frische Minzeblätter
50 g grüne Oliven, gehackt
75 g Walnüsse, gehackt (optional)

Für das Dressing
250 ml frisch gepresster Zitronensaft
3 EL geröstetes Sesamöl
2 EL Granatapfelsirup (optional)
3 EL natives Olivenöl Extra
3 Knoblauchzehen, fein zerdrückt
1 TL Ingwer, frisch gerieben
Meersalz

SUPPEN & EINTÖPFE

FAMILIENESSEN

Suppen und Eintöpfe, oder Yakhani, wie sie im Nahen Osten genannt werden, sind ein Synonym für Familienessen. Als ich noch klein war, gab es Rind- und Lammfleisch nur zu besonderen Anlässen, an Feiertagen und bei Hochzeiten. Damals konnte man es sich nicht leisten, jeden Abend für einen siebenköpfigen Haushalt Fleisch aufzutischen. Und wenn wir ehrlich sind, ist es heute auch noch so.

Meine Mutter war eine Meisterin darin, herzhafte, gesunde Suppen und Eintöpfe vorwiegend aus Gemüse zu kochen; Fleisch spielte dabei nur eine Nebenrolle. Sie konnte aus ganz einfachem Gemüse wie Blumenkohl, Stangenbohnen, Okraschoten und Kartoffeln einzigartige Suppen und Eintöpfe zaubern. Ihr Geheimnis war eigentlich ganz simpel: frische Zutaten verwenden, gut würzen und langsam garen. Ich kann mich noch sehr gut daran erinnern, wie sie den frisch geernteten Freekeh (geräucherter grüner Weizen) grob mahlte und zusammen mit Gemüse und etwas Hühnchen oder Lamm eine Suppe als Abendessen zauberte. Wenn ich heute Freekeh-Suppe (siehe Seite 91) zubereite, berührt der Geruch von warmen Gewürzen und geräuchertem Weizen immer noch meine Seele.

Ich bereite die Suppen und Eintöpfe hier in den Vereinigten Staaten fast auf die gleiche Art zu, wie es meine Mutter damals für uns tat – leise auf dem Herd vor sich hinköchelnd. Diese Gerichte eignen sich nicht nur für Großfamilien, wie die, in der ich aufwuchs, sondern auch für kleinere, wie meine eigene vierköpfige Familie. Mein Sohn Tarek liebt Eintöpfe über alles und würde sie am liebsten täglich essen, besonders zum Frühstück. Wenn er zu Besuch kommt, stehen im Kühlschrank natürlich immer seine Lieblingseintöpfe bereit: Blumenkohleintopf mit Lamm (siehe Seite 98) und Eintopf mit gehackten Molokhia (siehe Seite 99).

Da die Suppen in diesem Kapitel sehr gut portionsweise eingefroren werden können, empfehle ich, gleich eine größere Menge davon zuzubereiten. Wenn es alle Zutaten in den Topf geschafft haben, das Ganze langsam köcheln lassen, damit sich der Geschmack der gewürzten Brühe, des Gemüses und, falls vorhanden, des Fleisches oder des Hühnchens miteinander verbinden können. Die reine Kochzeit bei den Rezepten ist dabei relativ kurz. Wie es bei den meisten Suppen und Eintöpfen der Fall ist, schmecken diese am darauffolgenden Tag aufgewärmt am besten. Somit können sie sehr gut im Voraus zubereitet werden.

Bei den Suppen mit Rinder- und Hühnerfleisch empfehlen sich Würziges Huhnchen mit Brühe (siehe Seite 90) und Würziges Lamm oder Rind mit Brühe (siehe Seite 102). Beide Varianten werden mit Kardamom, Muskatnuss und Piment gewürzt; diese Gewürzmischung verleiht den Gerichten eine leicht orientalische Note. Wenn Sie keine Zeit dazu haben, die Brühe selbst zuzubereiten, dann können Sie natürlich auch hochwertige gekaufte Brühe verwenden.

Die nachfolgenden Suppen sind alle so gehaltvoll, dass sie sich auch als ganze Mahlzeit eignen. Servieren Sie die Eintöpfe zu Reis und Vermicelli Pilaf (siehe Seite 182) oder reichen Sie warmes Arabisches Brot (siehe Seite 57), einige Oliven, eingelegtes Gemüse und frisch geschnittene Jalapeños zu einer Schale Suppe oder Eintopf. Im Herbst und im Winter setze ich auf die Speisekarte des Tanoreen immer noch einige zusätzliche deftige Varianten, um damit die schrecklich kalten Winterabende in New York zu durchwärmen.

„ICH BEREITE DIE SUPPEN UND EINTÖPFE HIER IN DEN VEREINIGTEN STAATEN FAST AUF DIE GLEICHE ART ZU, WIE ES MEINE MUTTER DAMALS FÜR UNS TAT – LEISE AUF DEM HERD VOR SICH HINKÖCHELND. DIESE GERICHTE EIGNEN SICH NICHT NUR FÜR GROSSFAMILIEN, WIE DIE, IN DER ICH AUFWUCHS, SONDERN AUCH FÜR KLEINERE, WIE MEINE EIGENE VIERKÖPFIGE FAMILIE."

LAUCH-KARTOFFEL-SUPPE À LA TANOREEN

Ich habe Lauch das erste Mal in New York gegessen – in Nazareth bauten wir keinen an, aber dafür hatten wir Frühlingszwiebeln. Es erschien mir ganz interessant, mit dieser milden Zwiebelart zu kochen, doch wie Sie sicherlich schon bemerkt haben, kann ich es einfach nicht lassen, die Gerichte etwas cremiger und würziger zuzubereiten. Deshalb habe ich diese Suppe mit bodenständigen orientalischen Gewürzen ein wenig aufgepeppt.

⚜ TIPP Passen Sie auf, dass die Schalotten und der Knoblauch nicht anbrennen; ansonsten wird die helle Suppe schnell dunkel.

In einem großen Suppentopf das Öl bei mittlerer Temperatur erhitzen. Die Schalotten 4–5 Minuten anschwitzen, bis sie weich, aber immer noch hell sind. Knoblauch hinzugeben und etwa 2 Minuten anschwitzen, bis er zu duften beginnt, aber noch hell ist. Anschließend ½ TL Pfeffer, Muskatnuss und Kardamom etwa 30 Sekunden mitbraten. Kartoffeln und Lauch hinzufügen, vermischen und gut andünsten. Mit Salz würzen und zugedeckt bei milder Temperatur etwa 15 Minuten kochen, bis die Kartoffeln gar sind. Dabei gelegentlich umrühren.

Nun mit Milch und Crème double aufgießen, die Temperatur erhöhen und die Suppe zum Kochen bringen. Die Temperatur wieder reduzieren und weitere 15 Minuten köcheln lassen, dabei mit einem Plastikspatel immer gut die Seiten des Topfes abschaben. Ghee und Salbei hinzufügen und 2 Minuten rühren. Den Topf vom Herd nehmen und die Suppe mit einem Stabmixer pürieren.

Die Suppe in Schüsseln verteilen und mit Muskatnuss garnieren. Um der Suppe etwas Biss zu geben, streuen Sie noch Frühlingszwiebeln darüber. Dazu Arabisches Brot servieren.

FÜR 6–8 PORTIONEN

120 ml natives Olivenöl Extra

4 Schalotten, gehackt

1 EL Knoblauch, fein gehackt

½ TL frisch geriebene Muskatnuss zzgl. etwas zum Garnieren (optional)

⅓ TL gemahlener Kardamom (optional)

6 große mehligkochende Kartoffeln, geschält und gewürfelt

6–8 Lauchstangen, nur hellgrüner und weißer Teil, gründlich gewaschen und gehackt

2 l Milch

240 g Crème double (optional)

3 EL Ghee oder Butter

1 frisches Salbeiblatt (optional)

6 Frühlingszwiebeln, nur weißer Teil, gehackt, zum Garnieren

Meersalz und frisch gemahlener weißer oder schwarzer Pfeffer

Zum Servieren:
Arabisches Brot (siehe Seite 57), geröstet

TOMATEN-KÜRBIS-SUPPE

— ◆ —

SHORABIT BANDOORA

Obwohl sie zu den amerikanischen Klassikern gehört, habe ich mich getraut sie etwas abzuändern – es war die erste Suppe, an der ich herumexperimentiert habe, als ich nach New York zog. Ich habe mich von der Tomatensauce, mit der meine Mutter ihre gefüllten Auberginen oder Kürbisse (siehe Seite 150) zubereitete, inspirieren lassen. Bei diesem Gericht verwende ich die gleichen Zutaten, aber auf eine neue Art und Weise – Kürbis und Auberginen geben der Suppe sowohl die Konsistenz als auch die leichte Süße, und Tomaten liefern eine wunderbare rote Basis.

In einem großen Suppentopf das Öl bei mittlerer Temperatur erhitzen und die Schalotten etwa 4 Minuten anschwitzen, bis sie weich sind und zu duften beginnen. Knoblauch dazugeben und etwa 1 Minute anbraten, bis er duftet und dann zusammen mit Koriander, Salz und 1 TL Pfeffer für weitere 30 Sekunden anbraten. Basilikum und Oregano hinzugeben und 1 Minute mitbraten. Die Temperatur reduzieren, Kürbisse und die Auberginen hinzugeben und zugedeckt 3–5 Minuten garen, bis das Gemüse weich ist. Zucker oder Zitronensaft, frische Tomaten und Tomatenmark oder die gehackten Tomaten aus der Dose hinzufügen. Zudecken und 15 Minuten kochen, bis die Tomaten weich sind.

Den Topf vom Herd nehmen und die Gemüsemischung mit einem Stabmixer sämig pürieren. Falls die Suppe zu dickflüssig ist, nach und nach den Tomatensaft oder bis zu 750 ml Wasser hinzugießen, bis die gewünschte Konsistenz erreicht ist.

Mit Basilikum- und Oreganoblättern garnieren und warm oder bei Zimmertemperatur mit Arabischem Brot oder Knoblauchbrot servieren.

FÜR 6–8 PORTIONEN

120 ml natives Olivenöl Extra

3 Schalotten, gehackt

3–4 Knoblauchzehen, fein gehackt

1 TL gemahlener Koriander

60 g gehackte Basilikumblätter zzgl. einige ganze Blätter zum Garnieren

15 g gehackte Oreganoblätter zzgl. einige ganze Blätter zum Garnieren

4 arabische Kürbisse oder Speisekürbisse, ungeschält, oder 2 kleine Zucchini, geschält und gehackt

3–4 italienische junge Auberginen, geschält und gehackt

½ TL Zucker oder 3 EL frisch gepresster Zitronensaft (optional)

10 große Tomaten oder 15 Flaschentomaten, gehackt (Saft aufheben) oder 2 Dosen gehackte Tomaten (à 400 g)

1 EL Tomatenmark (falls frische Tomaten verwendet werden)

750 ml Tomatensaft

Meersalz und frisch gemahlener schwarzer Pfeffer

Zum Servieren:

Arabisches Brot (siehe Seite 57), geröstet oder Knoblauchbrot

83

✤ SUPPEN & EINTÖPFE ✤

LINSEN-NUDEL-SUPPE MIT GRÜNKOHL

—— ◆ ——

RUSHTAY

Diese würzige palästinensische Suppe wird häufiger im Westjordanland zubereitet als in Galiläa. Dieses Gericht wurde mir von Freunden, die ich in Jerusalem
kennengelernt habe, gezeigt. Es ist für sich schon eine ganze Mahlzeit und bei
den vegetarischen Gästen unseres Restaurants sehr beliebt. Falls Sie von einer
Gemüsesorte nicht ausreichend zur Hand haben, können Sie einfach die Menge
der anderen aufstocken. Vergessen Sie den Spritzer Zitronensaft am Ende nicht –
er gibt dem Gericht eine frische Note. Wenn Sie ganz zum Schluss den nach
Knoblauch schmeckenden *Teklai* (siehe Seite 196) hinzufügen, wird der
Geschmack noch intensiver. Mit Oliven servieren.

Die Linsen mit 1 Prise Salz in einen Suppentopf geben und etwa 2,5 cm hoch mit
Wasser bedecken. Zugedeckt und bei hoher Temperatur 20 Minuten kochen. Zum
Abtropfen in ein Sieb gießen und beiseitestellen.

Das Öl in einen großen Suppentopf geben und bei mittlerer Temperatur erhitzen.
Zwiebeln oder Schalotten und Chilischote hinzufügen und 7–10 Minuten goldbraun
anbraten. Knoblauch hinzugeben und etwa 2 Minuten mitbraten, bis er duftet. Danach
Kreuzkümmel, Koriander und 1 EL Pfeffer für 30 Sekunden mitbraten und zusammen
mit Sellerie, Karotten und Koriandergrün zugedeckt 5 Minuten dünsten. Spinat,
Grünkohl, Tomaten, 3,75 l Wasser und 1 EL Salz hinzufügen und zum Kochen bringen.
Die Temperatur reduzieren und abgedeckt 20 Minuten köcheln lassen.

Linsen und Brühe hinzufügen und 10 Minuten weiterköcheln lassen. Die Fettuccine in
den Topf geben und al dente garen. Zitronensaft unterrühren und Teklai zugeben.
Warm servieren.

VARIATION *Für eine glutenfreie Variante statt der Fettuccine sechs glutenfreie Vollkorn-
tortillas in 1,5 cm breite Streifen schneiden oder glutenfreie Nudeln verwenden.*

FÜR 8–10 PORTIONEN

660 g braune Linsen

250 ml Olivenöl

3 mittelgroße rote oder weiße Zwiebeln
 oder 5 große Schalotten, gewürfelt

1 lange Chilischote, entkernt und gewürfelt
 (optional)

6 Knoblauchzehen, fein gehackt

4 ½ TL gemahlener Kreuzkümmel

4 ½ TL gemahlener Koriander

4 Stangen Staudensellerie, gewürfelt

2 große Karotten, geschält und gewürfelt

80 g gehacktes Koriandergrün

160 g frischer Spinat, gehackt

160 g Grünkohl, gehackt

2 grüne Tomaten oder Flaschentomaten,
 gewürfelt (optional)

225 g Fettuccine, halbiert

frisch gepresster Saft von 2 Zitronen

1 EL Teklai (siehe Seite 196; optional)

Meersalz und frisch gemahlener
 schwarzer Pfeffer

PÜRIERTE LINSENSUPPE

— ◆ —

SHORABIT ADDAS MAJROOSH

Diese Suppe ist typisch für die palästinensische Küche – sie schmeckt hervorragend, ist gesund und sehr einfach zuzubereiten. Da Linsen sehr viele Proteine und Ballaststoffe enthalten und die Suppe dickflüssig ist, serviere ich sie gemeinsam mit einer Salatbeilage als ganzes Abendessen.

Das Olivenöl in einem großen Suppentopf bei mittlerer Temperatur erhitzen, Zwiebeln und Knoblauch hinzugeben und etwa 4 Minuten goldbraun anbraten. Koriander, Kreuzkümmel und ½ TL Pfeffer hinzufügen und 1 Minute anbraten, bis es zu duften beginnt. Karotten dazugeben und etwa 5 Minuten garen. 3–3,75 l Wasser hineingießen, die Linsen hinzufügen und die Suppe zum Kochen bringen. Die Temperatur reduzieren und bei mittlerer Hitze 30 Minuten köcheln lassen oder so lange, bis sich die Linsen am Topfrand leicht mit dem Löffel zerdrücken lassen.

Den Topf vom Herd nehmen, Zitronensaft und 1 EL Salz einrühren. Die Suppe in dieser Konsistenz servieren oder mit einem Stabmixer pürieren und warm servieren.

FÜR 6–8 PORTIONEN

120 ml natives Olivenöl Extra
2 weiße Zwiebeln, gewürfelt
9 Knoblauchzehen, fein gehackt
2 EL gemahlener Koriander
1 EL gemahlener Kreuzkümmel
2 große Karotten, geschält und gewürfelt
750 g kleine rote Linsen
frisch gepresster Saft von 1 Zitrone
Meersalz und frisch gemahlener
  schwarzer Pfeffer

HARIRA

————— ◦•◦ —————

Harira war während der Ramadanfeiertage die Suppe der Könige von Marokko. Sie wurde immer in einem zugedeckten Topf angeboten. Vor den Augen des Königs musste dann ein rohes Ei in die Suppe geschlagen werden. Wenn das Ei pochierte, dann war die Temperatur der Suppe richtig. Für diese traditionelle Suppe benötigt man etwas Zeit und Geduld. Es lohnt sich gleich mehr zuzubereiten, denn nach einigen Tagen schmeckt sie erst richtig gut. Harira bedeutet übersetzt „seidenweich" – eine passende Beschreibung.

☙ **TIPP** Vergewissern Sie sich, dass die Suppe richtig heiß ist, bevor Sie das Ei hineinschlagen; das Eigelb und Eiweiß sollten innerhalb einer Minute pochiert sein. Harira ist abgedeckt und gekühlt bis zu 1 Woche haltbar, in wiederverschließbaren Gefrierbeuteln im Gefrierschrank sogar bis zu 2 Monaten.

In einer kleinen Schüssel Piment, 1 EL Salz, 1 TL Pfeffer, Kurkuma, Muskatnuss, Safran und Kardamom vermischen. Das Fleisch in eine große Schüssel geben, mit der Hälfte der Gewürzmischung bestreuen und diese mit den Händen gut einmassieren, sodass eine Art Gewürzmantel entsteht.

In einem großen Suppentopf das Öl bei hoher Temperatur erhitzen und das Fleisch darin rundum scharf anbraten, dabei gelegentlich wenden. Schalotten hinzugeben und 3 Minuten anbraten, bis sie weich sind und zu duften beginnen. Knoblauch zugeben und etwa 30 Sekunden anbraten, bis er goldgelb ist und ebenfalls zu duften beginnt, dann das Tomatenmark untermischen; gut mit dem Fleisch und dem Gemüse verrühren und 3–5 Minuten garen. Tomaten hinzufügen und etwa 5 Minuten mitgaren, bis sie ausreichend Flüssigkeit abgegeben haben. Anschließend die Karotten und den Sellerie etwa 3 Minuten mitdünsten, bis sie weich sind. Mit Koriandergrün, Petersilie und der restlichen Gewürzmischung bestreuen und 1–2 Minuten weitergaren, bis es zu duften beginnt.

8 l Wasser hinzugießen und 3–5 Minuten kochen lassen. Jetzt die Temperatur reduzieren, 1 EL Salz, Linsen, Kichererbsen, Lorbeerblätter, Gewürznelken und Zimtstangen hinzugeben und zugedeckt 1,25–2 Stunden köcheln, bis das Fleisch auseinanderfällt; dabei gelegentlich umrühren. In den letzten 5 Minuten die Vermicelli hinzugeben.

In der Zwischenzeit das Ei vorsichtig in einer kleinen Schüssel aufschlagen – der Dotter sollte ganz bleiben – und mit Zitronensaft beträufeln. Den Topf vom Herd nehmen und das Ei in die Suppe gleiten lassen; es sollte schnell stocken. Sofort servieren.

FÜR 8–10 PORTIONEN

1 EL gemahlener Piment

1 TL Kurkuma

¾ TL frisch geriebene Muskatnuss

½ TL Safranfäden

½ TL gemahlener Kardamom

1 kg Lammschulter, in 4 cm große Stücke geschnitten oder 1 kg Hühnchen, in acht Stücke zerteilt

80 ml natives Olivenöl Extra oder Pflanzenöl

4 Schalotten, gehackt

3 Knoblauchzehen, gehackt

2 EL Tomatenmark

4 Flaschentomaten, gehackt

2 Karotten, geschält und gehackt

2 Stangen Staudensellerie, gewürfelt

60 g gehacktes Koriandergrün

30 g gehackte glatte Petersilie

150 g braune Linsen

100 g rote Linsen

1 Dose Kichererbsen (400 g), abgetropft

3 Lorbeerblätter

3 ganze Gewürznelken

2 Zimtstangen

200 g Vermicelli, in mundgerechte Stücke gebrochen

1 Ei (Größe M) (optional)

frisch gepresster Saft von 1 Zitrone (optional)

Meersalz und frisch gemahlener schwarzer Pfeffer

PÜRIERTE SCHÄLERBSENSUPPE

—◦—◦—

Diese herzhafte wunderbare Suppe ist eine tolle vegetarische Mahlzeit. Ich verwende gerne getrocknete grüne Schälerbsen statt der gelben, die die Gäste im Restaurant oft mit Linsen verwechseln. Natürlich können Sie Erbsen jeglicher Farbe verwenden – gelb, orange oder braun – der Geschmack bleibt trotzdem fast gleich. Für ein intensiveres Aroma rühren Sie zum Schluss etwas von dem nach Knoblauch schmeckenden Teklai (siehe Seite 196) hinzu. Ich serviere diese Suppe mit geröstetem Za'atar-Brot (siehe Seite 58) und selbst gemachter Scharfer Sauce (siehe Seite 194).

In einem großen Suppentopf 200 ml Öl bei mittlerer Temperatur erhitzen und die Zwiebeln etwa 3 Minuten anschwitzen, bis sie weich sind und zu duften beginnen. Schalotten hinzufügen und 3 Minuten weiterbraten. Den Knoblauch unterrühren und 3–5 Minuten anbraten, bis er anfängt zu duften. Koriander, Kreuzkümmel, Salz und ½ EL Pfeffer unterrühren und etwa 30 Sekunden weiterbraten, bis es duftet. Das Koriandergrün hinzufügen und 2–3 Minuten mitdünsten. Karotten hinzugeben und etwa 3 Minuten weichkochen, danach den Spinat hineingeben und warten, bis er zusammenfällt. Schälerbsen und 3,75 l Wasser hinzufügen und zum Kochen bringen. Die Temperatur reduzieren und abgedeckt 30 Minuten köcheln lassen.

Die Suppe vom Herd nehmen und mit dem übrigen Olivenöl beträufeln. Mit einem Stabmixer pürieren und anschließend in Schalen verteilen. Teklai hinzufügen und mit Petersilie garnieren. Mit Za'atar-Brot, Scharfer Sauce und Zitronenspalten servieren.

VARIATION *Teklai hat einen wunderbaren Geschmack, aber Kräuter-Teklai ist unschlagbar: einfach 30 g frisches Koriandergrün hacken, andünsten und, nachdem der Knoblauch hinzugefügt wurde, 1 gehackte Chilischote dazugeben.*

FÜR 6–8 PORTIONEN

250 ml Olivenöl

100 g weiße Zwiebel, gehackt

2 Schalotten, gehackt

8 Knoblauchzehen, fein gehackt (ca. 2 EL)

2 EL gemahlener Koriander

½ EL gemahlener Kreuzkümmel

80 g gehacktes Koriandergrün

100 g Karotten, geschält und gehackt

40 g Spinat, gehackt (optional)

440 g getrocknete grüne Schälerbsen

1 EL Teklai (siehe Seite 196; optional)

30 g gehackte glatte Petersilie zum Garnieren

Meersalz und frisch gemahlener schwarzer Pfeffer

Zum Servieren:

Za'atar-Brot (siehe Seite 58)

selbst gemachte Scharfe Sauce (siehe Seite 194) und Zitronenspalten

EINFACHE HÜHNERSUPPE

—— ◦•◦ ——

SHORABIT DJAJ

Jeder Koch braucht eine stärkende Hühnersuppe in seinem Repertoire. Diese palästinensische Variante kocht man normalerweise, wenn Würziges Hühnchen mit Brühe (siehe unten) vorbereitet wird. Falls Sie schon fertige Brühe zur Hand haben, benötigt man für die Zubereitung nur wenige Minuten – man muss kein Gemüse andünsten oder gar kochen. Meine erwachsenen Kinder fragen immer nach dieser Suppe, ob sie nun krank sind oder nicht. Servieren Sie sie mit warmem Arabischem Brot.

Die Brühe in einem Suppentopf bei hoher Temperatur zum Kochen bringen. Vermicelli oder Reis hinzugeben, die Temperatur reduzieren und zugedeckt so lange kochen, bis die Nudeln al dente sind oder der Reis gar, aber nicht matschig ist.

Die Suppe in Schüsseln geben, mit Zitronensaft beträufeln und mit Petersilie garnieren.

FÜR 6–8 PORTIONEN

2,5 l Brühe von Würzigem Hühnchen mit Brühe (siehe unten)
150 g Vermicelli oder 75 g ägyptischer Reis
Zitronenspalten zum Beträufeln
gehackte glatte Petersilie zum Garnieren

WÜRZIGES HÜHNCHEN MIT BRÜHE

Piment, 1 EL Salz, 1 EL Pfeffer, Kardamom und Muskatnuss in einer kleinen Schüssel vermengen. Mit der Hälfte der Gewürzmischung die Hühnchenstücke einreiben und die restliche Mischung beiseitestellen.

In einem großen Suppentopf das Öl bei mittlerer Temperatur erhitzen. Die Hühnchenstücke auf jeder Seite 3 Minuten scharf anbraten. Zimtstange, Zwiebel, Lorbeerblätter, Gewürznelken und 5–6 l Wasser hinzugeben, aufkochen und 5 Minuten kochen lassen. Den Schaum, der sich an der Oberfläche bildet, mit einem Schaumlöffel, abnehmen. Nun die restliche Gewürzmischung hinzufügen, die Temperatur reduzieren und halb abgedeckt 1 Stunde köcheln lassen.

Die Hühnchenstücke mit einem Schaumlöffel aus dem Topf heben und auf einen Teller legen. Das Fleisch von den Knochen entfernen und anderweitig verwenden.

Die Brühe in eine Schüssel gießen, abkühlen lassen und in wiederverschließbare Gefrierbeutel füllen. Die gefrorene Brühe ist 2 Monate haltbar.

FÜR 5–6 L BRÜHE UND 3 KG FLEISCH

2 EL gemahlener Piment
½ TL gemahlener Kardamom
½ TL frisch geriebene Muskatnuss
2 Hühnchen (je 1–1,5 kg), gewaschen und trocken getupft, jeweils in 6–8 Stücke geteilt
120 ml natives Olivenöl Extra oder Pflanzenöl
1 Zimtstange
1 weiße Zwiebel, halbiert
5 Lorbeerblätter
5 ganze Gewürznelken
Meersalz und frisch gemahlener schwarzer Pfeffer

BRÜHE RICHTIG ABKÜHLEN Um zu verhindern, dass sich Bakterien vermehren können, sollte die Brühe schnell heruntergekühlt werden. Dafür die Schüssel oder den Topf ohne Deckel in ein kaltes Wasserbad stellen, am besten in ein Waschbecken mit Eiswasser. Die Brühe regelmäßig umrühren bis sie lauwarm ist, dann in wiederverschließbare Gefrierbeutel geben und einfrieren.

GERÄUCHERTE WEIZENSUPPE

— ◆ —

Meine Mutter bereitete diese Suppe immer mit Truthahnhälsen zu – sie liebte den Geschmack. Bei meiner Version mit gewürztem pochiertem Hühnchen ist jeder Bissen genauso ein Genuss. Ich habe dieses Gericht früher oft für meine Kinder gekocht. Wenn Sie die Brühe bereits vorbereitet haben, müssen Sie nur noch einige Schalotten andünsten und einige weitere Zutaten in einem Topf vermischen.

Nehmen Sie Freekeh – geräucherten grünen Weizen – der fein gemahlen ist. Falls Sie keinen finden, geben Sie die grob gemahlene Sorte in den Mixer und zerhacken diese, bis sie die gewünschte Größe haben.

Das Öl in einem großen Suppentopf bei mittlerer Temperatur erhitzen und die Schalotten 3 Minuten anbraten, bis sie weich sind und zu duften beginnen. Die Brühe hineingießen, das Hühnchen in Stücken oder die Hälfte des Lamm- beziehungsweise Rindfleisches zusammen mit dem Freekeh hineingeben und zum Kochen bringen. Nach 10 Minuten die Temperatur reduzieren und zugedeckt etwa 30 Minuten köcheln lassen, bis der Freekeh den gewünschten Biss erreicht hat.

Die heiße Suppe in Schüsseln geben, mit Petersilie garnieren und zusammen mit Zitronenspalten und geröstetem Arabischem Brot servieren.

VARIATION *Um das Rezept so zu kochen wie meine Mutter, bei der Vorbereitung der Brühe anstatt des Hühnchens Truthahnhälse verwenden, insgesamt 2 kg. Einen gekochten Hals in jede Suppenschüssel geben und servieren.*

FÜR 6–10 PORTIONEN

60 ml Pflanzenöl

2 Schalotten, gehackt

2,5 l Brühe und 1 Hühnchen in Stücken von Würzigem Hühnchen mit Brühe (siehe Seite 90) oder 2,5 l Brühe und 750 g Lamm- oder Rindfleisch von Würzigem Lamm oder Rind mit Brühe (siehe Seite 102)

100 g fein gemahlener Freekeh (alternativ Grünkern)

4 TL gehackte glatte Petersilie

Zum Servieren:
Zitronenspalten
Arabisches Brot, geröstet

LAMM-GEMÜSE-SUPPE

❖

SHORABAT KHOUDRAH

Meine Mutter liebte es, herzhafte Gemüsesuppen zu kochen und hat dafür immer unendlich viele Gemüsesorten miteinander kombiniert! Sie mischte fröhlich Wurzelgemüse mit Kürbis, Tomaten und Sellerie. Und natürlich war ihr Gemüse immer in perfekte kleine Würfel geschnitten. Ich vermute, dass das Gemüse-schnippeln für sie eine Art Meditation war. Ich bin da eher etwas ungenau (und werde auch nicht erwarten, dass Sie alle Gemüsesorten der Zutatenliste verwenden), aber genau wie meine Mutter koche ich die Suppe auch einen Tag bevor ich sie serviere. Dann schmeckt sie nämlich noch besser, das garantiere ich Ihnen.

❖ TIPP Natürlich können Sie das Lamm weglassen und bei der vegetarischen Version die Gemüse- statt der Lammbrühe verwenden.

In einem großen Suppentopf das Öl bei mittlerer Temperatur erhitzen und die Schalotten 5–8 Minuten goldbraun anbraten. Kardamom und ½ TL Pfeffer für 30 Sekunden mitbraten, bis sie duften. Sellerie, Kartoffeln und Karotten hinzufügen und 5–8 Minuten dünsten, bis das Gemüse weich ist.

Zucchini, Mais und Artischockenherzen hinzufügen und 5 Minuten weiterdünsten. Tomaten und Koriandergrün hinzugeben und unter ständigem Rühren 2 Minuten garen, bis die Tomaten weich sind.

Das Lammfleisch in 1,5 cm große Würfel schneiden, hinzufügen und 2,5–3 l Wasser in den Suppentopf geben. Mit Salz würzen und zum Kochen bringen. Einen Deckel auflegen und die Suppe bei niedriger Temperatur etwa 5 Minuten köcheln lassen. Heiß servieren.

FÜR 6 PORTIONEN

2 EL natives Olivenöl Extra

100 g Schalotten oder weiße Zwiebel, gehackt

½ TL gemahlener Kardamom

4 Stangen Staudensellerie, gehackt

2 vorwiegend festkochende Kartoffeln, geschält und grob gehackt

2 Karotten, geschält und grob gehackt

4 kleine Zucchini, grob gehackt oder in 1 cm dicke Halbmonde geschnitten

100–150 g frische Maiskörner (von 2 Kolben)

7 frische oder gefrorene Artischocken-herzen, gehackt

2 Flaschentomaten, gehackt

30 g gehacktes Koriandergrün (optional)

500 g Lammfleisch von Würzigem Lamm oder Rind mit Brühe (siehe Seite 102)

Meersalz und frisch gemahlener schwarzer Pfeffer

MEERESFRÜCHTESUPPE

—◆◆◆—

SHORABIT AKL BAHRI

Ich habe diese Suppe für meinen Sohn Tarek kreiert, weil er Meeresfrüchte über alles liebt. Das Aroma von fangfrischem Fisch und Krustentieren in Kräuterbrühe ist einfach einzigartig. Ich verwende dafür genauso viele frische wohlduftende Kräuter, wie ich mit den Händen greifen kann. Natürlich können Sie auch eine Sorte mit einer anderen ersetzen, aber die Kombination von frischem Koriandergrün, Basilikum, Dill und Oregano ist einfach unschlagbar. Normalerweise verwendet man bei einer Meeresfrüchtesuppe keinen Kreuzkümmel, aber ich finde, dass ein bisschen davon die Brühe verfeinert. Das Schöne an dieser Suppe ist ihre Vielfältigkeit: Sie können jeden festfleischigen Fisch dazu verwenden. Manchmal bereite ich sie mit Wurzelgemüse, andere Male mit etwas mehr gehackten Tomaten zu, sodass die Suppe einer klassischen Bouillabaisse ähnelt. Wenn Ihnen die Menge zu viel erscheint, dann halbieren Sie die Angaben doch einfach.

In einer kleinen Schüssel 1 EL Salz, 1½ TL Pfeffer und Kreuzkümmel vermischen. Ein Drittel der Gewürzmischung auf den Red Snapper streuen und den Rest beiseitestellen.

Das Öl in einem großen Suppentopf bei mittlerer Temperatur erhitzen und den Fisch pro Seite 3–4 Minuten kurz anbraten, bis er goldbraun ist, dabei einmal wenden. Mit einem für Fisch geeigneten Pfannenwender den Fisch auf einen mit Küchenpapier ausgelegten Teller legen.

Garnelen und Calamari in den Topf geben und unter gelegentlichem Rühren 3–5 Minuten anbraten. Mit dem Pfannenwender die Calamari und die Garnelen ebenfalls auf einen mit Küchenpapier ausgelegten Teller geben.

Die Schalotten in den Topf geben und etwa 5 Minuten anbraten, bis sie weich sind und anfangen zu duften. Kartoffeln, Karotten und Staudensellerie hinzufügen und 5 Minuten dünsten, dabei ein bis zwei Mal umrühren. Koriandergrün, Basilikum, Dill und Oregano 3 Minuten unterrühren, bis die Kräuter beginnen zu duften. Brühe oder Wasser angießen und zum Kochen bringen. Die Temperatur reduzieren und die Lorbeerblätter in den Topf geben. Einen Deckel auflegen und die Suppe 15–20 Minuten köcheln lassen, bis das Gemüse weich ist und die Brühe etwas dickflüssiger wird.

Inzwischen den Fisch filetieren und zusammen mit den beiseitegestellten Garnelen und Calamares, dem Salbeiblatt und den Tomaten in den Topf geben. Für einen intensiveren Geschmack den Fischkopf hinzufügen. Nach 5 Minuten den Kopf, die Salbei- und die Lorbeerblätter entfernen und den Zitronensaft hinzugeben. In Suppenteller schöpfen und mit gehackter Petersilie garniert servieren.

FÜR 10 PORTIONEN

1½ TL gemahlener Kreuzkümmel (optional)

250 ml natives Olivenöl Extra

1 ganzer Red Snapper (ca. 500 g), küchenfertig vorbereitet

10 mittelgroße Garnelen, geschält, entdarmt und in 5–7,5 cm lange Stücke geschnitten

225 g Calamari, in Ringe geschnitten

3 Schalotten, gehackt

2 mehligkochende Kartoffeln, geschält und gewürfelt

2 mittelgroße Karotten, geschält und gewürfelt

2 Stangen Staudensellerie, gewürfelt

30 g gehacktes Koriandergrün

30 g gehackte Basilikumblätter

1 EL gehackte Dillblättchen

1 EL gehackte Oreganoblätter

4 l Hühnerbrühe oder Wasser

3 Lorbeerblätter

1 frisches Salbeiblatt

4 Flaschentomaten, gehackt

frisch gepresster Saft von 1 Zitrone

Meersalz und frisch gemahlener schwarzer Pfeffer

2 EL gehackte glatte Petersilie zum Garnieren

BLUMENKOHLEINTOPF MIT LAMM

YAKHNIT ZAHRA

Als ich 18 Jahre alt war, unterrichtete ich eine fünfte Klasse in Haifa. Wenn ich dann am Wochenende heim nach Nazareth fuhr, erwartete mich dort immer dieser wohlschmeckende Eintopf. Meine Mutter wusste, dass es eines meiner Lieblingsgerichte war – und es bis heute geblieben ist. Ich habe einige Gewürze hinzugefügt, um den Geschmack noch zu intensivieren: frisches Koriandergrün und Granatapfelsirup sind dabei entscheidend. Dieses Rezept ist auch für Vegetarier perfekt, da das Fleisch für den Geschmack nicht ausschlaggebend ist – einfach Gemüsebrühe statt der Fleischbrühe verwenden und den Eintopf über herrlich duftenden Basmatireis geben.

⚜ **TIPP** Falls Sie den Eintopf im Voraus zubereiten möchten, das Fleisch und den Blumenkohl erst direkt vor dem Servieren in die aufgewärmte Suppe geben.

In eine tiefe Bratpfanne das Pflanzenöl geben und bei hoher Temperatur erhitzen. Die Blumenkohlröschen portionsweise goldbraun frittieren, dabei gelegentlich vorsichtig umrühren. Mit einem Schaumlöffel den Blumenkohl auf einer mit Küchenpapier ausgelegten Platte abtropfen lassen und beiseitestellen. Als Alternative den Backofen auf 250 °C vorheizen. Die Blumenkohlröschen auf einem Backblech verteilen und mit 120 ml Öl einpinseln. Etwa 25 Minuten backen, bis sie goldbraun sind. Aus dem Backofen nehmen und beiseitestellen.

Piment, 1½ TL Salz, 1 TL Pfeffer, Kreuzkümmel und Muskatnuss in einer kleinen Schüssel vermengen. Das Olivenöl in einem großen Topf bei mittlerer Temperatur erhitzen. Den Knoblauch hinzufügen und 3-5 Minuten braten, bis er goldbraun und weich ist. Die Gewürzmischung einrühren und 30 Sekunden mitbraten, bis sie duftet. Anschließend das Koriandergrün hinzufügen. Zitronensaft und Brühe in den Topf gießen und zum Kochen bringen. Dann 30 g Teklai einrühren – es wird ein wunderbares zischendes Geräusch geben. Den Granatapfelsirup hinzufügen und danach das Lammfleisch mit dem Blumenkohl hinzugeben und alles gut verrühren. Zum Kochen bringen, dann die Temperatur reduzieren und 10 Minuten köcheln lassen.

In Suppenteller schöpfen und mit dem übrigen Teklai oder Reis servieren.

VARIATION *Wenn Sie den Saft von 1 Zitrone zu dem übrigen Teklai hinzufügen, ergibt dies eine wunderbare Sauce, die Sie über den Eintopf und den Reis geben können.*

FÜR 6-8 PORTIONEN

500 ml Pflanzenöl

3 große oder 4 kleine Blumenkohlköpfe, Strunk entfernt und in große Röschen zerteilt

1 EL gemahlener Piment

1 TL gemahlener Kreuzkümmel

⅓ EL frisch geriebene Muskatnuss

60 ml natives Olivenöl Extra

5 Knoblauchzehen, zerdrückt

80 g gehacktes Koriandergrün

1,75 l Brühe und 500 g Lammfleisch von Würzigem Lamm oder Rind mit Brühe (siehe Seite 102)

frisch gepresster Saft von 1½ Zitronen oder nach Geschmack

60 g Teklai (siehe Seite 196)

3 EL Granatapfelsirup oder nach Geschmack (optional)

Meersalz und frisch gemahlener schwarzer Pfeffer

Zum Servieren:
Basmatireis mit Gemüse (siehe Seite 183) oder Reis mit Vermicelli Pilaf (siehe Seite 182)

EINTOPF MIT GEHACKTEN MOLOKHIA

---·•·---

MLOOKHIA NAAMEH

Wörtlich übersetzt bedeutet *Molokhia* „das königliche Essen". Die spinatähnlichen Blätter der Molokhia, die der Familie der langkapseligen Jute angehören, werden auch als „Gemüsepappel" oder „Muskraut" bezeichnet. Anbau und Zubereitung waren sehr zeitaufwendig und daher nur für die Wohlhabenden bestimmt. Heutzutage isst jeder im Nahen Osten dieses würzige, krautartige Gemüse. Frische grüne Molokhia bekommt man in Europa kaum. Gefroren findet man sie eher, somit verwende ich diese gemeinsam mit den getrockneten – beide sind sehr gut im Fachhandel und in orientalischen Geschäften erhältlich.

Die Zubereitung dieses Eintopfs variiert von einem Land zum anderen – im Libanon und Syrien wird er, wie in diesem Rezept, mit gehackter roher Zwiebel, rotem oder weißem Weinessig und geröstetem Arabischem Brot serviert. Ägypter geben nach Knoblauch schmeckendes *Teklai* (siehe Seite 196) hinzu und verfeinern diesen kurz vor dem Servieren noch mit etwas Zitronensaft. Ich reiche als Beilage dazu gerne Reis und Vermicelli Pilaf (siehe Seite 182).

Den Backofen auf 230 °C vorheizen.

In einem großen Topf das Öl bei mittlerer Temperatur erhitzen und die Zwiebeln etwa 3 Minuten anbraten, bis sie duften. Tomaten, Salz, ½ TL Pfeffer und Muskatnuss hineinrühren und 3 Minuten andünsten. Mit 2,75 l Brühe aufgießen und aufkochen. Den getrockneten Molokhia hinzufügen und den Eintopf 5 Minuten weiterkochen lassen, dabei gelegentlich umrühren. Den gefrorenen Molokhia zugeben und aufkochen – an der Oberfläche wird ein dicker weißer Schaum entstehen. Diesen mit einem Schaumlöffel komplett von der Oberfläche entfernen. 3 EL Teklai in den kochenden Eintopf geben – es sollte ein zischendes Geräusch zu hören sein, wenn es mit der heißen Brühe in Berührung kommt.

Zitronensaft, Ghee und die restlichen 250 ml Hühnerbrühe zusammen mit 1 EL Teklai in einer mittelgroßen Schüssel vermischen. Die Hühnchenstücke in einen großen Bräter legen, die Brühemischung daraufträufeln und unbedeckt etwa 30 Minuten braten, bis das Hühnchen auf der Oberseite leicht kross ist. Beiseitestellen und abkühlen lassen. Wenn die Hühnchenstücke kalt genug sind, die Knochen aus dem Fleisch entfernen.

Zum Anrichten das geröstete Arabische Brot in die Suppenschüsseln geben, Reis und Vermicelli Pilaf hinzugeben und dann den Molokhia darüberschöpfen. Auf jede Schüssel noch etwas Hühnchenfleisch legen und mit 2–3 EL gewürfelten Zwiebeln bestreuen. Dazu Essig servieren.

FÜR 6–8 PORTIONEN

6 EL Pflanzenöl

1 kleine weiße Zwiebel, fein gehackt

1 Flaschentomate, fein gehackt

¼ TL frisch geriebene Muskatnuss

3 l Brühe und 1 Hühnchen in Stücken von Würzigem Hühnchen mit Brühe (siehe Seite 90) oder fertige Hühnerbrühe

50 g getrocknete Molokhia, gehackt

4 Tüten gefrorene gehackte Molokhia (à 400 g)

30 g Teklai (siehe Seite 196)

frisch gepresster Saft von 3 Zitronen

30 g Ghee oder Butter

Arabisches Brot (siehe Seite 57), geröstet

Reis und Vermicelli Pilaf (siehe Seite 182)

1 große weiße Zwiebel, gewürfelt

Meersalz und frisch gemahlener schwarzer Pfeffer

Zum Servieren:
roter oder weißer Essig

TOMATEN-BOHNEN-KNOBLAUCHEINTOPF

— ◦◦◦ —

FASOOLYA KHADRA

Ich verwende für diesen sehr einfachen Eintopf gerne frisch gepflückte Stangen-bohnen. Natürlich schmecken frische Zutaten immer am besten, aber gefrorenes Gemüse ist ein guter Ersatz. Was für mich gar nicht in Frage kommt, ist Gemüse aus der Dose – es ist immer zu weich und schmeckt nicht gut. Das Rezept könnte ein Teil Ihres Speisezettels werden – wenn Bohnensaison ist, können Sie alle Sorten hierfür verwenden. Und wie bei den meisten nahöstlichen Suppen schmeckt auch diese am nächsten Tag noch viel besser! Servieren Sie dazu Arabisches Brot (siehe Seite 57) sowie Reis und Vermicelli Pilaf (siehe Seite 182).

In einem Topf bei hoher Temperatur das Öl 30 Sekunden lang erhitzen. Wenn es heiß ist, aber nicht raucht, die Schalotten hinzufügen und etwa 3 Minuten anbraten, bis sie weich sind und duften, den Knoblauch dazugeben und 3 Minuten braten, bis er goldgelb ist.

Koriander, Piment und 1 TL Pfeffer auf einem kleinen Teller vermischen. Die Gewürz-mischung in einen Topf geben und unter Rühren ohne Zugabe von Fett so lange rösten, bis sie duftet. Die Stangenbohnen und 1 EL Salz in den Topf mit der Zwiebel-Knob-lauch-Mischung geben, die Gewürzmischung hinzufügen und alles miteinander vermischen. Die Temperatur reduzieren und bei mittlerer Temperatur 10 Minuten zugedeckt dünsten, bis die Bohnen gar sind. Flaschentomaten einrühren, zudecken und 4–5 Minuten kochen, bis die Tomaten weich werden. Die gehackten Tomaten und den Zitronensaft zugeben und 3–5 Minuten weiterkochen, dann das Teklai einrühren und die Chilischote hinzufügen. Heiß servieren.

VARIATION *Sie können mit diesem Rezept auch einen Rinder- oder Lammeintopf zubereiten; dafür Würziges Rind oder Lamm mit Brühe (siehe Seite 102) zubereiten. 500 ml Rinder- oder Lammbrühe, Zitronensaft hinzufügen und anschließend das gekochte Fleisch in den Topf geben. Die Temperatur hochschalten, zudecken; aufkochen und 3 Minuten kochen. Den Deckel abnehmen und 15 Minuten weiterko-chen. Teklai und Chilischoten unterrühren. Vom Herd nehmen und heiß servieren.*

FÜR 8–10 PORTIONEN

250 ml natives Olivenöl Extra

2 Schalotten, gewürfelt

10 Knoblauchzehen, fein gehackt

2 gehäufte EL gemahlener Koriander

1–2 TL Piment

2,5 kg Stangenbohnen, beide Enden
    entfernt und in 4 cm lange Stücke
    geschnitten

6 Flaschentomaten, gehackt

1 Dose gehackte Tomaten (400 g)

frisch gepresster Saft von ½ Zitrone
    oder 3 EL Zitronensaft

1 EL Teklai (siehe Seite 196)

1 Chilischote, fein gehackt (optional)

Meersalz und frisch gemahlener
    schwarzer Pfeffer

Zum Servieren:

Arabisches Brot (siehe Seite 57)

Reis und Vermicelli Pilaf (siehe Seite 182)

SPINATEINTOPF MIT RIND ODER LAMM

YAKHNIT SABANIKH

Früher kochten die palästinensischen Köche diesen gesunden Eintopf meistens nur, wenn sie genügend Spinat in ihrem Garten hatten. Aber da Spinat heutzutage das ganze Jahr zur Verfügung steht, kann er jederzeit zubereitet werden. Eingelegte Jalapeños und Karotten (siehe Seite 189) bilden eine wunderbare Beilage. Dazu Reis und Vermicelli Pilaf oder Arabisches Brot (siehe Seite 57) servieren.

In einem großen Topf das Öl bei hoher Temperatur erhitzen und den Knoblauch 2–3 Minuten goldbraun anbraten. Koriander und 1½ TL Pfeffer 1 Minute mitbraten, bis es duftet. Dann den Spinat 2–3 Minuten mitdünsten, bis er zusammenfällt. Das gekochte Fleisch, die Brühe und die Schälerbsen hinzugeben und bei hoher Temperatur 5 Minuten kochen lassen. Dann die Temperatur reduzieren und 10 Minuten köcheln lassen.

Zum Anrichten den Eintopf in Suppenteller geben, jede Portion mit etwas Zitronensaft beträufeln und Granatapfelsirup hinzufügen.

FÜR 6–8 PORTIONEN

120 ml natives Olivenöl Extra
10 Knoblauchzehen, fein gehackt
2 EL gemahlener Koriander
1,5 kg frischer junger Spinat, grob gehackt
1,5 l Brühe und 1 kg Fleisch von Würzigem Lamm oder Rind mit Brühe (siehe Seite 102)
220 g Schälerbsen, gekocht und abgetropft
frisch gepresster Saft von 2 Zitronen
2 EL Granatapfelsirup (optional)
frisch gemahlener schwarzer Pfeffer

Zum Servieren:
Arabisches Brot (siehe Seite 57)
Reis und Vermicelli Pilaf (siehe Seite 182)

WÜRZIGES LAMM ODER RIND MIT BRÜHE

Piment, 1 EL Salz, 1½ TL Pfeffer und Muskatnuss in einer kleinen Schüssel vermischen. Das Lamm- oder Rindfleisch in eine mittelgroße Schüssel geben und mit der Hälfte der Gewürzmischung einreiben. Alle Seiten müssen gut bedeckt sein. Die restliche Mischung beiseitestellen.

Das Öl in einem großen Bräter bei hoher Temperatur erhitzen. Das Fleisch im heißen Öl von allen Seiten etwa 3 Minuten anbraten. Kardamom, Lorbeerblätter, Gewürznelken, Zimtstange, Zwiebeln, die restliche Gewürzmischung und 5–6 l Wasser hinzufügen, sodass das Fleisch 7,5 cm hoch bedeckt ist. 5 Minuten garen, danach die Temperatur reduzieren und bei mittlerer Hitze köcheln lassen. Das Fett von der Oberfläche mit einem Schaumlöffel abschöpfen, das Lammfleisch 40–60 Minuten und das Rindfleisch 60–90 Minuten oder, bis das Fleisch gar ist, kochen. Die Brühe in eine Schüssel gießen und abkühlen lassen. Das Fleisch weiterverwenden oder in Gefrierbeuteln bis zu 3 Tage im Kühlschrank oder bis zu 2 Monate im Gefrierfach aufheben.

BRÜHE RICHTIG ABKÜHLEN Um zu verhindern, dass sich Bakterien vermehren können, sollte die Brühe schnell heruntergekühlt werden. Dafür die Schüssel oder den Topf ohne Deckel in ein kaltes Wasserbad stellen, am besten in ein Waschbecken mit Eiswasser. Die Brühe regelmäßig umrühren bis sie lauwarm ist, dann in wiederverschließbare Gefrierbeutel geben und einfrieren.

FÜR 5–6 L BRÜHE UND 1,5 KG FLEISCH

1 EL gemahlener Piment
⅓ TL frisch geriebene Muskatnuss
1,5 kg Lammfleisch aus der Keule oder Rinderfilet, in 4 cm große Würfel geschnitten
120 ml Pflanzenöl
5 ganze Kardamomkapseln
3 Lorbeerblätter
2 ganze Gewürznelken
1 Zimtstange, längs halbiert, oder ⅓ TL gemahlener Zimt
1 weiße Zwiebel, halbiert
Meersalz und frisch gemahlener schwarzer Pfeffer

SÜSSER ERBSENEINTOPF MIT KAFTA

———— ·◆· ————

YAKHNIT BAZELLA BELKAFTA

Die meisten palästinensischen Köche nehmen für diesen Eintopf gewürfeltes
Lammfleisch und servieren Reis dazu. Meine Mutter verwendete aber *Kafta* – kleine
Lammhackfleischbällchen mit Petersilie und Zwiebeln – und servierte den Eintopf
mit gestampften Kartoffeln. Bevorzugt verwende ich frische Zuckerschoten
anstelle von gefrorenen Gartenerbsen. Falls Sie keine Kafta dazu mögen, können
Sie in den letzten 5 Minuten des Garvorgangs auch das Lamm- oder Rindfleisch aus
der Würzigen Brühe mit Lamm oder Rind (siehe Seite 102) hinzufügen.

Aus der Kafta-Fleischmasse 4 × 2,5 cm große fingerförmige Röllchen formen. Das Öl
in einem großen Topf bei mittlerer Temperatur erhitzen und die Kafta portionsweise
insgesamt 3-4 Minuten sanft anbraten, bis sie goldbraun sind, dabei einmal wenden.
Die Kafta mit einem Schaumlöffel herausnehmen und auf einem mit Küchenpapier
ausgelegten Teller abtropfen lassen.

Die Schalotten und den Knoblauch in dem gleichen Topf 3-4 Minuten anbraten, bis sie
leicht gebräunt sind. Koriander, Piment, 1 EL Salz, ½ EL Pfeffer, Muskatnuss und
Kardamom 2 Minuten einrühren, bis es duftet. Die Temperatur reduzieren, Erbsen und
Karotten hinzugeben und etwa 5 Minuten garen. Die frischen Tomaten und die aus der
Dose sowie die Brühe hinzufügen. Die Temperatur erhöhen und kurz aufkochen lassen.
Dann die Temperatur reduzieren und 15-20 Minuten köcheln lassen. Die beiseitege-
stellten Kafta-Röllchen hinzufügen und 5 Minuten weiterköcheln. Heiß servieren.

FÜR 8 PORTIONEN

1,5 kg Kafta (siehe Seite 158)

120 ml Pflanzenöl

3 Schalotten, gewürfelt

8 Knoblauchzehen, zerdrückt und
   fein gehackt

1 EL gemahlener Koriander

1 TL gemahlener Piment

⅓ TL frisch geriebene Muskatnuss

⅓ TL Kardamom (optional)

4 Beutel gefrorene kleine Erbsen (à 400 g)

2 Karotten, geschält und gewürfelt

4 frische Flaschentomaten, gehackt
   (optional)

2 Dosen gehackte Tomaten, (à 400 g)

1 l Brühe von Würzigem Lamm oder Rind
   mit Brühe (siehe Seite 102) oder fertige
   Rinderbrühe oder Wasser

Meersalz und frisch gemahlener
   schwarzer Pfeffer

ROTER LINSEN- UND BUTTERNUSSKÜRBIS-EINTOPF

———— ·◆· ————

Der Butternusskürbis verleiht diesem Eintopf eine leichte Süße. Man kann ihn aber
auch mit Süßkartoffelstückchen, Karotten oder sogar Speisekürbis kochen.
Verwenden Sie für diesen Eintopf eine der genannten Gemüsesorten oder auch eine
Mischung daraus und servieren Sie ihn heiß, warm (so mache ich es) oder kalt.

In einem großen Topf das Öl bei hoher Temperatur erhitzen. Schalotten und Zwiebel
3-4 Minuten goldgelb anbraten. Den Knoblauch hinzufügen und etwa 30 Sekunden
anbraten, dann Chilischoten, Koriandergrün, Koriander, Kreuzkümmel und 1 EL Pfeffer
1 Minute mit anbraten. Den Kürbis hinzufügen und alles gut miteinander verrühren.
Die Temperatur reduzieren, den Topf abdecken und etwa 10 Minuten dünsten. Die
Linsen, 1 l Wasser und Salz hinzugeben, zudecken und etwa 12 Minuten kochen. Falls der
Kürbis noch hart ist, 250 ml Wasser hinzufügen, abdecken und 10 Minuten weiterkochen.

Den Eintopf in Servierschalen geben, mit etwas Olivenöl beträufeln und servieren.

FÜR 6-8 PORTIONEN

120 ml Olivenöl zzgl. etwas zum Beträufeln

4 Schalotten, gehackt

1 Zwiebel, gehackt

8 Knoblauchzehen, zerdrückt

2 Chilischoten (Jalapeños oder Poblanos)

30 g gehacktes Koriandergrün

2 EL gemahlener Koriander

1 EL gemahlener Kreuzkümmel

2 Butternusskürbisse, geschält und gewürfelt

340 g rote Linsen, feinste Auslese

Meersalz und frisch gemahlener
   schwarzer Pfeffer

✦ SUPPEN & EINTÖPFE ✦

RINDFLEISCHEINTOPF MIT WEISSEN BOHNEN

›•‹

YAKHNIT FASOOLYA BAIDA

Ich erinnere mich daran, dass ich als Kind einige meiner Schulkameraden dabei beobachtete, wie sie zu diesem besonders herzhaften Eintopf ganze rohe Knoblauchzehen oder Zwiebeln aßen. Dieser Eintopf ist im gesamten Orient bekannt und wurde meistens im Winter gekocht, da es zu dieser Zeit kaum frisches Gemüse gab, aber dafür Bohnen in Massen. Um dem Ganzen eine würzige Note zu geben, wird der Eintopf mit Oliven und eingelegtem Gemüse angerichtet. Reis und Vermicelli Pilaf (siehe Seite 182) oder Basmatireis mit Gemüse (siehe Seite 183) dazu servieren.

In einem großen Topf das Öl bei mittlerer Temperatur erhitzen und die Schalotten etwa 3 Minuten goldbraun anbraten. Den Knoblauch so lange unterrühren, bis er duftet. Anschließend Chilischoten, Koriander, Kreuzkümmel, 1 EL Pfeffer und Piment etwa 30 Sekunden unterrühren. Sellerie und Karotten hinzufügen und unter gelegentlichem Rühren etwa 5 Minuten braten. Das Koriandergrün hinzugeben und etwa 2 Minuten anbraten, bis es anfängt zu duften. Die Flaschentomaten hinzufügen und 2–3 Minuten rühren, bis sie Flüssigkeit abgeben und auseinanderfallen. Tomatenmark und Chilipaste hinzufügen und unter ständigem Rühren 3 Minuten weitergaren.

Fleisch, Brühe und die gehackten Tomaten hinzugeben und alles aufkochen. Bohnen und Zucker hinzufügen und weitere 10–15 Minuten kochen, bis die Flüssigkeit etwas gebunden ist. Heißes Teklai einrühren und das Zischen abwarten. Vom Herd nehmen und servieren.

VEGETARISCHE VARIATION *In Nazareth gehören weiße Bohnen und Rindfleisch fest zusammen; man serviert die Bohnen nie ohne das Fleisch. Als ich dann mein eigenes Restaurant hatte, lernte ich von einem meiner Mitarbeiter, dass auch Bohnen allein ein herrliches Gericht sind, besonders wenn sie mit verschiedenen Gewürzen und Teklai verfeinert sind. Für die vegetarische Variante das Fleisch einfach weglassen und Gemüse- statt Fleischbrühe verwenden.*

FÜR 8–10 PORTIONEN

350 ml Olivenöl

3 Schalotten, gewürfelt

2 EL Knoblauch, fein gehackt

2 lange grüne Chilischoten oder Jalapeños, entkernt und fein gehackt (Samen je nach Geschmack beiseitestellen)

1½ EL gemahlener Koriander

1 EL gemahlener Kreuzkümmel

1 EL gemahlener Piment

2 Stangen Staudensellerie, gewürfelt

2 kleine Karotten, geschält und gewürfelt

60 g gehacktes Koriandergrün

4 Flaschentomaten, gewürfelt

3 TL Tomatenmark

1 EL kernlose nahöstliche oder türkische Chilipaste

1,5 l Brühe und 1–1,5 kg Rindfleisch von Würzigem Lamm oder Rind mit Brühe (siehe Seite 102)

2 Dosen gehackte Tomaten (à 400 g)

1 kg kleine getrocknete weiße Bohnen, eingeweicht (siehe Seite 21) und gekocht oder 6 Dosen Cannellinibohnen (à 400 g), gespült und abgetropft

1 TL Zucker oder ½ TL Zitronensalz

3 EL Teklai (siehe Seite 196)

frisch gemahlener schwarzer Pfeffer

Zum Servieren:

Reis und Vermicelli Pilaf (siehe Seite 182) oder Basmatireis mit Gemüse (siehe Seite 183)

KARTOFFEL-RINDFLEISCH-EINTOPF

— ◦•◦ —

YAKHNIT BATATA

In beinahe jedem palästinensischen Haushalt ist ein kleiner Kartoffelvorrat zu finden. Sie sind fast bei allen orientalischen Gerichten dabei, unter anderem auch bei diesem „Bauerneintopf", einer Mischung aus Rindfleisch und Kartoffeln mit Piment, Koriander, Muskatnuss und Kardamom. Ich verwende bei diesem Rezept gerne Rinderfilet, aber Sie können auch ein etwas günstigeres Stück Fleisch nehmen und den Eintopf einfach so lange köcheln lassen, bis das Fleisch gar ist.

In einem großen Bräter das Öl bei mittlerer Temperatur erhitzen und die Zwiebel 4–5 Minuten goldbraun anbraten. Knoblauch, Chilischote, Piment, 1 EL Pfeffer, Koriander, Kreuzkümmel, Muskatnuss und Kardamom 1 Minute anbraten, bis es duftet. Karotten und Rindfleisch hinzufügen. Immer wieder wenden, bis das Fleisch rundherum angebraten ist. Tomaten, Koriandergrün und Rinderbrühe hinzufügen und mit einem Holzkochlöffel die Röstaromen vom Topfboden lösen. Zudecken und das Fleisch 60–90 Minuten köcheln lassen, bis es gar ist.

In der Zwischenzeit 500 ml Pflanzenöl bei mittlerer Temperatur in einer großen, tiefen Bratpfanne erhitzen. Die Kartoffeln, falls nötig, portionsweise braten und dabei gelegentlich wenden, bis sie rundum goldbraun sind. Mit einem Schaumlöffel aus der Pfanne heben, auf einer mit Küchentuch ausgelegten Platte abtropfen lassen und beiseitestellen. Die Zubereitung bei den Perlzwiebeln wiederholen und dafür ebenfalls 500 ml Pflanzenöl verwenden. Die Kartoffeln oder Perlzwiebeln können auch einen Tag vorher zubereitet und in gutverschließbaren Behältern im Kühlschrank aufbewahrt werden. Als Alternative, die Kartoffeln und Perlzwiebeln mit reichlich Öl bepinseln und in je einer Lage auf Backblechen oder in Auflaufformen verteilen. Im Backofen bei 175 °C etwa 30 Minuten braten, bis sie goldgelb und knackig sind.

Kartoffeln, Perlzwiebeln und Zitronensaft in den Bräter geben und mit Salz würzen. Noch 5 Minuten köcheln und dann heiß servieren.

VARIATION *Anstelle von Rindfleisch kann man auch Hühnchen verwenden: Dazu ein Hühnchen in acht Stücke zerteilen oder 1 kg Hühnchenbrust ohne Knochen in 2,5–5 cm große Würfel schneiden. Mit Salz und Pfeffer würzen, und rundherum in einer Bratpfanne mit Olivenöl scharf anbraten.*

VARIATION *Falls Sie Tamarindenpaste finden, verwenden Sie diese anstelle des Zitronensafts. 225 g Tamarindenpaste mit 500 ml kochendem Wasser übergießen und quellen lassen. Die Flüssigkeit durch ein Sieb gießen und dieselbe Menge wie Zitronensaft verwenden. Die Tamarindenflüssigkeit ist abgedeckt im Kühlschrank 2 Wochen haltbar. Als Alternative kann man den Zitronensaft auch mit gekauftem Tamarindensaft ersetzen.*

FÜR 6–8 PORTIONEN

120 ml Olivenöl

1 rote Zwiebel, gehackt

10 Knoblauchzehen, zerdrückt

2 Chilischoten, entkernt und fein gehackt

1 EL gemahlener Piment

1 EL gemahlener Koriander

½ EL gemahlener Kreuzkümmel

⅓ TL frisch geriebene Muskatnuss (optional)

⅓ TL gemahlener Kardamom (optional)

2 Karotten, geschält und gewürfelt oder in dünnen Scheiben geschnitten

1 kg Rinderfilet, in 5 cm große Würfel geschnitten

2 Flaschentomaten, gehackt

80 g gehacktes Koriandergrün

2,75 l Rinderbrühe oder Wasser

0,5–1 l Pflanzenöl

6 mehligkochende Kartoffeln, geschält, in je 8–10 Stücke geschnitten

500 g Perlzwiebeln, geschält

120 ml frisch gepresster Zitronensaft

Meersalz und frisch gemahlener schwarzer Pfeffer

OKRASCHOTEN MIT LAMM UND GRANATAPFELSIRUP

YAKHNIT BAMYA

Als ich Okraschoten in den amerikanischen Supermärkten entdeckte, war ich angesichts ihrer Größe sprachlos. Ich kaufte welche, und als ich daheim war, versuchte ich – typisch für die Zubereitung im Nahen Osten – das Gemüse mit etwas zu füllen! Okraschoten werden normalerweise mit Tomaten gekocht (siehe Seite 180), aber meine Mutter bereitete ihre immer mit Zitronensaft und Granatapfelsirup zu. Das war ihre Art, die nahöstliche Küche, in der so häufig Tomaten verwendet werden, zu variieren. Natürlich war das für mich wieder nicht ausgefallen genug, und ich fügte ihrem Rezept noch Koriander und Chilischote hinzu. Ich liebe den einzigartigen Geschmack dieses Eintopfs. Der süßsaure Granatapfelsirup und der würzige Koriander harmonieren gut mit dem würzigen Lammaroma und dem intensiven Okraschotengeschmack.

✢ **TIPP** Meiner Meinung nach sind die frischen Okraschoten zu groß für diesen Eintopf – sie haben zu viele Samen und bekommen eine unangenehme Konsistenz, wenn sie gekocht sind. Aber wenn Sie kleine Okraschoten finden, sollten Sie dieses Gericht unbedingt versuchen. Vergessen Sie nicht, die Stiele zu entfernen.

In einer Bratpfanne 120 ml Öl bei mittlerer Temperatur erhitzen und die Okraschoten portionsweise 6–8 Minuten darin von allen Seiten anbraten. Mit einem Schaumlöffel aus der Pfanne heben und auf einer mit Küchenpapier ausgelegten Platte abtropfen lassen. Als Alternative die Okraschoten trocken tupfen und in einer einzigen Schicht auf einem Backblech oder in einer Auflaufform verteilen. Großzügig mit Öl einpinseln und bei 240 °C so lange braten, bis sie goldgelb sind.

In einen großen Topf 120 ml Öl geben und bei mittlerer Temperatur erhitzen. Den Knoblauch hinzufügen und etwa 3 Minuten anbraten, bis er goldbraun ist. Den Koriander 30 Sekunden unterrühren, bis er duftet. Piment, 1 TL Pfeffer, Kreuzkümmel, Muskatnuss sowie die Brühe hineingeben und kurz aufkochen. Die gebratene Okraschoten sowie das Lammfleisch zugeben, mit Salz würzen und etwa 10 Minuten kochen lassen, bis die Okraschoten weich sind. Den Granatapfelsirup hineingießen und 2 Minuten weiterköcheln. Den Topf vom Herd nehmen und den Zitronensaft einrühren. Mit Reis und Vermicelli Pilaf und scharfen Peperoni servieren.

FÜR 8 PORTIONEN

240 ml natives Olivenöl Extra
6 Tüten gefrorene junge Okraschoten
   (à 500 g), aufgetaut und gut abgetropft
3 EL Knoblauch, fein gehackt
2 EL gemahlener Koriander
1 EL gemahlener Piment
½ TL gemahlener Kreuzkümmel
½ TL gemahlener Muskatnuss
2,5 l Brühe und 1–1,5 kg Lammfleisch von
   Würzigem Lamm oder Rind mit Brühe
   (siehe Seite 102)
60 ml Granatapfelsirup
frisch gepresster Saft von 1 großen Zitrone
Meersalz und frisch gemahlener
   schwarzer Pfeffer

Zum Servieren:
Arabisches Brot (siehe Seite 57)
Reis und Vermicelli Pilaf (siehe Seite182)
scharfe Chilischoten

HAUPTGERICHTE

HAUPTMAHLZEIT

Die Angewohnheit, die größte Mahlzeit des Tages am Abend zu essen, war mir bis ich nach New York zog völlig fremd. In Nazareth war das Mittagessen, oder wie wir es nennen, *Ghada*, die größte Mahlzeit des Tages und wurde erst spätnachmittags serviert. Zum Abendessen gab es dann das Gleiche wie zum Frühstück. Ich muss zugeben, dass ich ab und an immer noch gerne so esse, aber nach 30 Jahren in den Vereinigten Staaten habe ich mich angepasst!

Dieses Kapitel ist eine wunderbare Mischung aus traditionellen nahöstlichen Gerichten und Eigenkreationen. Die meisten Rezepte sind unkompliziert, einfach umzusetzen und eignen sich hervorragend für ein Abendessen unter der Woche – Garnelen in Knoblauchsauce (siehe Seite 130) und *Mhammar*, das klassische Hühnchen- und Kartoffelgericht (siehe Seite 144) und *Shakshuka* (siehe Seite 115), eine wunderbare Mischung aus gewürzter Tomatensauce und Eiern, auch bekannt als „Eier im Fegefeuer". Einige Rezepte sind für besondere Gelegenheiten und Feierlichkeiten gedacht oder für einen Sonntag, an dem man sich voll und ganz dem Kochen widmen kann. Zu den traditionellen Gerichten gehören: *Mansaaf* (siehe Seite 157), eine klassische Kombination aus ägyptischem Reis, Lamm und Pinienkernen; *Sayadiyya* (siehe Seite 125), eine Fischermahlzeit; Hühnchen- oder Fisch-Tajine (siehe Seite 145 und Seite 126) und einige Spezialitäten aus dem Tanoreen, denen ich durch meine eigene Interpretation ein traditionelles Aroma verliehen habe – Auberginen Napoleon (siehe Seite 119) und Gebackener Fisch à la Tanoreen (siehe Seite 121), um nur einige davon zu nennen. Da immer öfter nach Hauptspeisen ohne Fleisch gefragt wird, bin ich dem Wunsch meiner Restaurantgäste gefolgt und habe einige traditionelle nahöstliche Rezepte in vegetarische Gerichte, Stramin, umgewandelt. Sie haben sich so gut etabliert, dass sie weder aus diesem Buch noch von der Speisekarte des Tanoorens wegzudenken sind.

Beim Durchblättern werden Sie sicherlich merken, dass ich nicht gerade zimperlich bin, was die Verwendung von scharfen, aromatischen Gewürzen betrifft – besonders wenn es um die Zubereitung eines langsam gegarten Gerichts geht. Wenn ich die Küche betrete, greife ich als erstes automatisch zu geräuchertem Kreuzkümmel, süßem Zimt und bodenständigem Piment. Nachdem ich jahrelang immer die gleichen Gewürze verwendet habe, kam mir irgendwann die Idee, eine eigens für das Restaurant zusammengestellte Gewürzmischung zu kreieren. In den nachfolgenden Rezepten versuche ich, bei den Mengenangaben für die Gewürze so exakt wie möglich zu sein. Genau wie Gewürze sind auch frische Kräuter aus meiner Küche nicht mehr wegzudenken. Basilikum, Koriandergrün und Petersilie verbessern das Aroma eines warmen duftenden Essens und geben ihm auch noch eine wunderbare Kräuternote. Im Tanoreen garniere ich immer mit Unmengen an Petersilie (meine Tochter Jumana neckt mich damit immer), weil ich es liebe, wenn meine Teller wie kleine Gärten aussehen. Ein weiteres Detail, das Sie sicherlich bemerken werden, ist, dass ich gerne Olivenöl verwende. Ursprünglich werden alle Fleischgerichte mit Ghee oder Butter gekocht, aber ich koche, genau wie meine Mutter, lieber mit Olivenöl. Was hätte sie auch anderes machen sollen? Ihre Familie besaß Olivenhaine!

Die nachfolgenden Seiten sind voll mit großen Gerichten – hervorragende Aromen und reichliche Portionen, die allesamt eine Geschichte erzählen. Es würde mich freuen, wenn Ihnen die Geschichten gefallen, die sich hinter den Rezepten verbergen, und Sie die Gerichte mit Menschen genießen, die Ihnen wirklich am Herzen liegen. Soviel zu mir und zu dem, was ich jeden Tag mache – und wissen Sie was? Ich kann mir keine bessere Art und Weise vorstellen, meine Zeit zu verbringen.

„IN NAZARETH WAR DAS MITTAGESSEN, ODER WIE WIR ES NENNEN, GHADA, DIE GRÖSSTE MAHLZEIT DES TAGES UND WURDE AM SPÄTEN NACHMITTAG SERVIERT. ABENDS GAB ES DANN MEISTENS DAS GLEICHE WIE ZUM FRÜHSTÜCK. ICH MUSS ZUGEBEN, DASS ICH AB UND AN IMMER NOCH GERNE SO ESSE, ABER NACH 30 JAHREN IN DEN VEREINIGTEN STAATEN HABE ICH MICH ANGEPASST!"

GEBACKENE AUBERGINEN

— ·•· —

SINIYAT EL FOKRRA

Bei *Siniyat el fokrra*, was soviel heißt wie „das Essen der armen Leute", werden alle Gemüsereste zusammengewürfelt, die im Haus zu finden sind. Die Version meiner Mutter beinhaltete keine Kräuter oder Nüsse, denn diese waren damals viel zu teuer. Mein Ziel war es, diesem Gericht damit einen neuen Touch zu geben und es etwas knackiger zu gestalten. Das Rezept ist ausgesprochen wandelbar – falls Sie keinen Kürbis haben oder mögen, so verwenden Sie ausschließlich Auberginen. Servieren Sie dazu eingelegtes Gemüse und klein geschnittene Chilischoten.

TIPP Gebackene Auberginen können sehr gut portionsweise eingefroren werden. Gefroren sind sie 2 Monate haltbar. Bei Bedarf einfach auftauen und bei 175 °C im Backofen aufwärmen.

In einer großen Bratpfanne 60 ml Öl bei mittlerer Temperatur erhitzen und die Zwiebeln 7–8 Minuten goldgelb braten. Den Knoblauch hinzugeben und 1–2 Minuten mitbraten, bis er duftet. Anschließend Piment, Koriander, 1 EL Pfeffer, Kreuzkümmel und Paprikapulver 30 Sekunden einrühren. Mit Basilikum und Koriandergrün bestreuen und 1–1 ½ Minuten garen, bis die Kräuter leicht ihre Farbe verändern. Gehackte Tomaten und Zitronensaft in die Pfanne geben, zum Kochen bringen und 3–4 Minuten garen. Vom Herd nehmen, salzen, Mandeln unterrühren und beiseitestellen.

Den Backofen auf 230 °C vorheizen. Eine große Auflaufform oder einen runden Teller (40 cm Durchmesser) mit einer Schicht Kartoffelscheiben auslegen und etwas von der Tomaten-Zwiebel-Mischung gleichmäßig darauf verteilen. Anschließend eine Schicht Auberginen darauflegen und mit einer dünnen Schicht Tomaten-Zwiebel-Mischung bedecken, dann eine Schicht Kürbis. Alle Schritte wiederholen und mit einer Auberginenschicht abschließen. Frische Tomatenscheiben daraufmlegen. 500 ml Wasser zur restlichen Tomaten-Zwiebel-Mischung geben und verrühren. Die gesamte Sauce über den Tomatenscheiben verteilen und mit dem übrigen Olivenöl beträufeln. Mit Alufolie abdecken und 40–60 Minuten im Ofen garen, bis die gesamte Flüssigkeit verdunstet ist. Mit Reis und Vermicelli Pilaf servieren.

VARIATION *Für ein wunderbares Sommersandwich können Sie ein Baguette oder italienisches Brot mit kalten gebackenen Auberginen belegen.*

FÜR 6–8 PORTIONEN

120 ml natives Olivenöl Extra

2 mittelgroße weiße Zwiebeln, gehackt

4–5 Knoblauchzehen, fein gehackt

1 EL gemahlener Piment

1 EL gemahlener Koriander

1 TL gemahlener Kreuzkümmel (optional)

½ TL scharfes oder edelsüßes Paprikapulver (optional)

30 g gehackte Basilikumblätter

30 g gehacktes Koriandergrün

4 Flaschentomaten, gehackt

120 ml frisch gepresster Zitronensaft

150 g Mandelstifte, geröstet

3 mehligkochende Kartoffeln (insgesamt ca. 1,25 kg), geschält und in längliche 5 mm dicke Scheiben geschnitten

3 italienische (junge) Auberginen (insgesamt 1,25–1,5 kg), geschält und in 1 cm dicke Scheiben geschnitten, frittiert oder gebraten (siehe Seite 39)

8 arabische Kürbisse oder 5 kleine kernlose Zucchini, längs halbiert, in 1 cm dicke Scheiben geschnitten

5 Flaschentomaten oder 2 Fleischtomaten, in dünne Scheiben geschnitten

Meersalz und frisch gemahlener schwarzer Pfeffer

Zum Servieren:

Reis und Vermicelli Pilaf (siehe Seite 182) oder Arabisches Brot (siehe Seite 57)

EIER IM FEGEFEUER

SHAKSHUKA

Die meisten Länder des Nahen Ostens, von Israel und Palästina bis hin zu Algerien, Marokko und Tunesien, haben ihre eigene Version dieses köstlichen Gerichts. Selbst wenn die Vorratskammer fast leer ist – aus einigen Eiern und heißer, gewürzter Tomatensauce lässt sich ein wunderbares Mahl zaubern. Mit Naturjoghurt verfeinert und mit Arabischem Brot serviert, eignet sich dieses Gericht sowohl als Frühstück, Mittag- oder Abendessen, oder, wie im Tanoreen, zum Sonntagsbrunch.

In einer Bratpfanne das Öl bei mittlerer Temperatur erhitzen, Knoblauch und Schalotten hinzugeben und etwa 3 Minuten braten, bis sie leicht Farbe annehmen. Rote und grüne Paprikaschoten hinzufügen und 3 Minuten mitbraten. Tomatenmark und Scharfe Sauce einrühren und etwa 3 Minuten dünsten. Dann Kreuzkümmel, Koriander, Salz sowie Kümmel hinzufügen und 1 Minute garen. Die Tomaten hinzufügen, die Temperatur reduzieren und 10–12 Minuten garen, bis die Flüssigkeit vollständig gebunden und die Sauce dickflüssig ist.

Die Aubergine und den Zitronensaft hinzufügen, die Temperatur erhöhen und zum Kochen bringen. Die Eier in die Pfanne aufschlagen, dabei das Eiweiß vorsichtig mit einem Holzlöffel zum Eigelb schieben, damit es dieses weiterhin umschließt. So lange garen, bis das Eiweiß stockt und das Eigelb noch leicht flüssig ist. Eier und Tomatensauce in Suppenschüsseln geben und Arabisches Brot und Naturjoghurt dazu servieren.

FÜR 6 PORTIONEN

6 EL natives Olivenöl Extra

6 Knoblauchzehen, fein gehackt

2 Schalotten, fein gehackt

1 rote Paprikaschote, entkernt und gewürfelt

1 grüne Paprikaschote, entkernt und gewürfelt

3 EL Tomatenmark

3 EL selbst gemachte Scharfe Sauce (siehe Seite 194) oder gekaufte kernlose nahöstliche oder türkische Chilipaste

1 EL gemahlener Kreuzkümmel

1 TL gemahlener Koriander

¼ TL gemahlener Kümmel (optional)

6 reife Fleischtomaten (insgesamt ca. 2–2,5 kg), überbrüht, gehäutet und gehackt

1 mittelgroße Aubergine (ca. 500 g), geschält, in 2,5 cm große Würfel geschnitten und gebraten oder frittiert (siehe Seite 39; optional)

frisch gepresster Saft von ½ Zitrone

6 Eier (Größe M)

Meersalz

Zum Servieren:
Arabisches Brot (siehe Seite 57)
Naturjoghurt

VEGETARISCHES GEFÜLLTES GEMÜSE

KHUDRA MAHSHI

Arabische Köche tendieren dazu, alles zu füllen, was man füllen kann – das gilt natürlich auch für Gemüse! Bei Kartoffeln mag dies vielleicht zunächst seltsam erscheinen, für mich jedoch ist es ganz selbstverständlich, denn meine Mutter servierte dieses Gericht regelmäßig. Dieses Rezept ist sehr traditionell, doch experimentieren Sie ruhig etwas mit den Gewürzen und Kräutern, und passen Sie die Mischung Ihrem persönlichen Geschmack an. Bedenken Sie jedoch: Je weicher das Gemüse, desto weniger Füllung sollte verwendet werden. Einige Gemüsesorten wie beispielsweise arabischer Kürbis platzen während des Kochvorgangs auf, wenn sie zu stark gefüllt sind. Das Gemüse als Ganzes auf Tellern mit etwas Sauce anrichten oder als Gemüsehälften mit Sauce beträufelt servieren.

✣ **TIPP** Falls Sie das Gemüse nicht sofort servieren, sollten Sie es aus der Sauce nehmen. Somit wird verhindert, dass die Reismischung zerkocht. Reis kocht nämlich auch, nachdem er vom Herd genommen wurde, noch etwa 15 Minuten nach.

Mit einem Apfelausstecher Auberginen, Kürbis, Tomaten und Kartoffeln aushöhlen, dabei aber nur den Inhalt der Kürbisse beiseitelegen. Das ausgehöhlte Gemüse in eine große Schüssel mit kaltem Salzwasser legen und beiseitestellen.

In einer großen Bratpfanne 120 ml Olivenöl bei mittlerer Temperatur erhitzen. Die Zwiebeln etwa 3 Minuten anbraten, bis sie weich sind und duften. Den Knoblauch hinzufügen und 1 Minute mitbraten, anschließend Piment, 1 EL Pfeffer, Muskatnuss und Kreuzkümmel 30 Sekunden anbraten. Mit Petersilie, Koriandergrün, Dill und Minze bestreuen und etwa 1 Minute garen, bis der Koriander seine Farbe verändert. 2 EL Tomatenmark, das beiseitegestellte Kürbisfleisch, Chilischoten, Tomaten und 2 EL Granatapfelsirup unterrühren. Die Temperatur erhöhen, die Mischung aufkochen und mit Salz würzen. Vom Herd nehmen und den Reis sorgfältig unterrühren. Die Hälfte des Zitronensaftes, das restliche Olivenöl zugeben und nochmals abschmecken.

Das Gemüse aus dem kalten Wasser nehmen und abtropfen lassen. Jedes der Gemüsestücke trocken tupfen und die Füllung in die Öffnung geben, dabei 1,5 cm Luft zum oberen Rand lassen. Die Gemüsestücke vertikal mit der Öffnung nach oben in einen großen Topf stellen. Die abgeschnittenen Gemüseendstücke und Deckel auf das passende Gegenstück setzen. Den Topf mit ausreichend Wasser füllen, sodass der Inhalt gut bedeckt ist, 2 EL Tomatenmark, 2 EL Granatapfelsirup und den Rest des Zitronensaftes einrühren. Das Gemüse mit einer hitzebeständigen Platte abdecken und bei hoher Temperatur aufkochen. Die Temperatur reduzieren und 35–40 Minuten köcheln, bis der Reis gar ist.

Das Gemüse mit einem Schaumlöffel auf einen Servierteller heben und etwas Sauce an die Seite geben.

FÜR 4 PORTIONEN

4 junge Auberginen, gewaschen, jeweils das Endstück mit Stiel abgeschnitten und beiseitegelegt

4 arabische Kürbisse, gewaschen, jeweils das Endstück mit Stiel abgeschnitten und beiseitegelegt

4 Flaschentomaten, gewaschen, jeweils einen Deckel abgeschnitten und beiseitegelegt

4 mehligkochende Kartoffeln, gewaschen, jeweils einen kleinen Deckel abgeschnitten und beiseitegelegt

Für die Füllung

250 ml natives Olivenöl Extra

2 mittelgroße weiße oder rote Zwiebeln, gewürfelt

1 Knoblauchzehe, fein gehackt (optional)

4½ TL gemahlener Piment

½ TL geriebene Muskatnuss

1 TL gemahlener Kreuzkümmel (optional)

60 g gehackte glatte Petersilie

30 g gehacktes Koriandergrün

2 EL gehackter Dill

1 EL getrocknete Minze

4 EL Tomatenmark

1 Jalapeño oder lange grüne Chilischote, entkernt und gewürfelt (optional)

6 Flaschentomaten, gewürfelt

4 EL Granatapfelsirup

600 g ägyptischer Reis oder Bulgur, gewaschen

frisch gepresster Saft von 2 Zitronen

Meersalz und frisch gemahlener schwarzer Pfeffer

AUBERGINE NAPOLEON

—— •◦• ——

Dieser Turm aus knusprig frittierten, vorher in würzigem Pesto marinierten Auberginenscheiben und geräuchertem Baba Ghanoush ist eines der beliebtesten Gerichte im Tanoreen und wahrscheinlich das Gericht, das mich zu diesem Kochbuch inspiriert hat. Sein Aroma erinnert an den Nahen Osten und das Mittelmeer, doch eigentlich habe ich dieses Rezept nur erfunden, um meinem Sohn Auberginen schmackhaft zu machen. Frittierte Zucchinisticks mochte er immer schon, deshalb habe ich die Auberginen auf dieselbe Art zubereitet. Und es hat funktioniert – auch wenn die Auberginen hier in Scheiben geschnitten werden. Dieses Gericht ist eine kulinarische Begegnung des Nahen Ostens mit den USA. Ich habe die Gewürze genutzt, die ich in den Vereinigten Staaten zur Verfügung habe, und sie mit den klassischen Gerichten meiner Kindheit vereint.

Die Auberginenscheiben auf zwei Backbleche verteilen, mit Salz bestreuen und 30 Minuten beiseitestellen oder so lange, bis die Auberginen zu schwitzen beginnen. Die Scheiben mit Küchenpapier trocken tupfen und beiseitestellen.

Basilikumpesto, Olivenöl, Knoblauch und Zitronensaft in einer großen Schüssel verrühren. Die Auberginenscheiben hinzufügen, gut mit der Marinade bedecken und mindestens 1 Stunde bei Zimmertemperatur oder über Nacht im Kühlschrank marinieren.

Das Mehl auf einen flachen Teller geben. Den Eischnee und 250 ml Wasser in einer mittelgroßen Schüssel verrühren. Panko, Parmesan, Petersilie und ½ TL Pfeffer auf einem weiteren Teller vermischen.

Einen Bogen Backpapier auf eine saubere Arbeitsfläche legen. Eine Auberginenscheibe im Mehl wenden, überschüssiges Mehl abklopfen, durch die Eimischung ziehen und im Paniermehl wenden. Auf beiden Seiten das Paniermehl leicht andrücken und die Scheiben auf das Backpapier legen. Mit den restlichen Auberginenscheiben wiederholen. In einen kleinen tiefen Topf mindestens 5 cm hoch Pflanzenöl gießen, bei hoher Temperatur erhitzen und darauf achten, dass es nicht raucht. Die Auberginenscheiben portionsweise 3–5 Minuten goldgelb frittieren, dabei einmal wenden – den Topf nicht zu sehr füllen. Mit einem Schaumlöffel die Auberginenscheiben aus dem Topf nehmen und auf einer mit Küchenpapier ausgelegten Platte abtropfen lassen.

Zum Anrichten jeweils eine Auberginenscheibe auf einen kleinen Teller legen. 2 EL Baba Ghanoush darauf verteilen, mit einer zweiten Auberginenscheibe belegen und wieder 1 EL Baba Ghanoush daraufgeben. Mit den restlichen Auberginenscheiben und dem Baba Ganoush wiederholen und somit acht bis zehn Auberginentürme vorbereiten.

Für den Salat die Tomaten mit den Zwiebeln in einer mittelgroßen Schüssel vermischen. In einer kleinen Schüssel Basilikumpesto, Zitronensaft, Olivenöl und Salz verrühren. Die Pestomischung zur Tomaten-Zwiebel-Mischung geben und gut unterrühren. Auf und rund um jeden Auberginenturm etwas Salat geben und mit dem restlichen Dressing aus der Schüssel beträufeln. Sofort servieren.

FÜR 8–10 PORTIONEN

3 mittelgroße Auberginen (insgesamt 1,25–1,5 kg), beide Enden abgeschnitten, in 1,5 cm dicke Scheiben geschnitten
60 ml Basilikumpesto (siehe Seite 191)
120 ml natives Olivenöl Extra
6 Knoblauchzehen, fein gehackt
frisch gepresster Saft von 3 Zitronen
60 g Weizenmehl
2 Eiweiß, zu Eischnee geschlagen
200 g Panko (japanisches Paniermehl)
2 EL geriebener Parmesan
2 EL getrocknete Petersilie
Pflanzenöl zum Frittieren
Meersalz und frisch gemahlener schwarzer Pfeffer

Für den Salat:
8 Flaschentomaten, gewürfelt
1 mittelgroße rote Zwiebel, gehackt
7 EL Basilikumpesto (siehe Seite 191)
frisch gepresster Saft von 2 Zitronen
180 ml natives Olivenöl Extra
Meersalz

Zum Servieren:
750 ml Baba Ghanoush (siehe Seite 40) oder Mutabbal (siehe Seite 41)

VEGETARISCH GEFÜLLTER KOHL

—•—

MALFOOF BELZAIT

Wie meine Mutter bereite auch ich diese gefüllten Kohlblätter gerne mit Bulgur zu. Falls Sie an Glutenunverträglichkeit leiden, ist die traditionelle Variante mit Reis eine gute Alternative. Ich verwende meist grob gemahlenen Bulgur, aber **etwas feinerer geht natürlich auch. Diese Gemüserollen sind gut verpackt im Kühlschrank bis zu 10 Tage haltbar, jedoch nicht zum Einfrieren geeignet. Sie sollten bei Zimmertemperatur serviert werden. Dazu gibt man sie mit etwas Wasser in einen Topf und wärmt sie zugedeckt bei milder Hitze leicht auf.**

In eine große Schüssel Bulgur, Petersilie, Knoblauch – bis auf 1 EL zur späteren Verwendung – Schalotten, Tomaten, 1 EL Chilischoten, die Hälfte des Zitronensaftes, Öl, Chilipaste, Kreuzkümmel, 1 EL Salz, 1 EL Pfeffer und Piment geben. Mit einem Holzkochlöffel alles gut verrühren. Vom Grünkohl die Blätter abschneiden. Die harten Blattrippen entfernen und die Blätter übereinanderstapeln.

Einen Suppentopf mit einer Schicht Kartoffelscheiben auslegen (dadurch wird verhindert, dass die Kohlblätter auf dem Topfboden anbrennen). Die harten Blattrippen der Kohlblätter auf die Kartoffeln legen. Die Kohlblätter, eines nach dem anderen, auf eine saubere Arbeitsfläche mit dem Stiel in Ihre Richtung legen. Immer 2 EL der Bulgurfüllung in die Mitte eines Blattes geben, das Blatt nach oben hin zur Spitze aufrollen und die Ränder dabei einschlagen. Die Rollen im Topf kreisförmig von außen nach innen zur Mitte hin anordnen. Eine zweite Schicht darauflegen. Einen hitzebeständigen Teller auf die Gemüserollen legen und den Topf mit etwa 0,75–1 l Wasser und 1 Prise Salz auffüllen, sodass beide Schichten gut bedeckt sind. Den Topf zudecken und bei starker Hitze zum Kochen bringen, dann die Temperatur reduzieren und die Kohlrollen 35–40 Minuten köcheln lassen.

Den Topf vom Herd nehmen, den Deckel abnehmen, mit einem Topfhandschuh den Teller fest gegen die gefüllten Kohlblätter drücken und das Kochwasser in eine große Schüssel abgießen. Den restlichen Knoblauch sowie den zurückbehaltenen Zitronensaft und die übrigen Chilischoten in das Kochwasser einrühren. Den Teller aus dem Topf nehmen, den gewürzten Fond zurück in den Topf gießen und bei hoher Temperatur eine Minute kochen. Die Rollen mit einem Schaumlöffel aus dem Topf nehmen, auf eine Platte legen und zusammen mit dem Fond servieren.

VARIATION *Kohllasagne Falls Sie keine Zeit haben, die Blätter mit der Füllung zu rollen, können Sie dieses Gericht auch wie eine Lasagne zubereiten. Dazu den Backofen auf 175 °C vorheizen. Eine Schicht der Kohlblätter in eine ungefettete Auflaufform legen und ein Drittel der Füllung gleichmäßig auf den Blättern verteilen. Einige Knoblauchzehen darauflegen. Die Füllung mit einer zweiten Schicht aus Kohlblättern bedecken. Diese Schichtfolge – Blätter, Füllung und Knoblauchzehen – fortführen und mit einer Kohlschicht abschließen. So viel Gemüsebrühe in den Topf gießen, dass die oberste Kohlschicht bedeckt ist (etwa 1 l) und im Backofen 35–40 Minuten backen, bis die Brühe vollständig eingezogen ist. Etwas frischen Zitronensaft über die Kohllasagne träufeln und servieren.*

FÜR 6–8 PORTIONEN (UND ETWAS MEHR ZUM AUFWÄRMEN)

300 g Bulgur, mit warmem Wasser gewaschen, oder 400 g ägyptischer Reis

25 g gehackte glatte Petersilie

6 Knoblauchzehen, fein gehackt

5 Schalotten, fein gehackt

3 Flaschentomaten, gehackt

1 Jalapeño oder 2 lange grüne Chilischoten, fein gehackt (optional)

frisch gepresster Saft von 3 Zitronen

120 ml natives Olivenöl Extra

2 EL kernlose nahöstliche oder türkische Chilipaste (optional)

1 TL gemahlener Kreuzkümmel oder nach Geschmack

1 EL gemahlener Piment

1 großer Grünkohl (ca. 2 kg), gekocht (siehe Seite 156)

1 große Kartoffel, oder 2 Tomaten oder 2 Karotten, in 5 mm dicke Scheiben geschnitten

Meersalz und frisch gemahlener schwarzer Pfeffer

✦ HAUPTGERICHTE ✦

GEBACKENER FISCH À LA TANOREEN

SAMAK BEL FURRON

Dieses wunderbare Gericht, das sich übrigens perfekt für eine Party eignet, habe ich von zwei ehemaligen Mitarbeitern des Tanoreen gelernt. Keiner von beiden war gelernter Koch, aber sie schwärmten oft von dem gebackenen Fisch ihrer Mütter. Ich habe ihr Rezept übernommen und es teilweise mit einem Rezept meiner Mutter kombiniert. Bei Fischgerichten bin ich immer sehr wählerisch, aber dieses Gericht ist so gut, dass ich es auf die Speisekarte des Tanoreens gesetzt habe. Wenn Sie die Fischfilets verwenden wollen, dann lassen Sie sich diese von Ihrem Fischhändler gleich vorbereiten. Servieren Sie dazu Reis und Vermicelli Pilaf (siehe Seite 182).

Den Backofen auf 200 °C vorheizen.

Knoblauch, die Hälfte des Zitronensaftes, 120 ml Öl, Petersilie oder Koriandergrün, Kreuzkümmel, 1 EL Salz und 1 EL Pfeffer in einer kleinen Schüssel vermengen und beiseitestellen.

Mit einem scharfen Küchenmesser den Fisch dreimal auf jeder Seite 3 mm tief schräg einschneiden oder auf der Hautseite der Filethälften. Die Gewürzmischung gleichmäßig aufteilen. Beim ganzen Fisch die Füllung mit den Fingern in die Einschnitte und in die Bauchhöhle verteilen; bei den Filets in die Einschnitte und auf dem Fischfleisch verteilen.

Einen großen Bräter mit einer Schicht Kartoffeln auslegen und die ganzen Fische darauflegen. Wenn Sie Fischfilets verwenden, diese mit der Hautseite nach unten in den Topf legen, bis die Kartoffelschicht komplett bedeckt ist. Nun eine zweite Schicht gewürzte Filets mit der Hautseite nach oben auf die bereits im Topf liegenden Filets platzieren. Tomaten und Paprikaschoten oder Chilischoten über den Fisch streuen. Brühe oder 1 l Wasser am Rand des Bräters herabfließen lassen, sodass das Gemüse unter dem Fisch nicht verrutscht. Mit dem restlichen Öl und Zitronensaft beträufeln, mit Butterbrotpapier und Alufolie gut abdecken und – je nachdem, ob Sie einen ganzen Fisch oder Filets verwenden – 15–20 Minuten garen, bis der Fisch nicht mehr glasig ist. Die Folie und das Butterbrotpapier entfernen und 2 Minuten oder so lange weitergaren, bis der Fisch leicht auseinanderfällt, sobald man mit einer Gabel hineinsticht. Den Fisch und die Kartoffeln auf einem Servierteller anrichten und die dünnflüssige Sauce darüberverteilen.

FÜR 6–8 PORTIONEN

9 Knoblauchzehen, zerdrückt
frisch gepresster Saft von 4–5 Zitronen
250 ml natives Olivenöl Extra
60 g gehackte glatte Petersilie oder gehacktes Koriandergrün
4 ½ TL gemahlener Kreuzkümmel
4–6 ganze Seebarsche oder Flundern (à 500–600 g), küchenfertig vorbereitet oder 8 Filets mit Haut
8 mittelgroße rote Kartoffeln, geschält und in 5 mm dicke Scheiben geschnitten, frittiert oder gebacken
2 Flaschentomaten, gewürfelt
2 grüne oder rote Paprikaschoten oder Chilischoten, entkernt und sehr fein gehackt
1 l Hühnerbrühe
Meersalz und frisch gemahlener schwarzer Pfeffer

SCHARFER GEBACKENER FISCH

—— •◆• ——

SAMAKA HARRA

Samaka harra bedeutet wörtlich übersetzt „scharfer Fisch". Ursprünglich wird dieses Gericht mit Tahini-Sauce zubereitet, aber bei meiner Version – auf die ich übrigens sehr stolz bin – verwende ich für die Füllung zerstoßene Walnüsse. Dieses Gericht eignet sich hervorragend für Feste: Den ganzen gebackenen Fisch in die Mitte des Tisches stellen, und schon ist ein erstes Gesprächsthema für den Abend gefunden. Als ich noch klein war, musste ich mich nie um die Gräten kümmern, denn mein Vater filetierte die Fische immer direkt am Tisch. Aber sparen Sie sich die Zeit und lassen Sie die Fische gleich von Ihrem Fischhändler filetieren. Falls Sie jedoch lieber einen ganzen Fisch backen wollen, aber keinen mit 2–2,5 kg finden, können Sie auch zwei kleinere Fische, beispielsweise Seebarsche oder Brassen nehmen. Dazu meinen grünen Salat à la Tanoreen (siehe Seite 76) sowie etwas Reis servieren, und schon hat man eine tolle Mahlzeit gezaubert.

Den Fisch mit 1 EL Salz bestreuen und unter kaltem Wasser abreiben; trocken tupfen und auf eine saubere Arbeitsfläche legen.

Öl und Zitronensaft in einer kleinen Schüssel vermischen. In den Becher eines Mixers die Hälfte der Öl-Zitronen-Mischung mit Koriander, 1 EL Pfeffer, Salz, Kreuzkümmel, Chilischoten, Koriandergrün, Knoblauch und Chilipaste geben und sämig pürieren. Die Walnüsse hinzufügen und so lange mixen, bis die Nüsse grob zerkleinert sind.

Den Backofen auf 230 °C vorheizen. Eine Seite des Fisches etwa 5 cm voneinander entfernt zweimal schräg einschneiden und einmal diagonal. In jeden Schlitz etwas Walnusspaste geben und 1 EL im Inneren des Fisches verteilen. Mit der restlichen Walnusspaste die Außenseite des Fisches einreiben.

Den Fisch in einen Bräter legen und mit der restlichen Öl-Zitronen-Mischung beträufeln. Den Bräter mit Butterbrotpapier abdecken, gut mit Alufolie verschließen und in den Backofen stellen. Einen großen Fisch etwa 30-40 Minuten backen, bis der Fisch nicht mehr glasig und die Haut goldgelb. Zwei kleinere Fische 20-25 Minuten garen. Etwa 5 Minuten vor Ende der Garzeit den Fisch mit dem Saft aus dem Bräter begießen.

Zum Servieren den Fisch auf eine große Platte legen und mit der Garflüssigkeit aus dem Bräter beträufeln.

FÜR 4–6 PORTIONEN

1 großen oder 2 kleine Red Snapper (insgesamt 2–2,5 kg), küchenfertig vorbereitet

250 ml natives Olivenöl Extra

160 ml frisch gepresster Zitronensaft

1 EL gemahlener Koriander

½ EL gemahlener Kreuzkümmel (optional)

1 lange grüne Chilischote oder Jalapeño, fein gehackt

60 g frisches Koriandergrün oder glatte Petersilie

10 Knoblauchzehen, zerdrückt

2 EL kernlose nahöstliche oder türkische Chilipaste

225 g zerstoßene Walnüsse

Meersalz und frisch gemahlener schwarzer Pfeffer

FRISCH AUS DEM MEER

Wenn Sie den Fisch mit Salz bestreuen und dieses unter laufendem Wasser abreiben, entfernen Sie eventuellen Fischgeruch, und der Fisch schmeckt wie frisch geangelt.

FISCHERS MAHLZEIT

—— •◦• ——

SAYADIYYA

Unsere Mahlzeiten am Wochenende folgten einer gewissen Tradition: Freitags gab es auf dem Markt immer fangfrischen Fisch, und alle Familien kauften grundsätzlich mehr ein, als sie wirklich brauchten. Wir waren sieben, was bedeutete, dass mein Vater nicht sieben Fische kaufte, sondern siebzehn! *Sayadiyya* wird für mich immer ein Samstagsessen symbolisieren. Da wir am Freitag vom Abendessen immer frittierte Fische übrig hatten, konnte meine Mutter nach der Arbeit dieses Gericht für den Samstag schon vorbereiten. Dazu karamellisierte sie die Zwiebeln in dem gleichen Öl, mit dem sie zuvor die Fische gebraten hatte und mischte dann samstags einfach die restlichen Zutaten hinzu. Meine Tochter isst ihren Fisch so am liebsten.

✂ **TIPP** Achten Sie darauf, dass Sie die Fische erst wenden, wenn die eine Seite bereits gut angebraten ist, und vermeiden Sie, die Pfanne zu stark zu füllen, ansonsten werden die Fische gedünstet anstatt gebraten.

In einer kleinen Schale 4 ½ TL Salz, 1 EL Pfeffer, Piment und Kreuzkümmel vermischen. Mit der Hälfte der Gewürzmischung die Innenseiten der ganzen Fische einreiben oder gegebenenfalls die Filets beziehungsweise Garnelen damit einreiben.

In einer schweren Pfanne das Pflanzenöl bei hoher Temperatur erhitzen. Zwei Fische oder ein Drittel der Garnelen 2–3 Minuten pro Seite goldbraun anbraten, dabei einmal wenden und darauf achten, dass die Fische nicht übereinanderliegen. (Die Fische nicht wenden, solange die untere Seite nicht goldbraun ist, ansonsten bleibt die Haut der Fische auf dem Pfannenboden kleben.) Mit einem Pfannenwender die Fische oder die Garnelen auf einem mit Küchenpapier ausgelegten Teller abtropfen lassen. Den Vorgang zweimal wiederholen.

Das Pflanzenöl durch ein Sieb in eine hitzebeständige Tasse oder Schüssel gießen und zurück in die Pfanne geben. Das Olivenöl hinzufügen und bei mittlerer Temperatur erhitzen. Die Zwiebeln hinzufügen und goldbraun anbraten – achten Sie darauf, dass sie nicht verbrennen. 100 g Zwiebeln auf einem mit Küchenpapier ausgelegten Teller abtropfen lassen und beiseitestellen. Den Knoblauch hinzufügen und etwa 30 Sekunden anbraten, bis er weich ist und duftet. Anschließend die restliche Gewürzmischung einrühren. Den Reis hinzufügen und 2 Minuten unter Rühren anbraten. Die Pfanne vom Herd nehmen und die Tomaten hinzufügen. Mit 1,5 l kochendem Wasser aufgießen und die Pfanne wieder auf den Herd zurückstellen. Die Temperatur reduzieren, abdecken und 12 Minuten köcheln lassen. 5 Minuten vor Garende den Fisch auf den Reis legen. Für die knusprigere Alternative den Fisch 5 Minuten bei 200 °C im Backofen braten.

Zum Servieren den Reis in die Mitte einer großen Platte geben und den Fisch an den Rand legen. Mit den beiseitegestellten Zwiebeln und gerösteten Mandeln bestreuen.

FÜR 6 PORTIONEN

1 EL gemahlener Piment

1 EL gemahlener Kreuzkümmel

6 ganze Barsche oder anderer weißer Fisch (à 500 g), küchenfertig vorbereitet, oder 1,5 kg Filets, oder 1 kg Garnelen mit Schale

250 ml Pflanzenöl

250 ml natives Olivenöl Extra

3 spanische Zwiebeln, in dünne Scheiben geschnitten (ca. 400 g)

½ EL Knoblauch, fein gehackt

800 g ägyptischer oder chinesischer Reis, gewaschen

100 g Cherrytomaten

150 g Mandelstifte, geröstet

Meersalz und frisch gemahlener schwarzer Pfeffer

FISCH-TAJINE

⋯•⋯

SAMAK TAGINE

Bei uns zu Hause gab es samstagabends ab und zu Tajine. Meine Mutter verwendete dazu lediglich Tahini, karamellisierte Zwiebeln, Zitronensaft und Knoblauch. Obwohl sie weder Koriander noch Scharfe Sauce benutzte, hat mich ihre Variante zu diesem Gericht inspiriert. Die Zubereitung ist etwas zeitintensiv, aber sehr lohnend. Servieren Sie das Gericht zusammen mit Reis und Vermicelli Pilaf (siehe Seite 182), Arabischem Brot (siehe Seite 57) und grünem Salat.

Den Fisch mit Salz einreiben, unter laufendem Wasser abspülen und trocken tupfen.

Das Öl in eine schwere Pfanne geben und bei mittlerer Temperatur erhitzen. Wenn es heiß ist, 2 ganze Fische oder 4 Filetstücke darin 2–3 Minuten pro Seite goldbraun anbraten, die Pfanne dabei nicht zu sehr füllen. Den Fisch erst wenden, wenn die Unterseite goldbraun ist, ansonsten bleibt die Haut am Pfannenboden haften. Mit einem Pfannenwender den Fisch auf eine mit Küchenpapier ausgelegte Platte legen. Den Vorgang noch zweimal wiederholen.

Das Pflanzenöl durch ein Sieb in eine hitzebeständige Tasse oder Schale gießen und zurück in die Pfanne geben. Das Olivenöl hinzufügen und bei mittlerer Temperatur die Zwiebeln goldbraun anbraten. Darauf achten, dass sie nicht verbrennen und beiseitestellen.

Den Backofen auf 230 °C vorheizen. Inzwischen Tahini-Sauce, Brühe, Koriandergrün, Knoblauch, Schalotten, Chilipaste, 1 EL Pfeffer und Kreuzkümmel in einer großen Schüssel vermischen.

Die gebratenen Fische in einen großen Bräter geben und mit den Zwiebeln bestreuen. Kartoffeln und Paprikaschoten um den Fisch legen und die Tahini-Mischung darüberverteilen. Den Bräter gut mit Alufolie abdecken und etwa 20 Minuten im vorgeheizten Backofen garen, bis der Fisch leicht auseinanderfällt, wenn man mit einer Gabel hineinsticht. Die Folie entfernen und offen 5 Minuten weiterbraten. Auf einer Platte anrichten, mit Petersilie und Koriandergrün garnieren und sofort servieren.

FÜR 8 PORTIONEN

6 ganze Red Snapper oder Barsche (à ca. 500 g), küchenfertig vorbereitet, oder 12 Filets

250 ml Pflanzenöl

180 ml natives Olivenöl Extra

2 spanische Zwiebeln, in dünne Scheiben geschnitten

625 ml dickflüssige Tahını-Sauce (siehe Seite 195)

500 ml Brühe von Würzigem Hühnchen mit Brühe (siehe Seite 90)

60 g gehacktes Koriandergrün

6 Knoblauchzehen, fein gehackt

2 Schalotten, gewürfelt (optional)

1 EL kernlose nahöstliche oder türkische Chilipaste

1 EL gemahlener Kreuzkümmel

6 helle Kartoffeln, geschält und in 1,5 cm große Würfel geschnitten

½ grüne oder rote Paprikaschote, entkernt und gewürfelt

gehackte glatte Petersilie und Koriandergrün zum Garnieren

Meersalz und frisch gemahlener schwarzer Pfeffer

FREITAGS FRITTIERT

So ein frittierter Fisch hat einen festen Platz in meinem Herzen und ist eine kulinarische Konstante meines Lebens. Unsere Liebesgeschichte begann in Nazareth und begleitete mich nach New York und Europa. Einige der besten Momente meines Lebens verbrachte ich an einem Tisch mit Platten von knusprigem, saftigem Fisch vor mir. Es war während so eines Essens als meine Freundin mich überredete, ein Restaurant zu eröffnen. Damals trafen wir uns mindestens einmal im Monat in meiner Küche in Brooklyn, um in Arak marinierten, frittierten Fisch zuzubereiten. Auf den Platten stapelte sich knusprig frittierter Red Snapper, handgeschnittene Pommes, gehackter Tomatensalat mit Jalapeñostückchen, Schälchen mit Zitronenspalten und Petersilien-Tahini-Sauce. Während des Essen versuchte Sie, mich zu überreden, meine Leidenschaft zum Beruf zu machen ... hier sind wir nun.

Jedesmal wenn es frittierten Fisch zu essen gibt, muss ich an die Freitagabende in Nazareth denken, die auch als Fischfreitage bekannt waren. Mehr als ein Abendessen war es vielmehr eine Abfolge von Ritualen. Um den frischesten Fisch zu ergattern, stand mein Vater immer schon vor Sonnenaufgang auf. Er wollte stets einer der Ersten beim Fischhändler sein. Er kaufte dann meistens *Mushout*, einen Fisch, der der Brasse sehr ähnelt und im See Genezareth, im Norden Galiläas, vorkommt, aber auch echte Brassen und feine Seebarben.

Meine Mutter holte abends dann den großen Topf heraus, den sie immer zum Fischfrittieren nahm, füllte diesen zur Hälfte mit Olivenöl und stellte ihn auf den Herd. Während das Öl heiß wurde, salzte sie den Fisch. Ich liebte das zischende Geräusch des heißen Öls, wenn sie den Fisch in den Topf gleiten ließ. Am spannendsten war es aber, ihr dabei zuzusehen, wie sie mit einem großen Löffel den goldenen, knusprigen Fisch aus dem Öl herausnahm und auf eine Platte legte. Es war dann nur noch eine Frage von Sekunden, bis meine Familie und in der Regel auch immer einige Nachbarn und Freunde den Fisch auseinandernahmen, ihn in die Petersilien-Tahini-Sauce tunkten und Pitabrot dazu aßen. Wir waren eine laute Truppe, redeten, lachten und erzählten Geschichten, während die Erwachsenen an Ihrem Arak nippten. Ich erinnere mich, wie mein Vater für die Kinder den Fisch filetierte, genauso, wie ich es später für meine eigene Kinder daheim in Brooklyn tun sollte.

Heutzutage isst man frittierten Fisch in Nazareth meistens in Restaurants. Aber wenn die Leute zuhause ganze Fische frittieren, dann machen sie es in einer Fritteuse im Freien. Das ist nicht nur wegen des Geruchs eine gute Idee, sondern auch immer ein unterhaltsames Spektakel.

„JEDESMAL WENN ES FRITTIERTEN FISCH ZU ESSEN GIBT, MUSS ICH BIS HEUTE NOCH AN DIE FREITAGABENDE IN NAZARETH DENKEN, DIE AUCH ALS FISCHFREITAG BEKANNT WAREN. MEHR ALS EIN ABENDESSEN WAR ES VIELMEHR EINE ABFOLGE VON RITUALEN.“

GANZER FRITTIERTER FISCH

SAMAK MAQLEH

Ich erinnere mich, wie meine Mutter zunächst den Fisch im Olivenöl frittierte und anschließend Brotstücke in das gleiche Öl gab. Sie servierte die goldbraunen Stücke mit Petersilien-Tahini-Sauce zum Dippen. Ich frittiere den Fisch heute in Pflanzenöl. Es ist ein einfaches, wunderbares Gericht, das schnell zubereitet ist. Red Snapper, Brasse, Barsche und Meerbarbe nehme ich am liebsten. Servieren Sie dazu dickflüssige Tahini-Sauce (siehe Seite 195), Tomatensalat (siehe Seite 69) oder frittierte Tomaten (siehe Seite 176). Verwenden Sie die Fischreste für Fisch-Tajine (siehe Seite 126) oder Fischers Mahlzeit (siehe Seite 125).

Den Fisch gut mit Salz einreiben, mit kaltem Wasser abspülen und trocken tupfen.

Für die *Tetbileh*: Alle Zutaten mit 1 EL Salz und 1 EL Pfeffer in den Mixbehälter geben und zu einer groben Masse verarbeiten. Zum Aufbewahren die Paste in einen gut verschließbaren Behälter füllen, Olivenöl darübergeben und bis zu 2 Wochen einfrieren.

Mit einem scharfen Küchenmesser jeden Fisch jeweils dreimal 3 mm tief schräg einschneiden. Die Einschnitte und die Innenseite des Fisches mit 1 EL Tetbileh einreiben und beiseitestellen. Das Mehl auf einen großen flachen Teller geben. Die Fische nacheinander im Mehl wenden und damit auch den Einschnitt an der Unterseite schließen. Überschüssiges Mehl abklopfen. Auf Butterbrotpapier legen und beiseitestellen.

In einem schweren Topf das Pflanzenöl bei hoher Temperatur erhitzen. Ein bis zwei Fische gleichzeitig in dem heißen Öl 2–3 Minuten pro Seite goldbraun frittieren, dabei einmal wenden und darauf achten, dass die Fische nicht übereinanderliegen. (Die Fische nicht wenden, solange die untere Seite nicht goldbraun ist, ansonsten bleibt die Haut der Fische auf dem Pfannenboden kleben.) Mit einem Pfannenwender die Fische auf einem mit Küchenpapier ausgelegten Teller abtropfen lassen. Den Vorgang wiederholen. Die Fische warm mit Zitronenhälften servieren.

FÜR 4 PORTIONEN

4 ganze Fische (je 500–750 g), küchenfertig vorbereitet
60 ml Tetbileh (siehe Seite 129)
125 g Weizenmehl
1 l Pflanzenöl
Meersalz

Für die *Tetbileh*

(Ergibt ca. 320 ml)
10 Knoblauchzehen, zu einer groben Paste gehackt
2 lange scharfe Chilischoten oder Jalapeños, fein gehackt
1 EL Paprikapulver
1 EL Kreuzkümmel
120 ml natives Olivenöl Extra
4 EL frisch gepresster Zitronensaft
30 g fein gehackte glatte Petersilie
Meersalz und frisch gemahlener schwarzer Pfeffer

Zum Servieren:
3 Zitronen, halbiert

GARNELEN IN KNOBLAUCHSAUCE

— ◆ —

Mein Umzug nach New York war eine richtige Erlebnisreise, auch was das Essen von Garnelen betrifft. Wafa, mein Ehemann, war sich sicher, dass ich sie lieben würde, und die im Fischrestaurant in Sheepshead Bay, Brooklyn, würden mir besonders gut schmecken. Doch da hatte er sich leider geirrt. Im Lauf der Jahre habe ich diese Krustentiere dann aber doch schätzen gelernt. Am liebsten esse ich sie in einer würzigen Knoblauchsauce und so serviere ich sie auch bei uns zu Hause.

Dieses Gericht eignet sich perfekt für ein Abendessen unter der Woche, denn es ist nicht sehr zeitaufwendig. Wenn der Fischhändler die Garnelen vorher schält und entdarmt, ist das Gericht in zehn Minuten fertig. Noch schneller geht es, wenn die Garnelen im Schmetterlingsschnitt gebraten werden. Servieren Sie dazu Reis und Vermicelli Pilaf (siehe Seite 182) und verwenden Sie Arabisches Brot (siehe Seite 57) oder Baguette zum Dippen.

In einer großen Bratpfanne das Olivenöl bei mittlerer Temperatur erhitzen. Wenn das Öl heiß ist, aber noch nicht raucht, die Garnelen etwa 90 Sekunden anbraten. Den Knoblauch hinzufügen, wenden und die andere Seite auch 90 Sekunden anbraten. 2 EL Petersilie beiseitestellen, den Rest mit Paprikapulver, Salz und 1 TL Pfeffer vermischen und etwa 1 Minute mitbraten, bis es duftet. Brühe oder 500 ml Wasser und Zitronensaft hinzugießen und aufkochen. Ghee oder Butter und Paniermehl zugeben und weitere 2 Minuten garen.

Die Garnelen auf Reis und Vermicelli Pilaf anrichten und etwas Brühe darüberlöffeln. Mit Petersilie und Zitronenspalten garnieren und Arabisches Brot dazu servieren.

FÜR 6 PORTIONEN

80 ml natives Olivenöl Extra
1 kg Garnelen, geschält, entdarmt und
  mit Schmettelingsschnitt
10 Knoblauchzehen, fein gehackt
60 g gehackte glatte Petersilie
1 TL Paprikapulver (optional)
500 ml Brühe von Würzigem Hühnchen
  mit Brühe (siehe Seite 90)
frisch gepresster Saft von 2 Zitronen
3 EL Ghee oder Butter (optional)
3 EL Paniermehl
Zitronenspalten zum Garnieren
Meersalz und frisch gemahlener
  schwarzer Pfeffer

Zum Servieren:
Reis und Vermicelli Pilaf (siehe Seite 182)
Arabisches Brot (siehe Seite 57)

LACHS MIT PESTOSAUCE

—— ·•· ——

Bevor ich in die USA zog, kannte ich nur geräucherten Lachs. Mein Vater brachte manchmal welchen nach Hause mit, aber da Lachs damals nur schwer erhältlich war, gab es ihn nur zu ganz besonderen Anlässen. Noch während des ersten Jahres in unserem Restaurant in New York bemerkte ich, dass einige Gäste nervös die Speisekarte durchblätterten und nach ihnen bekannten Gerichten suchten. Speziell für diese Gäste habe ich dieses Gericht kreiert. Serviert wird es mit Reis und Vermicelli Pilaf (siehe Seite 182).

In einer kleinen Schüssel 1 ½ TL Koriander, ½ TL Pfeffer und ½ TL Salz vermengen. Beide Seiten des Lachs mit der Gewürzmischung einreiben und in einen Bräter legen. Bei Filets die Hautseite nach unten legen und jeweils 5 cm Platz dazwischen lassen. Den Bräter beiseitestellen.

Den Backofen auf 230 °C vorheizen.

In einer großen Bratpfanne 120 ml Öl bei mittlerer Temperatur erhitzen und den Knoblauch etwa 2 Minuten goldgelb anbraten, bis er duftet. Die Artischockenherzen hinzufügen und etwa 6 Minuten braten, bis sie rundum braun sind. Die Tomaten mit je ½ TL Pfeffer, Koriander und Salz hinzugeben und etwa 5 Minuten garen, bis die Tomaten weich werden und ausreichend Flüssigkeit abgeben. Basilikumpesto und Zitronensaft einrühren und 2 Minuten weiterkochen.

Mit einem Schaumlöffel die Artischockenmischung in den Bräter zwischen die Lachsfilets geben. Die Sauce über den Lachs gießen und mit dem restlichen Öl beträufeln. Die Hühnerbrühe vorsichtig am Rand des Bräters herabfließen lassen und darauf achten, dass sie nicht die Olivenölschicht vom Lachs spült. Den Bräter mit Alufolie bedecken und den Lachs 14 Minuten garen. Die Folie entfernen und 2 Minuten oder so lange weitergaren, bis der Lachs den gewünschten Garzustand erreicht hat.

Zum Servieren den Lachs auf Tellern anrichten und mit etwas Sauce aus dem Bräter beträufeln. Mit Petersilie und Zitronenspalten garnieren.

FÜR 6 PORTIONEN

1 EL gemahlener Koriander

6 Lachsfilets mit Haut oder
 5 cm dicke Lachssteaks

250 ml Olivenöl

8 Knoblauchzehen, fein gehackt

2 Beutel gefrorene Artischockenherzen
 (à 500 g), aufgetaut und in 1,5 cm dicke
 Stücke geschnitten

8 Flaschentomaten, gewürfelt

180 ml Basilikumpesto (siehe Seite 191)

frisch gepresster Saft von 2–3 Zitronen
 (ca. 120 ml)

375 ml Brühe von Würzigem Hühnchen
 mit Brühe (siehe Seite 90)

15 g gehackte glatte Petersilie
 zum Garnieren

1 Zitrone, in Spalten geschnitten zum
 Garnieren

Meersalz und frisch gemahlener
 schwarzer Pfeffer

Zum Servieren:
Reis und Vermicelli Pilaf (siehe Seite 182)

GEGRILLTER RED SNAPPER IN WEINBLÄTTERN

———— •◦• ————

Die Idee, Fisch in Weinblätter einzuwickeln, kam mir nach meinem Besuch in Jerusalem, anlässlich der Taufe meiner Tochter Jumana. Bei der Feier gab es Kafta in salzigen Blättern, die dem Fleisch ein köstliches Aroma verliehen. Man kann auch Fisch in die Weinblätter einrollen – sie sorgen dann dafür, dass er schön saftig bleibt. Die hier verwendete Marinade passt perfekt zu allen Fischsorten sowie auch zu Hühnchen.

Mit einem scharfen Küchenmesser die Fische auf beiden Seiten dreimal 3 mm tief schräg einschneiden und beiseitestellen.

In einer großen Auflaufform Öl und Zitronensaft mit Knoblauch, Schalotten, Tomaten, Sesamöl, Jalapeño, Oregano, Kreuzkümmel, Koriander und 1 EL Pfeffer vermischen. Die Fische in die Auflaufform legen und mit den Händen die Einschnitte sowie die Innenseiten der Fische mit der Marinade einreiben. Die Form gut abdecken und die Fische über Nacht im Kühlschrank marinieren, dabei ein- bis zweimal wenden.

Einen Gas- oder Kohlegrill (oder den Backofen auf Grillfunktion) vorheizen. Auf einer sauberen Arbeitsfläche ein Stück Alufolie ausbreiten, das einige Zentimeter länger und breiter ist als ein Fisch. Butterbrotpapier in der gleichen Größe auf die Alufolie legen und 6–8 Weinblätter auf dem Butterbrotpapier verteilen, sodass sie sich überlappen und ein Rechteck formen. Einen Fisch aus der Marinade nehmen, in die Mitte der Weinblätter legen und die Blätter wie einen Briefumschlag zusammenfalten, das Butterbrotpapier über den Weinblättern zusammenfalten und den Fisch fest in Alufolie wickeln. Den Vorgang wiederholen, bis alle Fische eingepackt sind. Die Päckchen auf den Grill legen und 7–10 Minuten pro Seite braten.

Die restliche Marinade in einer mittelgroßen Pfanne bei hoher Temperatur erhitzen und zu einer Sauce reduzieren. Zum Servieren die Fischpäckchen jeweils auf einen Teller legen, vorsichtig mit der Küchenschere öffnen, mit der Marinade anrichten und einen Spritzer Zitrone darübergeben.

FÜR 4–6 PORTIONEN

4–6 ganze Red Snapper (à 500 g), küchenfertig vorbereitet
80 ml natives Olivenöl Extra
frisch gepresster Saft von 5 Zitronen
6 Knoblauchzehen, fein gehackt
3 Schalotten, fein gehackt
2 Flaschentomaten, fein gehackt
2 EL dunkles Sesamöl
1 Jalapeño, entkernt und fein gehackt
1 EL gehackte Oreganoblätter
1 EL gemahlener Kreuzkümmel
1 EL gemahlener Koriander
6–8 Weinblätter pro Fisch, gewaschen
Zitronenspalten zum Garnieren
frisch gemahlener schwarzer Pfeffer

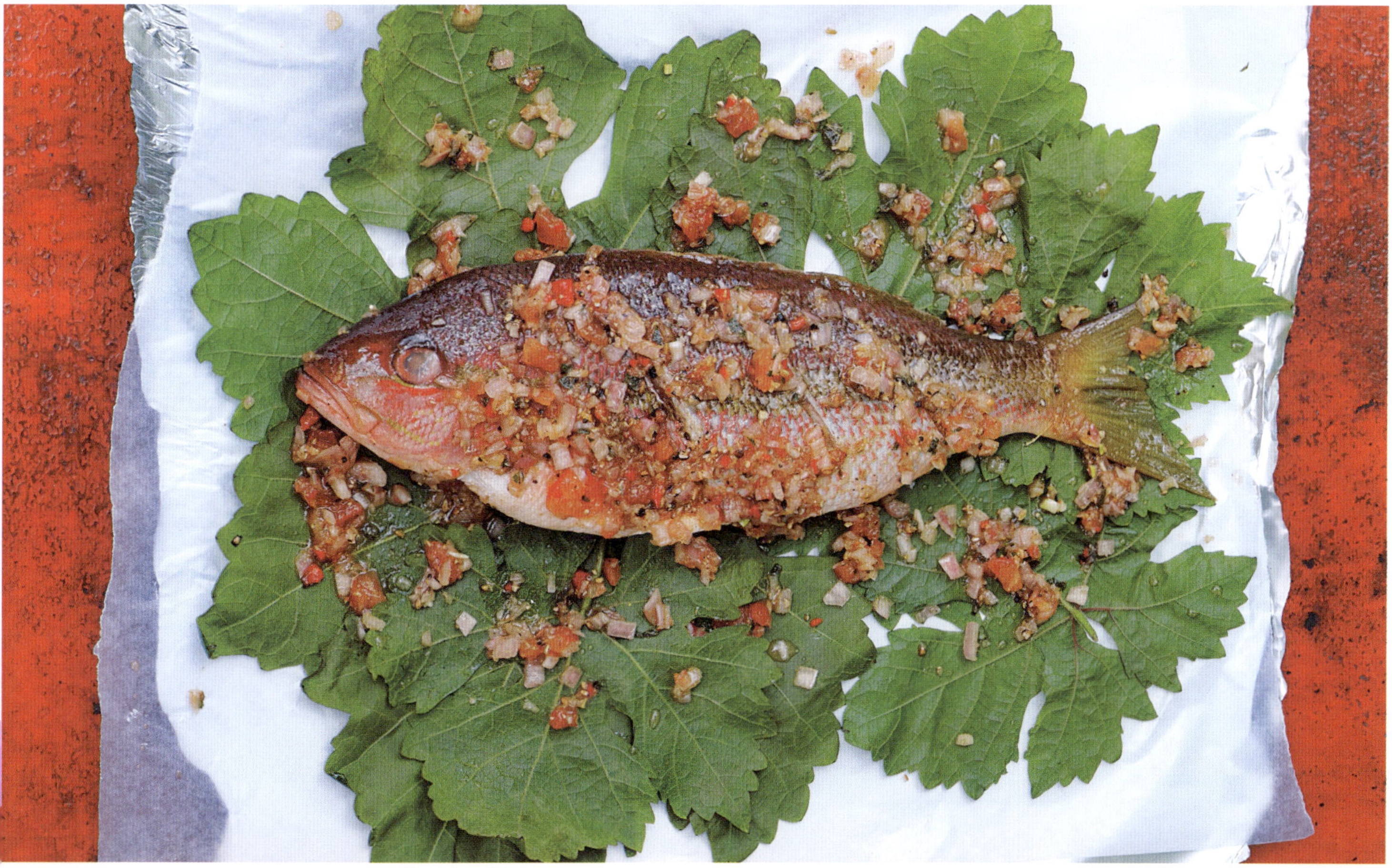

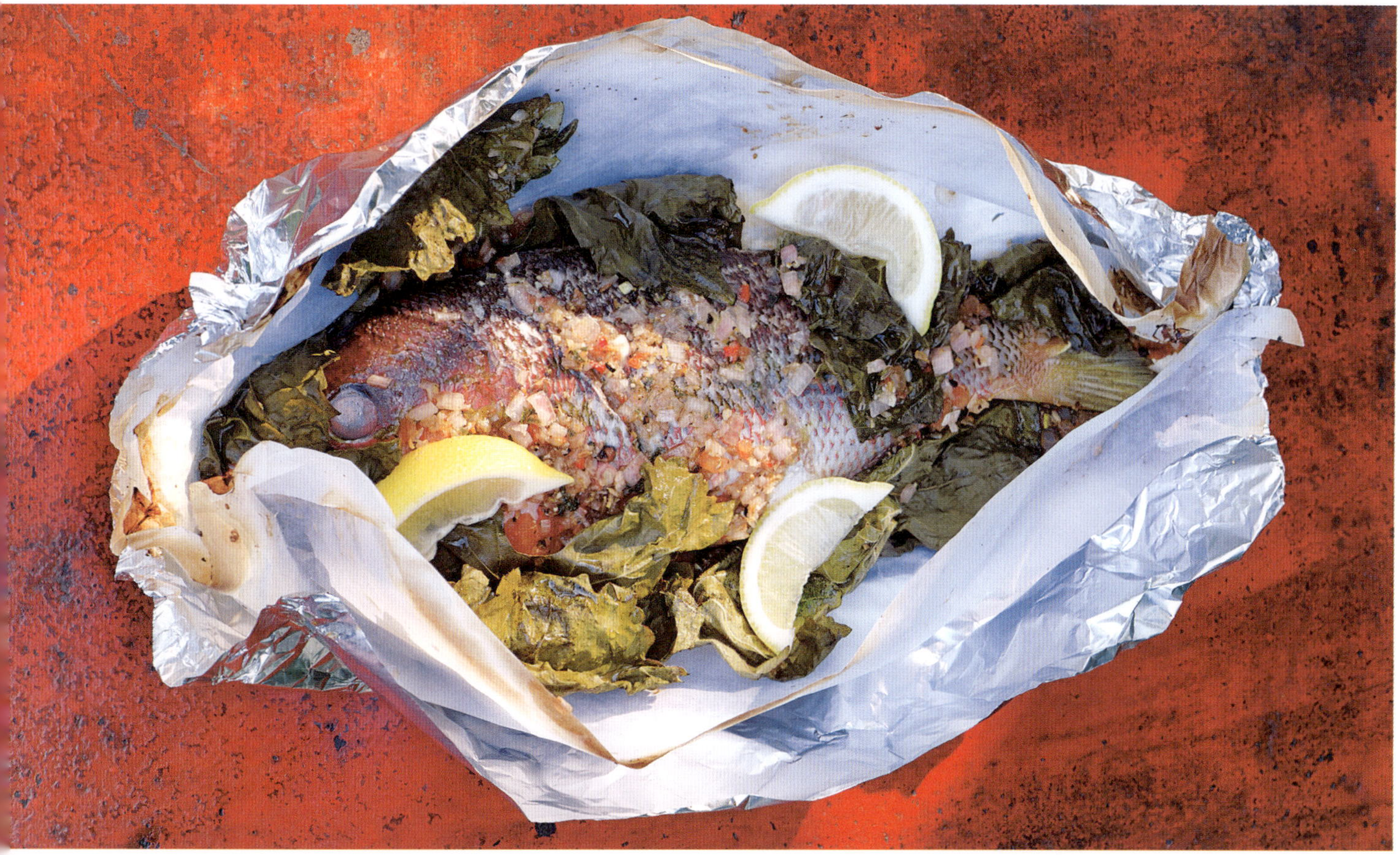

GEBRATENER FISCH

— ◦•◦ —

SAMAK MHAMMAR

Bei dieser Version von gebratenem Fisch habe ich mich von den Zutaten des typisch palästinensischen Gerichtes, *Musakhan* (siehe Seite 142) inspirieren lassen. Großzügig gewürzt, mit scharfem Sumak und einem guten Schuss meiner feurigen selbst gemachten Scharfen Sauce (siehe Seite 194) wird das zarte Aroma des Fisches mit nahöstlichen Gewürzen belebt. Servieren Sie dazu grünen Salat à la Tanoreen (siehe Seite 76).

Den Backofen auf 230 °C vorheizen.

In einer großen Bratpfanne das Öl bei mittlerer Temperatur erhitzen. Die Zwiebeln im heißen Öl 7–10 Minuten goldgelb anbraten. Die Zwiebeln in eine kleine Schüssel geben und Zitronensaft, Sumak, Scharfe Sauce, Piment, 1 EL Pfeffer und Kreuzkümmel hinzufügen und gut vermischen.

Jeden der Fische mit 5 EL der Zwiebelmischung füllen und in einen Bräter legen. Den Bräter mit Butterbrotpapier und Alufolie bedecken und die Fische im Backofen 10–15 Minuten braten. Zum Servieren die Fische auf eine große Platte legen und mit Mandeln und Pinienkernen bestreuen.

FÜR 6 PORTIONEN

80 ml natives Olivenöl Extra

3 rote oder weiße Zwiebeln, fein gehackt

frisch gepresster Saft von 3 Zitronen

1 EL Sumak

1 EL selbst gemachte Scharfe Sauce (siehe Seite 194) oder kernlose nahöstliche oder türkische Chilipaste

1 EL gemahlener Piment

1 TL gemahlener Kreuzkümmel

4–6 ganze Seebarsche (à ca. 450 g), küchenfertig vorbereitet

75 g Mandelblättchen, geröstet

75 g Pinienkerne, geröstet

frisch gemahlener schwarzer Pfeffer

GANZES GEFÜLLTES HÜHNCHEN

DJAJ MAHSHI

Dieses Gericht ist ein richtiges Festessen, das meistens an Ostern serviert wird. Es eignet sich aber auch hervorragend für ein feierliches Abendessen. Das Schöne an gefülltem Hühnchen ist, dass es eine gute Basis für mehrere Gänge sein kann. Nachdem es gefüllt und gebraten wurde, können Sie frisch gehackte Petersilie und etwas Brühe oder Wasser zum Bratfond hinzufügen und daraus eine schnelle Suppe zaubern, die Sie servieren können, bis das gegarte Fleisch ausreichend geruht hat. Sie werden auch genügend Füllung übrig haben, sodass Sie diese sowohl zur Suppe als auch, zusammen mit etwas Joghurt, zum Hühnchen servieren können.

Den Backofenrost auf die mittlere Schiene einschieben und den Backofen auf 230 °C vorheizen.

In einer kleinen Schüssel Piment, 1 EL Salz, 1 EL Pfeffer, Muskatnuss und Kardamom vermischen. Die Innen- und Außenseite des Hühnchens mit der Gewürzmischung einreiben. Soviel Fleischfüllung wie möglich in das Innere des Hühnchens geben. Die Öffnung mit einem Cocktail- oder einem kleinen Holzspieß verschließen. Die restliche Füllung beiseitestellen.

Einen tiefen Bräter mit Rosteinsatz zur Hälfte mit Wasser füllen. Beide Hühnchen mit Öl einreiben und nebeneinander auf den Rost legen. Das Hühnchen im Backofen so lange braten, bis das Wasser zu kochen beginnt und anschließend 15 Minuten weitergaren. Die Temperatur auf 175 °C reduzieren. Den Bräter mit Alufolie bedecken und etwa 1¼ Stunden braten. Um zu prüfen, ob das Hühnchen gar ist, mit einem Messer in die Stelle zwischen Schenkel und Brust stechen. Wenn die austretende Flüssigkeit vollkommen klar ist, ist das Hühnchen verzehrbereit.

Die Folie entfernen, die Grillfunktion anstellen und den Bräter wieder in den Backofen stellen. Die Hühnchen etwa 5 Minuten grillen, bis die Haut goldbraun ist, dabei einmal wenden. Auf ein Tranchierbrett legen und ruhen lassen.

Für den ersten Gang die Kochflüssigkeit in die Suppenschüsseln verteilen, etwas von der aus dem Hühnchen gequollenen Füllung hineingeben und mit Petersilie und Zitronenspalten servieren. Als zweiten Gang das gefüllte Hühnchen mit Naturjoghurt reichen.

FÜR 6–8 PORTIONEN

1 EL gemahlener Piment
1 gestrichener TL frisch geriebene Muskatnuss
½ TL gemahlener Kardamom
2 Hühnchen (je 1,5 kg), gewaschen und trocken getupft
Fleischfüllung (siehe Seite 150), gekühlt
1–2 TL natives Olivenöl Extra
6 Lorbeerblätter
gehackte glatte Petersilie zum Garnieren
Meersalz und frisch gemahlener schwarzer Pfeffer

Zum Servieren:
Zitronenspalten
Naturjoghurt

HÜHNCHEN-FETTI

— ◆ —

FETIT DJAJ

Das Wort *Fetti* stammt aus dem Arabischen und leitet sich von fetafiit ab, das bedeutet zerstückelt oder zerkrümelt. In diesem Fall handelt es sich um viereckige, geröstete Brotstücke, die mit einer würzigen Tahini-Joghurt-Sauce serviert werden. Fetti kann auf verschiedene Arten zubereitet werden, beispielsweise mit Auberginen, Kichererbsen oder Lamm. In Nazareth wird *Kroush fetti* mit gekochtem Lammmagen serviert. Die Ägypter bereiten Fetti ohne Joghurt zu. Sie verwenden stattdessen eine Mischung aus Essig, Knoblauch und Chilischoten. Dieses Rezept lässt sich wunderbar vorbereiten und kurz vor dem Servieren fertig kochen.

In einer kleinen Schüssel 5 ½ TL Salz, 1 EL Pfeffer, Piment und Muskatnuss vermischen. Die Hühnchenstücke mit der Hälfte dieser Gewürzmischung einreiben und den Rest beiseitestellen.

In einem großen Bräter 120 ml Öl bei mittlerer Temperatur erhitzen und die gewürzten Hühnchenstücke rundherum scharf anbraten. Lassen Sie die Hühnchenstücke mindestens 2–3 Minuten pro Seite im heißen Öl ruhen, damit die Haut nicht am Topfboden kleben bleibt. Zimtstange, Kardamom, Gewürznelken, Lorbeerblätter und Zwiebel zu den Hühnchenstücken in den Topf geben und anschließend mit 3 l Wasser aufgießen. Den Hals und die Innereien dazugeben und aufkochen. Danach die Temperatur reduzieren und bei wenig Hitze 1 Stunde köcheln lassen. Den Schaum, der sich an der Oberfläche bildet, alle 15 Minuten mit einem Schaumlöffel abnehmen. Das Hühnchen aus der Brühe heben und auf einem großen Teller abkühlen lassen. Den Fond durch ein Sieb gießen, alle Stücke entfernen, zurück in den Topf geben und wieder zum Köcheln bringen. Sobald das Hühnchen abgekühlt ist, die Haut und das Fleisch von den Knochen lösen. Das Hühnchenfleisch zerkleinern und mit 250 ml Fond besprenkeln, damit es nicht austrocknet. Abdecken und beiseitestellen.

Das restliche Öl und Ghee in einen Topf geben und bei mittlerer Temperatur erhitzen. Die Vermicelli hineingeben – wenn Sie ein Nudelnest haben, dieses zuerst auseinanderbrechen – und unter Rühren goldbraun anbraten. Den Reis hinzufügen und so lange rühren, bis die Körner eine perlweiße Farbe annehmen. 2 l köchelnden Fond und die restliche Gewürzmischung hinzugeben und zugedeckt 12 Minuten köcheln lassen, dabei zweimal umrühren. Den Topf vom Herd nehmen und zugedeckt 5 Minuten ruhen lassen.

In der Zwischenzeit die Joghurtsauce zubereiten. Tahini-Sauce, Joghurt, Knoblauch und Zitronensaft in eine Schüssel geben und mit der Küchenmaschine oder einem Handrührgerät zu einer cremigen Sauce verrühren. In einen Topf gießen und bei mittlerer Temperatur erhitzen, aber nicht aufkochen lassen!

Zum Anrichten den Reis in die Mitte eines großen Serviertellers geben und dabei einen Rand von 1–2 cm freilassen. Das Hühnchenfleisch auf den Reis legen und großzügig mit der Sauce beträufeln. Das geröstete Arabische Brot auf dem Rand des Tellers arrangieren und alles mit Mandeln, Pinienkernen und Petersilie garnieren.

FÜR 6–8 PORTIONEN

2 EL gemahlener Piment

½ TL frisch geriebene Muskatnuss

250 ml Olivenöl

2 Hühnchen (1,5–2 kg), zerteilt in je 4 Stücke (Hals, Haut und Innereien – außer der Leber – für den Fond beiseitestellen)

1 Zimtstange

5 Kardamomkapseln

5 Gewürznelken

3 Lorbeerblätter

1 weiße Zwiebel, geschält

4 EL Ghee oder 8 EL Butter

500 g Vermicelli

900 g Rundkornreis (z. B. ägyptischer Reis), gewaschen

Meersalz und frisch gemahlener schwarzer Pfeffer

Für die Joghurtsauce:

dickflüssige Tahini-Sauce (Seite 197)

500 g fettarmer Naturjoghurt

2 Knoblauchzehen, zerdrückt

frisch gepresster Saft von 1 Zitrone (optional)

Zum Servieren:

6 Stück (20 cm) Arabisches Brot (siehe Seite 57), geröstet

150 g Mandelblättchen, geröstet

75–150 g Pinienkerne, geröstet

30 g gehackte glatte Petersilie

⚜ **TIPPS**: Zum Aufwärmen der Joghurtsauce etwas Wasser hinzugeben. Die Sauce sollte nur gut erhitzt werden und darf nicht aufkochen, da sie sonst gerinnt.

Bei Joghurt aus dem Supermarkt sollten Sie Zitronensalz zugeben. Falls Sie den Joghurt selbst herstellen, können Sie darauf verzichten. Ich habe festgestellt, dass hausgemachter Joghurt aus Milch mit Raumtemperatur schön säuerlich wird, während Joghurt aus kalter Milch eher süß schmeckt.

ÄGYPTISCHE FETTI-SAUCE

Für Restaurantgäste, die keine Milchprodukte essen, bereite ich die Fetti-Sauce nach ägyptischer Art zu. Es ist ein wunderbarer Tahini-Ersatz und schmeckt sowohl zu Hühnchen als auch zu Rind oder Lamm.

2 EL natives Olivenöl Extra, Ghee oder Butter
6 Knoblauchzehen, fein gehackt
2 Chilischoten, fein gehackt
1 EL gemahlener Koriander
80 ml weißer Essig
frisch gepresster Saft von 1 Zitrone
Meersalz und frisch gemahlener
    schwarzer Pfeffer

Öl, Ghee oder Butter in einer kleinen Pfanne bei mittlerer Temperatur erhitzen. Knoblauch, Chilischoten, Koriander, Salz und ½ TL Pfeffer 30 Sekunden einrühren, bis es duftet. Die Pfannen vom Herd nehmen und den Essig hinzufügen, dann wieder bei hoher Temperatur aufkochen und den Zitronensaft einrühren. Die Sauce bei niedriger Temperatur noch kurz köcheln lassen und die Pfanne vom Herd nehmen.

139

⚜ HAUPTGERICHTE ⚜

MAFTOOL – VERSTECKTE ROMANTIK

Mein Vater war ein sehr romantischer Mann, besonders wenn es um meine Mutter ging. Seine Gesten waren dabei nicht unbedingt ritterlich oder glanzvoll, aber dafür voller Charme.

Eine meiner Lieblingserinnerung an meine Eltern ist ihr Ritual bei der Zubereitung von *Maftool* – perlenähnliche Weizennudeln, die in Amerika fälschlicherweise oft als „Israelischer Couscous" bezeichnet werden. Die Geduld und die Sorgfalt, die es bedarf, die Körner von Hand zu rollen, ist für mich ein klarer Beweis dafür, welchen Stellenwert Lebensmittel in unserer Kultur hatten und immer noch haben.

Während meiner Kindheit in Nazareth standen wir immer sehr früh auf, um diesen handgemachten Riesen-Couscous vorzubereiten. Der erste Schritt bestand darin, die Gewürze zu rösten und zu zermahlen. Das herrliche Aroma von Kümmel, Anis und Kreuzkümmel lag in der Luft. Meine Mutter füllte dann einen großen Suppentopf entweder mit Lammknochen oder einem ganzen Hühnchen, Gemüse, Gewürzen und Wasser. Während das Wasser aufkochte, formte sie die Nudeln.

Dazu befeuchtete sie ihre Hände mit einigen Tropfen Wasser und rollte etwas Weizenmehl zu Körnchen, siebte immer wieder Mehl dazu und benetzte ihre Hände wieder mit etwas Wasser. Das tat sie so lange, bis die Körnchen die Größe kleiner Styroporkügelchen erreicht hatten. Um zu verhindern, dass die Körner zusammenklebten, gab meine Mutter etwas Butterschmalz zu den Weizennudeln, während diese in einem Sieb das in dem Topf mit der kochenden Brühe hing garten. Die würzige Brühe gab den Maftools schon etwas Geschmack, bevor sie mit den gerösteten Gewürzen vermischt wurden. Diese Art des Würzens war der Schlüssel zu der wunderbaren Küche meiner Mutter. Sie beharrte immer darauf, jede einzelne Komponente eines Gerichtes zu aromatisieren.

Maftool wird zusammen mit einer zunächst übertrieben erscheinenden Menge an Perlzwiebeln zubereitet. Die Zwiebeln zu schälen ist eines der Dinge, die bei diesem Gericht am meisten Zeit in Anspruch nimmt. Für meine Eltern aber war es auch der bezauberndste Moment. Da mein Vater es nicht mit ansehen konnte, wenn meine Mutter weinte, sprang er immer ein und schälte den Berg Zwiebeln in der Küche. Das mag heutzutage vielleicht nichts Außergewöhnliches sein, aber damals setzten die Männer keinen Fuß in die Küche. Das Bild

meines Vaters, wie er all die Zwiebeln schälte, brachte mich immer zum Schwärmen. Als kleines Mädchen erschien es mir so unglaublich romantisch! Das süßeste an der ganzen Sache war aber nicht, dass mein Vater meiner Mutter die brennenden Augen und endlosen Tränen ersparte, sondern dass er, immer wenn er die Zwiebeln schälte, die Küchentür schloss, weil er nicht wollte, dass ihn irgendjemand weinen sah.

„DAS BILD MEINES VATERS, WIE ER ALL DIE ZWIEBELN SCHÄLTE, BRACHTE MICH IMMER ZUM SCHWÄRMEN. ALS KLEINES MÄDCHEN ERSCHIEN ES MIR SO UNGLAUBLICH ROMANTISCH!"

PALÄSTINENSISCHER COUSCOUS MIT HÜHNCHEN, KICHERERBSEN UND PERLZWIEBELN

– •◆• –

MAFTOOL

Früher versammelte sich die gesamte Familie, um *Maftool* selbst zuzubereiten. Heutzutage macht sie fast keiner mehr per Hand, was angesichts des großen Zeitaufwands nicht wirklich verwunderlich ist.

Maftool ist ein echtes Ein-Gang-Menü – es werden weder eingelegtes Gemüse noch Saucen oder Salate dazu serviert, denn das Hühnchen, die Kichererbsen und die Zwiebeln dienen auch gleichzeitig als Beilage. Ich bevorzuge frische Perlzwiebeln, aber wenn Sie keine Zeit haben, sie zu schälen, können Sie auch gefrorene nehmen.

Kümmel, Piment, Kreuzkümmel, Koriander, 1 EL Salz, 1 EL Pfeffer, Muskatnuss, Kardamom und Zimt in einer kleinen Schüssel vermischen. Die Hühnchenteile mit der Hälfte der Gewürzmischung einreiben und die andere Hälfte beiseitestellen.

In einen großen schweren Topf 6 EL Öl bei mittlerer Temperatur erhitzen. Die Hühnchenteile mit der Hautseite nach unten in den Topf legen und 6–8 Minuten im heißen Öl goldbraun anbraten lassen. Dabei unbedingt unberührt lassen, um die Haut nicht zu verletzen. Danach wenden und die andere Seite 5 Minuten anbraten. Die Fleischstücke mit einem Schaumlöffel aus dem Topf nehmen, auf einen Teller legen und beiseitestellen. Die Perlzwiebeln und die weißen Zwiebeln in den Topf geben und 5–7 Minuten anbraten, bis sie Farbe annehmen, danach die Hühnchenteile wieder in den Topf geben. Die Kichererbsen und 3 l Wasser hinzufügen, die Temperatur erhöhen und aufkochen. Die Temperatur reduzieren, mit einem Schaumlöffel von der Oberfläche den Schaum abnehmen und darauf achten, dass keine Gewürze entfernt werden. Zudecken und 45–60 Minuten köcheln lassen, bis das sich Fleisch fast von selbst von den Knochen löst. Nun den Zitronensaft hinzugeben, den Topf vom Herd nehmen und beiseitestellen.

Währenddessen in einer großen Bratpfanne das restliche Olivenöl bei mittlerer Temperatur erhitzen und den Reis darin anbraten, bis die Körner weiß sind. Die restliche Gewürzmischung hinzufügen und so lange rühren, bis es duftet. Mit 1,5 l Hühnerbrühe aufgießen und zum Kochen bringen. Die Temperatur reduzieren, abdecken und 15–20 Minuten köcheln lassen, bis der Reis gar ist. Bei Bedarf noch weitere Brühe hinzugeben.

Zum Servieren den Reis auf einen großen Teller geben und ringsherum Hühnchen, Kichererbsen und Zwiebeln anrichten.

FÜR 4 PORTIONEN

6 TL gemahlener Kümmel

1 EL gemahlener Piment

1 EL gemahlener Kreuzkümmel

1 EL gemahlener Koriander

½ TL geriebene Muskatnuss

½ TL gemahlenerKardamom

½ TL gemahlener Zimt

1 Hühnchen (1,25–1,5 kg), in 4 oder 8 Stücke geteilt

10 EL Olivenöl

1 kg frische Perlzwiebeln, geschält

4 weiße Zwiebeln, gehackt

500 g getrocknete Kichererbsen, über Nacht eingeweicht (siehe Seite 21) und gekocht oder 2 Dosen (à 400 g), gewaschen und abgetropft

frisch gepresster Saft von ½ Zitrone

1 kg Maftool (siehe Seite 140) oder ägyptischer Reis, gewaschen

Meersalz und frisch gemahlener schwarzer Pfeffer

HÜHNCHEN-„PIZZA"

MUSAKHAN

Das ist einer der Favoriten auf der Speisekarte des Tanoreen. Bei diesem traditionellen Gericht wurde ursprünglich ein ganzes Brathühnchen mit Zwiebeln bedeckt und auf einem großen Fladenbrot mit 40 cm Durchmesser serviert. Jeder Gast nahm sich ein großes Stück Hühnchen, einen Fetzen Brot und eine kleine Portion Zwiebeln dazu. Normalerweise isst man dieses Gericht mit den Händen und verwendet das Brot als eine Art Löffel. Um das Servieren und das Essen dieses Gerichtes zu erleichtern (und weil es sehr schwer ist, ein solch großes Fladenbrot, auch Taboun genannt, zu finden), habe ich diese pizzaähnliche Musakhan-Variante erfunden. Das Gericht wird in kleine Stücke geschnitten und eignet sich hervorragend als Vorspeise. Indisches Naan oder türkisches Fladenbrot schmecken auch sehr gut dazu.

Sumak, Piment, 1 EL Salz, Kardamom, Kreuzkümmel und Muskatnuss in einer kleinen Schüssel vermischen und beiseitestellen.

In einer großen Bratpfanne 80 ml Öl bei mittlerer Temperatur erhitzen und die Hälfte der Gewürzmischung etwa 30 Sekunden anrösten, bis sie duftet. Das Hühnchen hinzufügen und unter gelegentlichem Wenden etwa 7 Minuten anbraten, bis das Fleisch nicht mehr rosa ist.

In eine weiteren Pfanne ebenfalls 80 ml Öl geben und bei mittlerer Temperatur die restliche Gewürzmischung unter Rühren 10 Sekunden anrösten. Die Zwiebeln hinzufügen und 2–3 Minuten anbraten, bis sie weich und goldgelb sind. Die Zwiebel-Gewürz-Mischung in die Pfanne mit dem Hühnchen geben und mit einem Holzlöffel gut vermischen. Das restliche Öl hinzufügen und 3–4 Minuten weiterbraten lassen.

Den Backofen auf 230 °C vorheizen. Die Brote auf ein Backblech legen. Die Hühnchen-Zwiebel-Mischung gleichmäßig darauf verteilen, dabei einen Rand von 6 mm frei lassen. Etwa 5 Minuten backen, bis das Brot warm genug ist. Aus dem Backofen nehmen und jede Pizza mit jeweils 1 ½ TL Mandeln und Pinienkernen bestreuen. Einen Spritzer Zitronensaft darübergeben und servieren.

FÜR 6 PORTIONEN

2 gehäufte EL Sumak oder nach Geschmack
1 EL gemahlener Piment
¾ TL gemahlener Kardamom
¼ TL gemahlener Kreuzkümmel
¼ TL frisch geriebene Muskatnuss
250 ml natives Olivenöl Extra
2 Hühnchenbrustfilets, ohne Knochen und ohne Haut (insgesamt 1,5 kg), in 2,5 cm große Würfel geschnitten
4 weiße Zwiebeln, gehackt
6 Arabische Brote (siehe Seite 57) oder griechische, türkische oder indische Fladenbrote
3 EL Mandelblättchen, geröstet
3 EL Pinienkerne, geröstet
frisch gepresster Saft von 2 Zitronen (optional)
Meersalz

HÜHNCHEN MIT KARTOFFELN

—◆·◆·◆—

MHAMMAR

In jeder Kultur gibt es würzige Hühnchen- und Kartoffelgerichte. Dieses Rezept ist typisch palästinensisch und gehört, vielleicht weil es so einfach zuzubereiten ist, zum Repertoire eines jeden Kochs. Meine Version ist nicht ganz traditionell, da ich die Gewürze sehr großzügig verwende, um das Aroma abzurunden. *Mhammar* ist ein Gericht, das sehr variabel ist – jeder Koch verwendet andere Zutaten. Falls Sie es scharf mögen, können Sie beim Anbraten der Zwiebeln rote Chilipaste hinzufügen. Dieses Gericht lässt sich wunderbar im Voraus vorbereiten und kann abgedeckt im Kühlschrank aufbewahrt werden. Vor dem Servieren im Backofen bei 160 °C vollständig erwärmen. Arabisches Brot (siehe Seite 57), Reis und Vermicelli Pilaf (siehe Seite 182) und grünen Salat à la Tanoreen (siehe Seite 76) dazu servieren.

In einem großen Topf die Brühe zum Köcheln bringen.

Den Backofen auf 230 °C vorheizen. Einen großen Bräter mit einer Schicht Kartoffeln auslegen und beiseitestellen.

In der großen Bratpfanne, in der zuvor die Kartoffeln zubereitet wurden, das beiseitegestellte Frittieröl bei mittlerer Temperatur wieder erwärmen (falls die Kartoffeln gebraten wurden, das Olivenöl erhitzen). Die Zwiebeln in dem heißen Öl 3–5 Minuten anbraten, bis sie goldbraun und karamellisiert sind. Die Chilischoten hinzufügen und 1 Minute mitbraten, bis sie duften. Anschließend Sumak, Piment, Zitronensaft und 1 l der köchelnden Hühnerbrühe hinzugeben. Aufkochen, die Temperatur reduzieren und 5 Minuten köcheln. Vom Herd nehmen.

Die Hühnchenstücke auf die Kartoffeln in den Bräter legen. Die Zwiebelmischung darüberlöffeln und verteilen. Die restliche Brühe vorsichtig am Rand herabfließen lassen, damit die Zwiebelschicht auf dem Fleisch erhalten bleibt. Den Topf mit Alufolie abdecken und für 20 Minuten in den Backofen stellen. Die Temperatur auf 150 °C reduzieren und 20 Minuten weiterbraten. Warm und mit Zitronenspalten garniert servieren.

FÜR 6–8 PORTIONEN

1,5 l Brühe und 2 kg Fleisch von Würzigem Hühnchen mit Brühe (siehe Seite 90), enthäutet und zerkleinert

8 vorwiegend festkochende Kartoffeln, geschält und in 5 mm dicke Scheiben geschnitten und gebraten oder frittiert, Frittieröl beiseitestellen

120 ml natives Olivenöl Extra (falls Sie gebratene Kartoffeln verwenden)

6 weiße Zwiebeln, gewürfelt

2 Chilischoten, entkernt und fein gewürfelt (optional)

2 EL Sumak

1 EL gemahlener Piment

frisch gepresster Saft von 2 Zitronen

Zitronenspalten zum Garnieren

HÜHNCHEN-TAJINE

◆·◆

TAGINE DJAJ

Dieses Rezept ist die Tanoreen-Version des marokkanischen Kultgerichts. Eine Tanjine, das typische aus Lehm gebrannte Schmorgefäß, und das gleichnamige Gericht habe ich erst während meiner Reisen nach Marokko und in tunesischen Restaurants in Paris, Marbella und New York richtig kennengelernt. Seitdem liebe ich diesen Mix aus getrockneten Früchten, Gemüse und Hühnchen. Marokkanische Tajines werden weder mit Basilikum noch mit Aprikosen zubereitet, sondern mit Johannisbeeren, Kirschen, Rosinen oder Pflaumen. Ich bevorzuge jedoch die Kombination aus getrockneten Aprikosen und Cranberrys und finde, dass man daraus eine besonders schmackhafte Sauce zaubern kann – wichtig dabei ist, dass man sie kräftig würzt und langsam köchelt. Nicht nur die Zutatenliste, sondern auch die Kochzeit ist bei diesem Gericht sehr lang, aber das Ergebnis ist jede Minute wert. Dieses Gericht schmeckt aufgewärmt sogar noch besser.

Den Backofen auf 250 °C vorheizen.

Piment, Koriander, Kurkuma, 1 EL Salz, 1½ TL Pfeffer, Kreuzkümmel, Safran, Muskatnuss und Kardamom in einer kleinen Schüssel vermengen. Die Hühnchenteile mit der Hälfte der Gewürzmischung rundum gut einreiben. Die andere Hälfte beiseitestellen.

In einer großen Bratpfanne 120 ml Öl bei mittlerer Temperatur erhitzen. Die Hühnchenteile hinzugeben und insgesamt 4 Minuten rundherum scharf anbraten. Mit einem Schaumlöffel aus der Pfanne heben und auf einen Teller geben.

In der gleichen Pfanne die Zwiebeln etwa 5 Minuten anschwitzen, bis sie weich sind und duften. Danach den Knoblauch etwa 3 Minuten mitbraten, bis er duftet. Die restliche Gewürzmischung einrühren und 1 Minute weiterbraten. Mit Koriandergrün, Basilikum und Petersilie bestreuen und gut verrühren. Das restliche Öl zusammen mit den getrockneten Früchten, Zitronensaft, Chilipaste, Oliven und 1 l Wasser hinzufügen und 2 Minuten unter ständigem Rühren kochen.

Karotten, Perlzwiebeln und Kartoffeln auf dem Boden eines großen Bräters verteilen und die Hühnchenteile darauflegen. Mit der Zwiebelmischung das Hühnchen und das Gemüse vollkommen bedecken. Beiseitestellen und 45–60 Minuten ziehen lassen. Den Bräter mit Alufolie abdecken und im vorgeheizten Backofen 10–15 Minuten braten, bis das Hühnchen zu brutzeln beginnt. Die Temperatur auf 175 °C reduzieren und 30 Minuten weiterbraten, dann die Folie entfernen und 5 Minuten weiterbraten.

Zum Servieren den Basmati-Gemüse-Reis in die Mitte einer großen Platte häufen und ringsherum mit Hühnchen, Gemüse, Früchten sowie dem gesamten Saft aus dem Bräter anrichten. Mit Mandeln und Pinienkernen garnieren.

FÜR 6-8 PORTIONEN

1 EL gemahlener Piment

1 EL gemahlener Koriander

1 EL gemahlene Kurkuma

1 TL gemahlener Kreuzkümmel

1 TL Safran

¾ TL frisch geriebene Muskatnuss

½ TL gemahlener Kardamom

2 Hühnchen (jeweils 1,25–1,5 kg), halbiert oder geviertelt

250 ml natives Olivenöl Extra

3 spanische Zwiebeln, gehackt

8 Knoblauchzehen, fein gehackt

60 g gehacktes Koriandergrün

60 g gehackte Basilikumblätter

60 g gehackte glatte Petersilie

120 g getrocknete Früchte, am besten Aprikosen und Cranberrys, gehackt

120 ml frisch gepresster Zitronensaft

2 EL kernlose nahöstliche oder türkische Chilipaste

100 g entkernte und gehackte Kalamata-Oliven oder grüne Oliven

500 g junge Karotten oder ganze Karotten, in Stücke geschnitten

500 g Perlzwiebeln, geschält

4 helle Kartoffeln, längs halbiert und in Halbmonde geschnitten

Mandelstifte und Pinienkerne zum Garnieren

Meersalz und frisch gemahlener schwarzer Pfeffer

Zum Servieren:
Basmati-Gemüse-Reis (siehe Seite 183)

HÜHNCHENKEBAB

Wenn Sie traditionellen Kebab servieren möchten, sollten Sie den Spieß entfernen, das Hühnchen mit etwas eingelegtem Gemüse und fein geschnittenem Salat in Pitabrot füllen und mit Knoblauchsauce beträufeln. Im Tanoreen, unserem Restaurant in New York, serviere ich zu den Hühnchenspießen Reis und Vermicelli Pilaf (siehe Seite 182) mit grünem Salat à la Tanoreen (siehe Seite 76). Teilweise stecke ich zwischen den Hühnchenstücken eine Perlzwiebel, Kirschtomaten oder Paprikastücke auf den Spieß. Falls sie Holzspieße verwenden, sollten Sie diese vorher mindestens 30 Minuten wässern, damit sie auf dem Grill nicht verbrennen.

Zitronensaft und Öl mit Knoblauch, Piment, 1 EL Salz, 1 TL Pfeffer, Kreuzkümmel, Muskatnuss und Paprikapulver in einer großen Schüssel verrühren. Das Hühnchen hinzufügen und mit der Marinade vermischen, bis das Fleisch komplett bedeckt ist. Abdecken und mindestens 3 Stunden oder über Nacht in den Kühlschrank stellen.

Den Gas- oder Kohlegrill (oder den Backofen auf Grillfunktion) vorheizen; er sollte mäßig heiß sein. Das Hühnchenfleisch gleichmäßig dicht aneinandergereiht auf 12 Spieße verteilen. Diese bei milder Temperatur, 10–15 Minuten grillen, dabei drei bis vier Mal wenden, bis das Fleisch komplett gar und rundum braun ist. Knoblauchsauce, eingelegtes Gemüse, Salat und Arabisches Brot dazu servieren.

VARIATION *Für die indische Version 250 g fettarmen Naturjoghurt zur Marinade geben. Der Joghurt lässt das Fleisch noch zarter werden und verleiht den gegrillten Hühnchenstücken eine tolle Farbe.*

FÜR 6 PORTIONEN

250 ml Zitronensaft, frisch gepresster
120 ml natives Olivenöl Extra
10 Knoblauchzehen, zerdrückt
1 EL gemahlener Piment
½ TL gemahlener Kreuzkümmel
¼ TL frisch geriebene Muskatnuss
½ TL Paprikapulver
2 kg Hühnchenbrustfilets ohne Knochen
    und Haut, in 2,5 × 4 cm große Stücke
    geschnitten
Knoblauchsauce (siehe Seite 191)
eingelegtes Gemüse zum Garnieren
Salat, in mundgerechte Stücke
    geschnitten zum Garnieren
Meersalz und frisch gemahlener
    schwarzer Pfeffer

Zum Servieren:
Arabisches Brot (siehe Seite 57)

GEGRILLTE WACHTELN

———— •❖• ————

Wachteln gibt es genauso wie Gänseleberpastete nur zu speziellen Anlässen. Da an den Wachteln nicht sehr viel Fleisch ist, serviere ich meistens zwei bis drei Stück pro Person. Die Menge kann beliebig angepasst werden. Um das Geflügel gleichmäßig grillen zu können, drücke ich es etwas flach, die Methode ist auch als „Schmetterling" bekannt. Fragen Sie ihren Metzger, ob er das macht, oder befolgen Sie die untenstehende Anleitung, um es zu erlernen. Sie können Wachteln auch bereits ausgelöst, ohne Knochen im Inneren, kaufen. Es befinden sich dann nur noch welche in den Flügeln und Beinen. Damit ist die Schmetterlingsmethode viel leichter. Servieren Sie dazu Tomatensalat (siehe Seite 69) oder grünen Salat à la Tanoreen (siehe Seite 76).

Die Wachteln in eine große Schüssel oder Pfanne legen.

Aus Zitronensaft, Olivenöl und Barbecue-Sauce zusammen mit Knoblauch, Schalotten, Tomaten, Chilischote, Koriandergrün, Kreuzkümmel, Koriander, 1 EL Salz und 4 ¾ TL Pfeffer im Mixer eine Marinade mit groben Stücken rühren. Die Marinade gleichmäßig über den Wachteln verteilen, abdecken und mindestens 2 Stunden oder über Nacht in den Kühlschrank stellen.

Einen Gas- oder Kohlegrill vorbereiten (oder den Backofen auf Grillfunktion) vorheizen; er sollte mäßig heiß sein. Die Wachteln mit der Brustseite nach oben auf den Grill legen, den Deckel auflegen und 5 Minuten grillen. Die Wachteln umdrehen und die Brustseite bei offenem Grill 2 Minuten weitergrillen. Um zu prüfen, ob das Fleisch gar ist, mit einem Messer in die Stelle zwischen Schenkel und Brust stechen. Wenn die austretende Flüssigkeit vollkommen klar ist, sind die Wachteln verzehrbereit. Warm servieren.

FÜR 6–9 PORTIONEN

18 Wachteln, gewaschen und trocken getupft, in Schmetterlingsform (siehe unten) vorbereitet
375 ml frisch gepresster Zitronensaft
250 ml natives Olivenöl Extra
2 EL Barbecue-Sauce
10 Knoblauchzehen, fein gehackt
4 Schalotten, gewürfelt
1 große Flaschentomate, gehackt
1 grüne Chilischote, fein gehackt
2 EL gehacktes Koriandergrün
1 EL gemahlener Kreuzkümmel
1 EL gemahlener Koriander
Meersalz und frisch gemahlener schwarzer Pfeffer

❦

SO FUNKTIONIERT DIE SCHMETTERLINGSMETHODE

Legen Sie eine Wachtel mit der Brustseite nach unten auf eine saubere Arbeitsplatte. Mit einer Geflügelschere die Haut an beiden Seiten des Rückgrats entlang schneiden. Das Rückgrat entfernen und entsorgen. Die Wachtel mit der Brustseite nach oben drehen und am Brustbein fest herunterdrücken, sodass sie flach aufliegt.

Als Alternative das Geflügel mit der Brustseite nach oben auf eine saubere Arbeitsfläche legen und mit einem robusten Hackmesser durch die Bauchhöhle von unten bis zum Nacken neben dem Rückgrat aufschneiden. Die Wachtel aufklappen, beide Seiten fest herunterdrücken, das Rückgrat wegschneiden und entsorgen. Das Brustbein fest nach unten drücken, um die Wachtel abzuflachen.

❦

GEFÜLLTE ARTISCHOCKEN MIT FLEISCH UND PINIENKERNEN

—— •◦• ——

Meine Mutter lernte diese in Nazareth unbekannte Art Artischocken zuzubereiten während eines langen Wochenendes in der Nachbarstadt kennen. Als ich in die USA zog, stellte ich fest, dass meine syrischen Freunde seit jeher Artischocken mit gewürztem Fleisch und Pinienkernen füllten – und ich begriff, welchen Einfluss die Nachbarländer auf die Küche meiner Mutter hatten. Mein Vater kaufte meistens eine Kiste frischer Artischocken für meine Mutter, die dann den Nachmittag damit beschäftigt war, das große, stachelige Gemüse zu schälen und zu putzen, es aber nie füllte. Ich liebte es, ihr dabei zu helfen. Gefrorene Artischocken sind schneller zubereitet und für dieses Gerichtes hervorragend geeignet. Die gefrorenen Artischockenherzen haben meistens eine leicht andere Textur als die frischen, sind aber genauso lecker! Mit Reis und Vermicelli Pilaf (siehe Seite 182) servieren.

Die frischen Artischocken putzen (siehe Seite 149) und den Ofen auf 230 °C vorheizen.

In einer großen Pfanne das Pflanzenöl bei hoher Temperatur erhitzen. Die Artischocken mit der Stielseite nach unten in die Pfanne stellen und 3 Minuten anbraten. Mit einer Zange die Artischocken wenden und die offene Seite 2 Minuten anbraten. Auf ein mit Küchenpapier ausgelegtes Tablett mit der offenen Seite nach unten legen und abtropfen lassen. Die Artischocken in einer großen Auflaufform mit der Stielseite nach unten verteilen und beiseitestellen.

In einer kleinen Schüssel Piment, ½ TL Pfeffer, Muskatnuss und Kardamom vermischen. Olivenöl in einer mittelgroßen Pfanne bei mittlerer Temperatur erwärmen. Das Hackfleisch mit der Hälfte der Gewürzmischung 8-10 Minuten anbraten, bis das Fleisch nicht mehr rosa ist. Die Pinienkerne und Mandeln zusammen mit dem Saft einer Zitrone und Salz hinzufügen. Alles gut miteinander vermischen und die Temperatur reduzieren. Die Artischocken mit der Fleischfüllung großzügig bis zum Rand füllen, auch zwischen den Blättern. Die Fleischmischung darf dabei gerne oben etwas herausquellen.

Den Saft der zweiten Zitrone und die Brühe mit der restlichen Gewürzmischung mischen und die Artischocken damit beträufeln. Die Auflaufform mit Alufolie abdecken und bei frischen Artischocken 1 Stunde, bei gefrorenen 20 Minuten im vorgeheizten Backofen braten.

Die Alufolie von der Auflaufform entfernen, die Temperatur auf 150 °C reduzieren und 3-5 Minuten weiterbraten, bis die Flüssigkeit eingekocht ist. Die Artischocken auf Tellern mit Reis und Vermicelli Pilaf anrichten. Mit Petersilie garnieren und servieren.

FÜR 8 PORTIONEN

8 frische Artischocken (à 225 g) oder
    je nach Größe 16–24 gefrorene, aufgetaut
250 ml Pflanzenöl
4½ TL gemahlener Piment
¼ TL frisch geriebene Muskatnuss
1 Prise Kardamom (optional)
60 ml natives Olivenöl Extra
1 kg gehacktes Lammfleisch aus der
    Keule oder Rinderhackfleisch
75-150 g Pinienkerne, geröstet
75-150 g Mandelstifte, geröstet
frisch gepresster Saft von 2 Zitronen
1,25 l Brühe von Würzigem Hühnchen
    in Brühe (siehe Seite 90)
gehackte glatte Petersilie zum Garnieren
Meersalz und frisch gemahlener
    schwarzer Pfeffer

Zum Servieren:
Reis und Vermicelli Pilaf (siehe Seite 182)

SO PUTZT MAN FRISCHE ARTISCHOCKEN

1. Eine Artischocke am Stiel festhalten. Um die Stacheln zu entfernen, mit einer Küchenschere die oberen 6 mm der Artischocke oder die Spitze jedes einzelne Artischockenblatt abschneiden.

2. Die Artischocke auf die Seite legen und mit einem scharfen Messer ungefähr 2,5 cm von der Spitze abschneiden, sodass das Heu im Inneren zu sehen ist.

3. Den Stiel an der Unterseite gerade abschneiden, damit die Artischocke in der Pfanne aufrecht hingestellt werden kann.

4. Mit einem Ausstecher die Mitte der Artischocke aushöhlen und das Heu entfernen, sodass sie nun gefüllt werden kann; Die Artischocke innen und außen großzügig mit Zitronensaft beträufeln, damit die Schnittflächen nicht braun werden. Die restlichen Artischocken genauso vorbereiten.

GEFÜLLTE AUBERGINEN ODER KÜRBISSE IN TOMATENSAUCE

—— •◦• ——

BAITINJAN AW KUSA MAHSHI

Um Gemüsesorten wie Auberginen zum Füllen vorzubereiten, verwendet jeder Koch im Nahen Osten eine sogenannte Manara, einen Kugelausstecher mit einem langen Stiel. Dieses Werkzeug ist eigens dafür bestimmt, weiche Gemüsesorten bequem aushöhlen zu können. Bitten Sie Ihren Metzger darum, Ihnen das Fleisch für die Füllung grob zu hacken.

Hinweis: Die Füllung ist nicht ganz durchgebraten, daher sollte sie innerhalb von 24 Stunden verarbeitet werden. Falls Sie sie im Voraus zubereiten, bitte gut abdecken und in den Kühlschrank stellen.

Eine große Schüssel mit kaltem Wasser füllen. Eine Aubergine auf der Arbeitsfläche mit leichtem Druck hin- und herrollen, bis sie spürbar „nachgibt". Mit einem schmalen Löffel mit langen Stiel oder einem Apfelausstecher das Fruchtfleisch herausholen und entsorgen. Das Gemüse in die Schüssel mit dem kalten Wasser legen und die übrigen Auberginen genauso vorbereiten.

Für die Fleischfüllung das Öl in eine mittelgroße Bratpfanne erhitzen. Piment, 1 TL Pfeffer, Zimt und Muskatnuss 5 Sekunden einrühren. Anschließend das Fleisch 4–5 Minuten anbraten, bis es seine Farbe ändert. Vom Herd nehmen und Reis, Tomaten, Ghee oder Butter und 1 EL Salz hinzufügen und alles gut vermischen.

Eine Aubergine aus dem Wasser nehmen, trocken tupfen und die Fleischfüllung hineindrücken, sodass etwa 2,5 cm von der Füllung aus der Öffnung herausquellen. Die restlichen Auberginen ebenfalls füllen und sie dann in einem schweren Topf aufrecht, mit der offenen Seite nach oben, hinstellen. Jede Öffnung mit einigen Tomatenwürfeln bestreuen. Die pürierten oder gehackten Tomaten in den Topf geben und 250 ml Wasser, Salz und Zucker hinzufügen. Bei hoher Temperatur ohne Deckel aufkochen. Den Deckel auflegen, die Temperatur reduzieren und bei mittlerer Hitze 40 Minuten garen, bis die Haut der Auberginen mit einer Gabel mühelos eingestochen werden kann.

Zwei bis drei Auberginen auf einen Teller geben. Der Länge nach etwas aufschneiden, sodass die Füllung sichtbar ist, aber ohne sie vollständig zu halbieren und etwas Tomatensauce daraufgeben.

VARIATION *Um der Füllung von Auberginen, Kürbissen oder Weinblättern eine schöne Farbe zu verleihen, gibt man 3 gehackte Flaschentomaten hinzu. Für gefüllte Kohlrouladen 3 fein gehackte Knoblauchzehen hinzufügen.*

FÜR 6–8 PORTIONEN

16 mittelgroße italienische Auberginen oder 10 kleine Auberginen, Zucchini oder arabische Kürbisse (insgesamt ca. 3 kg) oder eine Mischung daraus, beide Enden abgeschnitten und beiseitegelegt

1 Flaschentomate, in Würfel geschnitten

2 kg frische Tomaten, püriert oder 2 Dosen gehackte Tomaten (à 400 g)

½ TL Zucker

Meersalz

Für die Fleischfüllung:

120 ml Pflanzenöl oder natives Olivenöl Extra

2 EL Piment

¼ TL Zimt

¼ TL frisch geriebene Muskatnuss

1,25 kg grob gehacktes Lammfleisch aus der Keule oder Schulter oder Rinderhackfleisch

330 g Rundkornreis, gewaschen

2 Flaschentomaten oder 1 Fleischtomate, gewürfelt

6 EL Butter oder Ghee

Meersalz und frisch gemahlener schwarzer Pfeffer

GEFÜLLTE AUBERGINEN IN ZITRONENSAUCE

— ◆ —

BAITINJAN SHEIKH IL MAHSHI

Dieses Gericht wird normalerweise bei großen Familienfesten serviert, aber ich habe das Rezept etwas abgeändert, sodass es sich für vier bis sechs Personen eignet. Die Vorbereitungszeit für dieses Gericht ist recht lang, lohnt sich aber auch für eine kleine Anzahl an Gästen – es ist ein Augen- und Gaumenschmaus. Meine Mutter schälte die Schale der Aubergine alle 6 mm herunter, sodass sie dann längs gestreift waren – ein echter Hingucker. Für einen aromatischen Extrakick eine gehackte Jalapeño beim Anbraten der Zwiebeln hinzufügen.

Die Auberginen mit einem Messer der Länge nach aufschneiden, etwas aushöhlen und beiseitestellen.

Das Öl in einer großen Bratpfanne stark erhitzen und die Zwiebeln etwa 5 Minuten goldgelb anbraten. Den Knoblauch etwa 1 Minute mitbraten, bis er Farbe annimmt. Piment, Salz, 1 TL Pfeffer, Zimt und Muskatnuss 30 Sekunden lang unterrühren, bis es duftet. Das Fleisch in die Pfanne geben und unter gelegentlichem Rühren 5–10 Minuten anbraten, bis es seine ursprüngliche Farbe verliert. Pinienkerne, Mandeln und 2 EL Zitronensaft hinzufügen, alles gut vermischen und unter Rühren 1 Minute garen. Den Herd ausschalten.

Den Backofen auf 200 °C vorheizen.

Die Fleischfüllung in die Auberginen geben. Die restliche Füllung in eine Auflaufform geben und die Auberginen daraufsetzen. In der Bratpfanne, die zur Zubereitung der Fleischfüllung verwendet wurde, den übrigen Zitronensaft mit Brühe, Tomaten und Granatapfelsirup oder Tamarindenpaste vermischen und alles aufkochen. Die Sauce über die Auberginen gießen, die Auflaufform mit Alufolie abdecken und im vorgeheizten Backofen 20–30 Minuten braten, bis man mit einer Gabel leicht in die Auberginen stechen kann. Die Folie entfernen und 3–5 Minuten weiterbraten, bis die Auberginen angebräunt sind.

Warm mit Reis und Vermicelli Pilaf servieren

VARIATION *Gefüllte Aubergine mit Joghurtsauce (Makdous Fetti).*
Bereiten Sie die Joghurtsauce vor (siehe Seite 138). Einen Löffel Reis auf einen großen tiefen Teller geben und rundherum mit Arabischem Brot (siehe Seite 57) anrichten. Eine gefüllte Aubergine auf den Reis setzen und Joghurtsauce darübergeben.

FÜR 4–6 PORTIONEN

12 mittelgroße italienische Auberginen
  (insgesamt ca. 3 kg), geschält
60 ml natives Olivenöl Extra
1 mittelgroße weiße Zwiebel, gewürfelt
1 EL Knoblauch, fein gehackt
1 EL gemahlener Piment
½ TL gemahlener Zimt
⅓ TL frisch geriebene Muskatnuss
1,5 kg gehacktes Lammfleisch aus
  der Keule oder Rinderhackfleisch
75 g Pinienkerne, geröstet
75 g Mandelstifte, geröstet
120 ml frisch gepresster Zitronensaft
1,5 l Hühner-, Lamm- oder Rinderbrühe
2 Flaschentomaten, gehackt
3 EL Granatapfelsirup oder
  2 EL Tamarindenpaste (optional)
Meersalz und frisch gemahlener
  schwarzer Pfeffer

Zum Servieren;
Reis und Vermicelli Pilaf (siehe Seite 182)

GEFÜLLTE WEINBLÄTTER

WARAK ANAB

Ich habe schon gesehen, wie Freunde und Familienangehörige an einem Abend 40–50 davon verzehrt haben! Und das geht, denn richtig zubereitet sind die gefüllten Weinblätter nur so groß wie ein kleiner Finger. Ich habe erst kürzlich frische Weinblätter in einem Lebensmittelladen in der Nähe des Restaurants gefunden – frisch schmecken sie nämlich am besten (und sind auch mit Taboulé immer sehr lecker; Seite 73), sind aber leider nur schwer erhältlich. Falls Sie welche finden, verwenden Sie nur die kleinsten mit weicher Oberfläche, und vergewissern Sie sich, dass die Blätter in einem extrem guten Zustand sind. Kaufen Sie ruhig etwas mehr und frieren Sie den Rest ein! Falls keine frischen Weinblätter zu finden sind, können Sie auch welche in Salzlake verwenden.

Die Weinblätter mit der glänzenden Seite nach unten und der Stielseite zu Ihnen gerichtet stapeln. Falls die Blattoberflächen sehr uneben sind, die Blätter in der Mitte durchschneiden und zusammenklappen oder mit einem anderen Blatt die Unebenheiten ausgleichen. Die beiseitegelegten Stiele in einen großen Topf geben.

Zum Füllen ein Blatt vor sich auf die Arbeitsfläche legen und 1 EL Füllung in die Blattmitte geben. Jede Seite des Blattes über die Füllung klappen und vom Stielansatz zur Blattspitze hin sehr straff aufrollen, sodass die Füllung fest eingeschlossen ist. Mit den restlichen Weinblättern und der übrigen Füllung wiederholen. Fertig gefüllte Weinblätter in den Topf legen, dabei vom äußeren Rand beginnend nach innen zur Mitte kreisförmig anordnen und in mehreren Schichten anordnen.

Die Weinblätter im Topf mit einem kleinen hitzebeständigen Teller abdecken. Die Brühe und 500 ml Wasser mit Salz in den Topf geben. Zudecken und bei starker Hitze aufkochen, dann die Temperatur reduzieren und bei mittlerer Hitze 1–1 ½ Stunden kochen, bis der Reis gar ist und die Weinblätter weich sind.

Den Topfdeckel entfernen. Mit einem Backhandschuh den Teller fest gegen die Weinblätter drücken und die Flüssigkeit aus dem Topf abgießen. Den Teller entfernen. Eine Servierplatte über den Topf legen und den Topf stürzen. Die Stiele entsorgen. Die Weinblätter mit Zitronenspalten garnieren.

ERGIBT 100 WEINBLÄTTER

100 Weinblätter, Stiele entfernen und beiseitelegen
Fleischfüllung (siehe Seite 150)
1,25 l Brühe von Würzigem Hühnchen mit Brühe oder von Würzigem Lamm oder Rind mit Brühe (siehe Seite 90 oder 102), oder Hühnerbrühe
Zitronenspalten zum Garnieren
Meersalz

GEFÜLLTE WEINBLÄTTER UND KÜRBISSE

— ◆• —

KUSA WA WARAK

Kusa bedeutet Kürbis, und *Warak* heißt wörtlich übersetzt „Papier" – oder in diesem Fall Weinblätter. Meine Mutter bereitete diese besondere Kombination von gefülltem Gemüse oft für unsere sonntäglichen Abendessen zu. Meine Eltern hatten zuhause in Nazareth sehr häufig Besuch, und die Frauen liebten es, gemeinsam die Weinblätter einzurollen und dabei den neuesten Nachbarschaftsklatsch auszutauschen. Bei uns ist es üblich, dass die Gäste beim Kochen mithelfen. Die Mengenangabe hier mag Ihnen für sechs Personen vielleicht etwas viel vorkommen, aber ich versichere Ihnen, dass jedes Mal, wenn ein Gast im Restaurant dieses Gericht bestellt, kein Krümel davon übrigbleibt.

✤ **TIPP** Vergewissern Sie sich, dass der Servierteller, den Sie zum Stürzen verwenden wollen, 10 cm größer als der Topf ist, den Sie zum Kochen verwenden.

Piment, Salz, ½ TL Pfeffer, Muskatnuss und Kardamom in eine kleine Schale vermengen. Die Lammkotelett mit der Gewürzmischung einreiben und beiseitestellen.

Die Tomatenscheiben auf dem Boden eines schweren großen Topfes verteilen. Die Lammkoteletts sternförmig darauflegen – die Knochen zur Mitte, das Fleisch zum Rand. Die Kürbisse und anschließen die Weinblätter darauflegen.

1,25 l Wasser in den Topf gießen und salzen. Einen hitzebeständigen Teller, der konstanten Druck auf die Blätter ausübt, auf die gefüllten Weinblätter legen. Den Topfdeckel auflegen und bei hoher Temperatur zum Kochen bringen. Die Temperatur reduzieren und bei mäßiger Hitze 40–60 Minuten kochen, bis die Weinblätter gar sind. Den Zitronensaft in den Topf geben und weitere 2 Minuten kochen. Den Herd ausschalten und 5 Minuten ziehen lassen.

Den Topfdeckel und den Teller entfernen. Einen Servierteller mit Rand auf den Topf legen stürzen. Mit Zitronenspalten garnieren und sofort servieren.

FÜR 6 PORTIONEN

1 TL gemahlener Piment

½ TL frisch geriebene Muskatnuss

1 Prise gemahlener Kardamom (optional)

8 Lammkoteletts (insgesamt ca. 1,75 kg), küchenfertig vorbereitet

2 Flaschentomaten, in 5 mm dicke Scheiben geschnitten

Gefüllte Kürbisse (siehe Seite 150), ungekocht

Gefüllte Weinblätter (siehe Seite 153), ungekocht

frisch gepresster Saft von 2 Zitronen

Zitronenschnitze zum Garnieren

Meersalz und frisch gemahlener schwarzer Pfeffer

GEFÜLLTE KOHLROULADEN

·•·

MALFOOF

Der Kohl in meiner Heimat kommt mir geschmacksintensiver vor als der, den es in den Staaten zu kaufen gibt. Ich denke, das liegt daran, dass die Kohlköpfe im Nahen Osten nie gegossen werden, außer vom Regen. Immer wenn ich dieses Gericht vorbereite, erinnere ich mich an den riesigen Kohlkopf, den ich einst in einem Supermarkt in Jerusalem gesehen hatte. Er hatte einen Durchmesser von 75 cm – genug, um ein ganzes Dorf satt zu machen! Ich transportierte ihn von Jerusalem nach Tarshiha. Als ich dort endlich ankam, lud ich alle Freunde und Familienmitglieder zu einem Abendessen ein, das auf diesem einen Kohlkopf basierte! In den Staaten kommen meine gefüllten Kohlrouladen immer sehr gut an. Sie können die Rouladen schon am Vortag vorbereiten, am nächsten Tag kochen und dazu eine Schale Joghurt servieren. Ich bereite dazu immer einen meiner Lieblingssalate vor – geschnittenen Kohl mit Zitronensaft, Olivenöl und Knoblauch.

Hinweis: Die Füllung ist nicht ganz durchgegart, daher sollte sie innerhalb von 24 Stunden verarbeitet werden. Falls Sie sie erst am nächsten Tag verwenden, bitte gut abdecken und im Kühlschrank aufbewahren.

Mit einem scharfen Messer die harten Blattrippen der gekochten Kohlblätter wegschneiden, beiseitestellen und die Blätter stapeln. Die Blattrippen in einen schweren Topf geben. Die Lammkoteletts darauflegen und die halbierten Knoblauchknollen in den Topf geben.

Für die Hashwi-Füllung das Öl in einer mittelgroßen Bratpfanne erhitzen. Piment, 1 EL Pfeffer, Zimt und Muskatnuss hinzufügen und 5 Sekunden anrösten, dann das Lammfleisch 4–5 Minuten darin mitbraten, bis es seine Farbe ändert. Die Pfanne vom Herd nehmen, Reis, Ghee, Knoblauch und 1 EL Salz hinzufügen und gut vermischen.

Zum Füllen der Rouladen jeweils immer ein Kohlblatt mit der Blattspitze von Ihnen wegzeigend auf eine saubere Arbeitsfläche legen. 1 EL der Füllung in die Mitte des Blattes geben. Jedes Blatt von rechts und links über die Füllung klappen und vom Blattansatz zur Spitze hin sehr straff zusammenrollen, sodass die ganze Füllung fest eingeschlossen wird. Die Rouladen vom äußeren Rand beginnend nach innen zur Mitte kreisförmig über die Lammkoteletts anordnen und schichten. Einen hitzebeständigen Teller direkt auf die Rouladen legen und hinunterdrücken. Mit 750 ml Wasser aufgießen und zum Kochen bringen. Die Temperatur reduzieren und die Kohlrouladen bei milder Hitze 40–60 Minuten köcheln, bis man mit einer Gabel leicht in ein Kohlblatt stechen kann.

Den gehackten Knoblauch mit dem Zitronensaft in einer kleinen Schüssel vermengen. Die Mischung in den Topf geben, zudecken und 1 Minute kochen lassen. Den Topf vom Herd nehmen und abdecken. Mit einem Backofenhandschuh den Teller fest auf die Rouladen drücken und die Flüssigkeit abgießen. Eine Servierplatte umgekehrt auf den Topf legen und den Inhalt auf die Platte stürzen. Den Topf kurz noch umgekippt lassen, damit sich alle Rollen lösen können. Die Blattrippen entfernen. Die Lammkoteletts und die Kohlrouladen mit Zitronenspalten servieren.

GEKOCHTER KOHL

Reichlich Wasser in einem großen Kochtopf (groß genug für den Kohlkopf) bei starker Hitze aufkochen. Den geputzten Kohlkopf mit dem Strunk nach oben in den Topf geben. Während des Kochens wird der Strunk weicher. Lässt sich eine große Fleischgabel am Ansatz bis zur Mitte des Kohlkopfes einstechen, noch 3 Minuten weitergaren. Der Kohl muss al dente sein und die Blätter sollten sich lösen, aber nicht zusammenfallen. Den Kohlkopf in einem Sieb abkühlen lassen.

FÜR 4 PORTIONEN

2 große weiße Kohlköpfe (à ca. 2,5 kg), gekocht (siehe oben)
4–6 Lammkoteletts oder Lammstücke von der Schulter mit Knochen (insgesamt 1,25–1,5 kg)
2 Knoblauchknollen, halbiert
5 Knoblauchzehen, fein gehackt
120 ml frisch gepresster Zitronensaft
Zitronenspalten zum Garnieren

Für die Hashwi-Füllung:

120 ml Pflanzenöl
3 EL Piment
⅓ TL Zimt
⅓ TL frisch geriebene Muskatnuss
1,25 kg Lamm aus der Keule oder Schulter, grob gehackt
330 g Rundkornreis, gewaschen
40 g Butter oder Ghee
2 Knoblauchzehen, gehackt (wenn Sie mögen auch gerne etwas mehr!)
Meersalz und frisch gemahlener schwarzer Pfeffer

ÄGYPTISCHER REIS MIT LAMM UND PINIENKERNEN

MANSAAF

Dieses Gericht, das auf keiner Hochzeit fehlen darf, wird im Nahen Osten in jeder Region anders zubereitet. In Jordanien wird es auf die Beduinenart mit getrocknetem Joghurt (der Joghurt wird hierfür gekocht, die Flüssigkeit wird von der Oberfläche abgeschöpft; er wird dann gesiebt, zu Bällen geformt und zum Trocknen in die Sonne gelegt) gekocht und mit leicht gewürztem oder ungewürztem Reis serviert. In Galiläa wird es mit verschiedenen Gewürzen und Nüssen zubereitet. Das Gericht wird immer auf einem Sidir angerichtet, was aus dem Arabischen stammt und, wörtlich übersetzt, „großer runder Tisch" bedeutet – ein Zeichen dafür, dass eine Feier stattfindet. *Mansaaf* ist die traditionelle Füllung für ein ganzes gebratenes Lamm, aber das wiederum ist ein Rezept für ein anderes Kochbuch!

Piment, Kardamom, 1 TL Pfeffer, Muskatnuss und Zimt in einer kleinen Schüssel vermischen und beiseitestellen.

In einer großen Pfanne das Pflanzenöl bei mittlerer Temperatur erhitzen und das Lammfleisch mit der Hälfte der Gewürzmischung darin anbraten. Dabei gut umrühren, sodass das Fleisch gut von den Gewürzen umhüllt ist. Die Pfanne vom Herd nehmen und beiseitestellen.

Das Ghee in einem großen Topf bei hoher Temperatur erhitzen. Den Reis unter Rühren 3–4 Minuten anbraten, bis er perlweiß ist. Die restliche Gewürzmischung zusammen mit Lammfleisch, Pinienkernen und Mandeln hinzugeben und mit 1,5 l kochendem Wasser aufgießen. Aufkochen lassen, die Temperatur reduzieren bei geringer Hitze 11–12 Minuten zugedeckt weiterköcheln. Warm servieren.

VARIATION *Für ein schnelles Mansaaf, 1 kg gehackte Hühnerbrust ohne Knochen und Haut in 60 ml nativem Olivenöl Extra anbraten, bis es nicht mehr rosa ist. 1,5 l Wasser oder Hühnerbrühe hinzufügen. Wie oben beschrieben fortfahren.*

FÜR 8–10 PORTIONEN

4 ¾ TL gemahlener Piment

⅓ TL gemahlener Kardamom oder 3 Kardamomkapseln fein zermahlen

⅓ TL frisch geriebene Muskatnuss

⅓ TL gemahlener Zimt

3 EL Pflanzenöl

1,5 kg Lammfleisch von Würzigem Lamm oder Rind mit Brühe (siehe Seite 102)

60 ml Ghee, Butter oder Pflanzenöl

900 g ägyptischer Reis, gewaschen

150 g Pinienkerne

150 g Mandelstifte

frisch gemahlener schwarzer Pfeffer

KAFTA

Kafta ist in Nordafrika, dem Nahen Osten (*Kefte* oder *Kufta*), bis nach Griechenland (*Kettedes*), der Türkei, dem Iran und den Weg nach Indien (*Kofta*) hinunter sehr bekannt. Alle Namen stammen von „Kuftan" ab, was auf Persisch so viel wie „zerkleinern" bedeutet. Jede Region, jeder Koch hat eine eigene Zubereitungsart. Es gibt zig Varianten – gebacken, gekocht, gegrillt, frittiert, gedämpft, pochiert, auf einem Backblech verteilt, in Bällchen gerollt oder als Füllung für eine Art Crêpe. Viele glauben, dass Kafta aus der Türkei stammt, aber die Syrier aus Aleppo sind überzeugt, dass ihre Version die einzig wahre ist. Vom Lamm sollten Sie nur das Fleisch aus der Keule verwenden; die Schulter ist für dieses Gericht zu fetthaltig.

Das Fleisch mit Zwiebeln, Tomaten, Petersilie, 1 EL Pfeffer, 1 EL Salz, Piment, Muskatnuss und Kreuzkümmel in eine große Schüssel geben und mit den Händen vermengen. Auf einer sauberen Arbeitsfläche die Masse so lange kneten, bis sie weich ist. In den nachfolgenden Rezepten finden Sie unterschiedliche Anleitungen zum Formen der Kafta. Bitte halten Sie sich immer an die in dem jeweiligen Rezept angegebene Version.

FÜR 6–8 PORTIONEN

je 750 g Rindfleisch und Lammfleisch, grob gehackt, oder 1,5 kg von einer Sorte
1 große weiße Zwiebel, fein gehackt
1 Flaschentomate, klein gewürfelt
60 g gehackte glatte Petersilie
4 ½ TL gemahlener Piment
¼ TL geriebene Muskatnuss
¼ TL gemahlener Kreuzkümmel (optional)
Meersalz und frisch gemahlener schwarzer Pfeffer

TOMATENSAUCE

Ich verwende diese vielseitige Tomatensauce bei einigen Gerichten des Tanoreen. Okraschoten lassen sich darin wunderbar schmoren, und wenn meine Tochter Verlangen nach Nudeln hat, gebe ich einfach einen Esslöffel gehacktes Basilikum in die Sauce und serviere sie zu Spaghetti. Die Tomatensauce passt auch hervorragend zu gebratenem Hühnchen, Fleisch oder Fisch. Sie können die Sauce in einem wiederverschließbaren Gefrierbeutel bis zu 4 Monate einfrieren. Wenn Sie sie wieder erwärmen, geben Sie eine Prise Kreuzkümmel und Piment hinzu, denn durch den Gefriervorgang wird manchmal das Aroma der Gewürze abgeschwächt. Für eine mildere Version einfach die Jalapeños weglassen. Sie werden merken, dass ich diese Tomatensauce leicht abgewandelt auch bei meinem Tomaten-Bohnen-Knoblaucheintopf (siehe Seite 101) und meinem Rindfleischeintopf mit weißen Bohnen (siehe Seite 106) verwende.

In einer großen Pfanne das Olivenöl bei mittlerer Temperatur erhitzen und die Schalotten 3–4 Minuten darin anschwitzen. Die Chilischote einrühren, 2 Minuten anbraten und danach den Knoblauch 1 Minute mitbraten, bis er weich ist. Anschließend Kreuzkümmel, Piment, 1 TL Pfeffer und Salz 30 Sekunden mitrösten, bis die Gewürzmischung duftet. Die frischen Tomaten in die Pfanne geben und unter gelegentlichem Rühren 4–5 Minuten dünsten, bis sie weich sind und genügend Flüssigkeit abgeben. Tomatenmark, gehackte Tomaten, Zucker und 500 ml Wasser hinzufügen. Unter gelegentlichem Rühren aufkochen. Die Temperatur reduzieren und etwa 10 Minuten köcheln, bis die Sauce etwas eingedickt ist.

ERGIBT 1,5 L (FÜR 10 PORTIONEN)

120 ml natives Olivenöl Extra
2 Schalotten oder 1 kleine weiße Zwiebel, fein gehackt
1 lange grüne Chilischote oder 2 Jalapeños, fein gehackt
6 Knoblauchzehen, fein gehackt
1 TL gemahlener Kreuzkümmel
1 TL gemahlener Piment
4 Fleischtomaten oder 8 Flaschentomaten (insgesamt ca. 1,5 kg) gehackt
1 EL Tomatenmark
1 Dose gehackte Tomaten (400 g)
1 TL Zucker
Meersalz und frisch gemahlener schwarzer Pfeffer

KAFTA MIT TAHINI- ODER TOMATENSAUCE

⸻ ⬩◆⬩ ⸻

KAFTA BIL TAHINA AW KAFTA BIL BANDOORA

Meine Mutter hat das Kafta immer aufgeteilt – eine Hälfte bereitete sie mit Tahini- und die andere mit Tomatensauce zu. Das ist eine gute Methode um beide Varianten zu probieren, und übriggebliebene Sauce kann man eine Weile einfrieren. Für gebackene Kafta ist Tahini-Sauce ein klassischer Überzug. Dieses Rezept ist im Nahen Osten wohl die verbreitetste Version.

Den Backofen auf 230 °C vorheizen. Ein 30 × 50cm großes Backblech mit Olivenöl bestreichen.

Die Kafta-Mischung gleichmäßig auf dem Backblech bis in die Ecken verteilen. Mit der Handkante das Fleisch leicht eindrücken und damit acht Portionen markieren. 3 EL Olivenöl auf der gesamten Oberfläche verteilen. Das Backblech in den Backofen schieben und etwa 20 Minuten braten, bis das Fleisch nicht mehr rosa ist. Aus dem Backofen nehmen und beiseitestellen.

Falls Sie die Kartoffeln ebenfalls im Backofen zubereiten möchten, die Temperatur auf 150 °C herunterstellen. Dazu die Kartoffelscheiben mit Öl gut einpinseln, eine Kartoffelschicht auf einem Backblech verteilen und etwa 20 Minuten im Backofen goldbraun braten.

Um die Kartoffeln zu frittieren, Pflanzenöl in eine große, tiefe Bratpfanne geben und bei hoher Temperatur erhitzen. Die Kartoffeln portionsweise vorsichtig in das heiße Öl gleiten lassen und insgesamt 4 Minuten goldbraun frittieren, dabei einmal wenden. Mit einem Schaumlöffel die Kartoffeln herausheben und auf Küchenpapier abtropfen lassen.

Das Kafta entlang der Abdrücke einschneiden, aber auf dem Blech belassen. Die Kartoffelscheiben darauflegen und Tahini- oder Tomatensauce darübergeben. Das Blech wieder in den Backofen schieben und 5 Minuten weiterbraten. Warm servieren.

FÜR 6–8 PORTIONEN

Kafta (siehe Seite 158)
3 EL natives Olivenöl Extra zzgl. etwas
    zum Einfetten und für die Pfanne
500 ml Pflanzenöl zum Frittieren
3 mehligkochende Kartoffeln, geschält,
    längs halbiert und in 5 mm dicke
    Halbmonde geschnitten
dickflüssige Tahini-Sauce (siehe Seite 195)
    oder Tomatensauce (siehe Seite 158)

KAFTA-ROLLE À LA TANOREEN

Die meisten Köche im Nahen Osten bereiten dieses Gericht traditionell mit Tahini-Sauce zu – aber ich finde, dass die Aromen des Granatapfelsirups und der Chilipaste in meiner Scharfen Tahini-Sauce diesem Rezept den letzten Schliff geben. Die Sauce passt hervorragend zu Gegrilltem, Gebratenem und selbst über Bratkartoffeln geträufelt. Servieren Sie zu diesem Gericht Reis und Vermicelli Pilaf (siehe Seite 182) oder gebratene Karotten und Kartoffeln.

In einer großen Pfanne 2 EL Olivenöl erhitzen und die Zwiebeln darin 8–10 Minuten braten, bis sie weich und goldgelb sind. 2 EL der Zwiebeln aus der Pfanne nehmen und beiseitestellen. Tomaten, Petersilie – hiervon 2 EL zurückbehalten –, Sumak, 1 TL Pfeffer, Knoblauch und Zitronensaft in die Pfanne geben. Alles verrühren, dann vom Herd nehmen.

Den Ofen auf 230 °C vorheizen. Ein Bogen Butterbrotpapier auf eine Arbeitsfläche legen. Von der Kafta-Masse etwa 100 g abnehmen und mit den Händen zu einem Ball formen. Diesen in der offenen Handfläche flachdrücken, auf das Papier legen und einen Kreis von 18 cm formen. In die Mitte der flachgedrückten Fleischmasse 3 EL der Füllung geben. Jetzt eine Hand unter das Papier schieben, ein Drittel des Bratlings von links über die Füllung, dann ein Drittel von rechts darüberklappen, um die Füllung komplett einzuwickeln.

Die Kafta-Rolle auf ein Backblech setzen und mit der restlichen Mischung und der restlichen Füllung wiederholen. Insgesamt 6–8 Bratlinge formen. Das Backblech in den Ofen schieben und die Rollen braten, bis sie nicht mehr rosa sind. Die Bratlinge mit Tahini-Sauce beträufeln und 3–5 Minuten weiterbraten. Mit gerösteten Mandeln, den beiseitegestellten Zwiebeln sowie der Petersilie bestreuen und warm servieren.

FÜR 8–10 PORTIONEN

5 EL natives Olivenöl Extra
4 mittelgroße weiße Zwiebeln, fein gehackt
3 Flaschentomaten, gehackt
30 g gehackte glatte Petersilie
1 EL Sumak
1 TL Knoblauch, fein gehackt
frisch gepresster Saft von 1 Zitrone
Kafta (siehe Seite 158)
Scharfe Tahini-Sauce (siehe Seite 195)
150 g Mandelblättchen oder
    Pinienkerne, geröstet
frisch gemahlener schwarzer Pfeffer

KIBBEH VOM BLECH

KIBBEH BIL SINIYAH

Dieses Gericht ist nach der Pfanne benannt, in der man es ursprünglich zubereitet. Die Libanesen und Syrer essen es normalerweise auf diese Art zubereitet. Es wird mit Joghurt, Tomatensalat (siehe Seite 69) und einigen Oliven serviert.

Den Backofen auf 230 °C vorheizen. Eine Backform mit 32 cm Durchmesser und hohem Rand oder eine Auflaufform mit etwas Öl vom Hossi bepinseln.

Die Hälfte des Kibbeh in die Form geben und bis in die Ecken hinein gleichmäßig verteilen. Mit den Händen glatt streichen. Die Hossi-Mischung über das gesamte Kibbeh streichen (Ecken und Ränder nicht vergessen). Das restliche Kibbeh über das Hossi bis hin zum Rand gleichmäßig verteilen (die Hände oft in kaltes Wasser tunken, damit die Masse weich wird) und wieder glatt streichen. Alle 1,5 cm diagonal einschneiden. Die Form in den vorgeheizten Backofen stellen und 20–30 Minuten braten, bis das Fleisch Farbe bekommt und gar ist.

Hossi (siehe Seite 32), das Öl abgießen
    und beiseitestellen
Kibbeh (siehe Seite 35)

LAMM UND GEMÜSE VERKEHRT HERUM

— ⋅◆⋅ —

MAKLOOBEH

Während Jumanas Zeit in Kairo kochten sie und ihre Mitbewohner oft typische Gerichte aus ihrer jeweiligen Heimat. Ihre ägyptischen Freunde kochten Koshari, ein Gericht aus Linsen, Reis, Nudeln, Tomaten und Zwiebeln. Ihre jordanische Mitbewohnerin kochte Mansaaf (siehe Seite 157). Jumana kochte Makloobeh, das üppige palästinensische Lammgericht, das eine ganze Horde satt macht.

Makloobeh bedeutet auf Arabisch „verkehrt herum", weil der mit Reis-, Fleisch- und Gemüseschichten gefüllte Topf auf eine Servierplatte gestürzt wird. Das Gericht wird mit Naturjoghurt oder mit Tomatensalat (siehe Seite 69) serviert. Luftdicht verpackt und im Kühlschrank gelagert, ist es 1 Woche lang haltbar.

In einer Pfanne Ghee und Olivenöl bei hoher Temperatur erhitzen und die Zwiebeln 7–10 Minuten goldgelb braten, bis sie weich sind. Die Knoblauchzehen dazugeben und mitbraten, bis sie Farbe annehmen, den Reis hinzufügen und 3–5 Minuten rühren, bis die Körner perlweiß sind. Piment, 1 EL Salz, 1 TL Pfeffer, Muskatnuss, Kreuzkümmel und Kardamom hinzufügen und 30 Sekunden mitbraten. Die Pfanne vom Herd nehmen.

In einem mittelgroßen Topf die Lammbrühe aufkochen.

In der Zwischenzeit in einem tiefen, großen Topf mit einem dicht schließenden Deckel die Karottenscheiben von der Mitte beginnend nach außen bis an den Rand anordnen. Die Tomatenscheiben über die Karotten schichten und dann das Lammfleisch mit den Auberginen darauf verteilen und mit der Reismischung bedecken. 1,5 l Lammbrühe, Granatapfelsirup und Sojasauce hineingießen. Zudecken und bei hoher Temperatur aufkochen. Die Temperatur reduzieren und bei milder Hitze 30 Minuten köcheln, bis der Reis die gesamte Flüssigkeit aufgesogen hat. Falls der Reis noch nicht gar ist, nochmals bis zu 120 ml Brühe hinzugießen und weiterköcheln, bis der Reis die gewünschte Konsistenz hat. Den Herd abstellen und das Gericht abgedeckt 5–10 Minuten ziehen lassen.

Den Deckel entfernen und eine Servierplatte auflegen, deren Durchmesser 10 cm größer als der Topf ist. Den Topf stürzen und vorsichtig entfernen. Das Gericht mit Pinienkernen und Mandeln bestreuen und warm servieren.

VARIATION *Auf den ersten Blick sehen alle Makloobeh gleich aus, aber die Gemüse- und Fleischschichten sorgen immer für eine Überraschung – und lassen viel Raum für eigene Kreationen. Hier meine Lieblingszusammenstellungen:*

Verwenden Sie Würziges Hühnchen mit Brühe (siehe Seite 90) oder Würziges Rind mit Brühe (siehe Seite 102) mit 2–2,5 kg gebratenen oder frittierten Blumenkohlröschen anstatt der Auberginen.

Verwenden Sie Würziges Lamm mit Brühe (siehe Seite 102) mit 2 kg gebratenen frischen Favabohnen oder 2 kg Zuckererbsen anstatt der Auberginen (falls Sie Reis verwenden 1 TL gemahlene Kurkuma zur Gewürzmischung hinzufügen).

FÜR 6–8 PORTIONEN

60 ml Ghee

80 ml natives Olivenöl Extra

3 weiße Zwiebeln, halbiert und halbmondförmig geschnitten

10 Knoblauchzehen, geschält

900 g ägyptischer Reis, gewaschen

1 EL gemahlener Piment

⅓ TL frisch geriebene Muskatnuss

½ TL gemahlener Kreuzkümmel

1 Prise gemahlener Kardamom (optional)

2 l Brühe und 1 kg Lammfleisch von Würzigem Lamm oder Rind mit Brühe (siehe Seite 102), das Fleisch in kleine Würfel geschnitten

2 Karotten, diagonal in 5 mm dicke Scheiben geschnitten

2 Fleischtomaten, diagonal in 5 mm dicke Scheiben geschnitten

4 mittelgroße Auberginen, diagonal in 1,5 cm dicke Scheiben geschnitten, frittiert oder gebraten (siehe Seite 39)

60 ml Granatapfelsirup

3 EL dunkle Sojasauce (optional)

75 g Pinienkerne, frittiert

75 g Mandelblättchen, frittiert

Meersalz und frisch gemahlener schwarzer Pfeffer

GEWÜRZTE LAMMHAXE

— ◦•◦ —

MOZZAT MHAMMARA

Dies ist ein Gericht, das ich extra für das Tanoreen kreiert habe. In Nazareth haben wir nur sehr selten, wenn überhaupt, Lammhaxen einzeln gekocht, weil wir immer gleich ein ganzes Lamm kauften. Das bedeutete, dass wir nur vier Haxen für eine siebenköpfige Familie zur Verfügung hatten. Das Fleisch der Lammhaxen ist sehr schwierig zu kochen – das Fleisch wird leicht zäh, wenn es zu lange bei milder Temperatur gart. Obwohl die Lammhaxen hier drei Stunden lang schmoren wird das Fleisch so zart, dass es vom Knochen fällt.

Den Backofen auf 250 °C vorheizen. Piment, 1 EL Pfeffer, Kardamom, Zimt, Muskatnuss und Kreuzkümmel in einer kleinen Schüssel vermengen. Von den Lammhaxen das überschüssige Fett entfernen. Mit der Hälfte der Gewürzmischung die Lammhaxen einreiben.

In einer großen Bratpfanne 120 ml Öl geben und bei mittlerer Temperatur erhitzen. Die Haxen portionsweise 3–5 Minuten pro Seite scharf anbraten. Die Haxen auf eine Platte legen. Die Zwiebeln in die Bratpfanne geben und 3 Minuten anbraten, bis sie weich und goldgelb sind. Anschließend die restliche Gewürzmischung und den Knoblauch 1 Minute mitbraten, bis es duftet. Basilikum, Petersilie und Koriandergrün unterrühren und 2–3 Minuten garen, bis die Kräuter beginnen, ihre Farbe zu ändern. Die Tomaten hinzufügen und unter gelegentlichem Rühren 5–7 Minuten dünsten, bis sie weich sind. Zitronensaft und 1 EL Salz einrühren und den Herd ausschalten.

Die Kartoffeln und die Karotten längs halbieren und in 5 mm dicke Halbmonde schneiden. Kartoffeln, Karotten und Chilischoten in eine große Auflaufform geben und mit dem restlichen Öl bepinseln. Das Gemüse 10 Minuten anbraten und nach der Hälfte der Bratzeit einmal wenden. Die Haxen aus der Pfanne nehmen auf das Gemüse in der Auflaufform legen. Mit einem großen Löffel etwas von der Zwiebel-Gewürz-Mischung auf jede Haxe geben. Die Auflaufform bis zur Hälfte mit heißem Wasser füllen, die Haxen mit Butterbrotpapier abdecken und die Auflaufform fest mit Alufolie verschließen. Im Backofen 1 Stunde braten, dabei den Wasserstand kontrollieren und, falls zu viel Flüssigkeit verdunstet ist, wieder bis zur Mitte auffüllen. Die Temperatur auf 200 °C reduzieren und 1 Stunde weiterbraten. Den Wasserstand kontrollieren und erneut bis zum ursprünglichen Stand auffüllen; eine weitere letzte Stunde oder so lange schmoren lassen, bis sich das Fleisch leicht vom Knochen löst.

Jede Lammhaxe auf einen Teller legen, mit dem Gemüse auf der Seite anrichten und mit Reis und Vermicelli Pilaf oder Basmatireis mit Gemüse servieren.

FÜR 6–8 PORTIONEN

2 EL gemahlener Piment
½ TL gemahlener Kardamom
½ TL gemahlener Zimt
½ TL frisch geriebene Muskatnuss
1 TL gemahlener Kreuzkümmel
6 große Lammhaxen
250 ml Oliven- oder Pflanzenöl
2 weiße Zwiebeln, gehackt
6 Knoblauchzehen, fein gehackt
60 g gehackte Basilikumblätter
30 g gehackte glatte Petersilie
60 g gehacktes Koriandergrün
6 Flaschentomaten oder 3 Fleischtomaten, gehackt
120 ml frisch gepresster Zitronensaft
6 mehligkochende Kartoffeln, geschält
2 Karotten, geschält
2 Chilischoten, entkernt und fein gehackt (optional)
Meersalz und frisch gemahlener schwarzer Pfeffer

Zum Servieren
Reis und Vermicelli Pilaf (siehe Seite 182)
Basmatireis mit Gemüse (siehe Seite 183)

GERÄUCHERTER GRÜNER WEIZEN MIT LAMM

—◦•◦—

FREEKEH BEL LAHMEH

Freekeh – geräucherter grüner Weizen – wurde im Nahen Osten sehr lange als bäuerliches Essen angesehen. Mittlerweile ist er ein richtiger Trend in der Gastronomie geworden, nicht nur in dieser Region sondern auch in den Vereinigten Staaten. Sein rauchiger, gerösteter Geschmack passt wunderbar zu Lamm und Nüssen, eine Kombination, die meine Mutter noch etwas aufpeppte, indem sie nicht nur standardmäßig Mandeln und Pinienkerne verwendete, so wie ich hier, sondern indem sie das Ganze auch noch mit Walnüssen bestreute. Sie servierte Freekeh immer mit Naturjoghurt und einem Tomatensalat (siehe Seite 69). Fattoush (siehe Seite 70) passt auch wunderbar dazu.

TIPP Ich mag es, wenn der Weizen al dente ist wie Risotto, aber wenn Sie ihn ein wenig weicher bevorzugen, können Sie etwas mehr als 1,5 l Brühe in den Topf gießen. Den Weizen so lange kochen, bis die Körner die ganze Flüssigkeit aufgesogen haben.

Das Olivenöl in einem großen Topf bei mittlerer Temperatur erhitzen. Die Zwiebeln 3–4 Minuten anbraten, bis sie weich sind und duften. Den Knoblauch dazugeben und 1 Minute mitbraten. Anschließend Piment, 1 TL Pfeffer, Kardamom und Muskatnuss hinzufügen und unter Rühren 30 Sekunden anbraten, bis die Gewürzmischung duftet. Den Freekeh hinzufügen und etwa 2 Minuten unter Rühren garen, bis er komplett mit der Gewürzmischung bedeckt ist, dann die Brühe und das Lammfleisch hinzufügen. Die Temperatur erhöhen und aufkochen. Dann die Temperatur reduzieren und bei mittlerer Hitze 14 Minuten köcheln oder so lange, bis der Freekeh die gesamte Flüssigkeit aufgenommen hat. Falls Ihnen die Körner noch nicht weich genug sind, können Sie nochmals 120 ml Brühe hineingießen und abgedeckt weiterkochen, bis die Flüssigkeit aufgesogen ist.

Den Freekeh und die Lammmischung auf eine größere Servierplatte geben, mit Mandeln und Pinienkernen bestreuen und servieren.

FÜR 8 PORTIONEN

160 ml natives Olivenöl Extra

1 weiße Zwiebeln, gewürfelt

3–4 Knoblauchzehen, fein gehackt

1 EL gemahlener Piment

⅓ TL gemahlener Kardamom (optional)

¼ TL frisch geriebene Muskatnuss

300 g Freekeh (alternativ Grünkern)

1,5 l Brühe und 1,5 kg Lammfleisch von Würzigem Lamm oder Rind mit Brühe (siehe Seite 102)

75 g Mandelstifte, geröstet

30 g Pinienkerne, geröstet

frisch gemahlener schwarzer Pfeffer

GEBACKENE AUBERGINEN MIT LAMM

— ·•· —

SINNIYAT BAITINJAN

Die Griechen haben ihr Moussa, die Italiener ihre Lasagne und im Nahen Osten haben wir unseren *Siniyat Baitinjan*. Dieser wunderbare Auflauf ist ein großartiges Familiengericht und eines der beliebtesten im Tanoreen. Ich habe Gäste, die diesem Gericht ihre Treue geschworen haben und es nun seit mehr als vierzehn Jahren bestellen. Das Geheimnis für ein saftiges Siniyat Baitinjan liegt darin, es richtig mit Kreuzkümmel zu würzen und das Fleisch komplett mit den Auberginen zu bedecken, damit es nicht austrocknet.

Das Olivenöl in einen großen Topf geben und bei hoher Temperatur erhitzen. Die Zwiebeln etwa 3 Minuten goldgelb anbraten, anschließend den Knoblauch 2 Minuten mitbraten, bis er duftet. Piment, Koriander, Kreuzkümmel, ½ TL Pfeffer, Muskatnuss und Zimt 30 Sekunden einrühren. Das Fleisch hinzugeben und 7–10 Minuten anbraten, bis es seine Farbe verliert. Die gehackten Tomaten und den Zitronensaft hinzufügen und 3–5 Minuten dünsten, bis die Tomaten weich sind und genügend Flüssigkeit abgegeben haben. 1 EL Salz einrühren und den Herd ausschalten. Die Pinienkerne und Mandeln hinzufügen und alles gut vermischen. 1 gehäuften EL der Fleischmischung in einer kleinen Schüssel beiseitestellen.

Den Backofen auf 230 °C vorheizen. Eine Schicht Kartoffelscheiben in eine Auflaufform einlegen. Ein Drittel der Fleischmischung darübergeben, dann eine Schicht Auberginen darauflegen, gefolgt von der Hälfte der übrigen Fleischmischung. Wieder eine Schicht Kartoffelscheiben einlegen und den Rest der Fleischfüllung darauf verteilen. Mit einer Schicht Auberginen abschließen.

In einer Schüssel die beiseitegestellte Fleischmischung mit der Brühe oder 500 ml Wasser und der gekörnten Hühnerbrühe zu einer Bouillon verrühren. Die Mischung über die Auberginenschicht geben. Eine Schicht Flaschentomaten darüberlegen und ausgiebig mit Öl beträufeln. Die Auflaufform mit Alufolie abdecken und 30 Minuten im vorgeheizten Backofen garen. Abdecken und den Backofen auf 150 °C herunterschalten und 20 Minuten weitergaren, bis die Tomaten dunkel werden. Den Auflauf warm mit Reis und Vermicelli Pilaf servieren.

VARIATION *Dies ist eine Idee, die zeigt, wie man aus Siniyat-Resten ein neues Gericht zaubern kann. Ganze geröstete Arabische Brote (siehe Seite 57) auf die Tomaten legen. 500 g Joghurt mit 3 gehackten Knoblauchzehen, Saft von 1 Zitrone, 2 EL Tahini, 2 EL gehackter frischer oder 1 EL getrockneter Minze vermischen (optional); mit Salz würzen. Das Brot mit der Mischung bestreichen und bei 230 °C im Backofen etwa 20 Minuten backen.*

FÜR 6–8 PORTIONEN

80 ml natives Olivenöl Extra zzgl. etwas zum Beträufeln

2 weiße Zwiebeln, gehackt

3 Knoblauchzehen, fein gehackt

4½ TL gemahlener Piment

1 TL gemahlener Koriander

½ TL gemahlener Kreuzkümmel (optional)

⅓ TL frisch geriebene Muskatnuss

¼ TL gemahlener Zimt

1,25–1,5 kg zartes Rind- oder Lammfleisch aus der Keule, gehackt

2 reife Fleischtomaten, gehackt

frisch gepresster Saft von 2 Zitronen

75 g Pinienkerne, geröstet

75 g Mandelstifte, geröstet

4 mehligkochende Kartoffeln, geschält und längs in 5 mm dicke Scheiben geschnitten, frittiert oder gebraten (siehe Seite 107)

4 italienische (junge) Auberginen (insgesamt 1,75–2 kg), geschält und in 1,5 cm dicke länglichen Scheiben geschnitten, frittiert oder gebraten (siehe Seite 39)

500 ml Hühner-, Rinder- oder Lammbrühe

1 EL gekörnte Hühnerbrühe

5 Flaschentomaten, in dünne Scheiben geschnitten

Meersalz und frisch gemahlener schwarzer Pfeffer

Zum Servieren
Reis und Vermicelli Pilaf (siehe Seite 182)

SPAGHETTI-RIND-AUFLAUF

— ·•· —

SINNIYAT MACARONA

Meine Mutter kochte nur selten Pasta, aber wenn, dann bevorzugte Sie diese Variante. Als Kind mochte ich meine Nudeln am liebsten mit Tomatensauce, doch im Verlauf der Jahre habe ich ihre Version meinem Geschmack angepasst und mag Pasta nun genauso, wie mein Mann sie schon immer geliebt hat. Anders als meine Mutter kochte seine sehr oft Pasta.

✢ **TIPP** Falls Sie Akawi, einen weichen, weißen, salzigen Käse verwenden, probieren Sie erst, wie salzig er ist. Falls er Ihnen zu salzig ist, können Sie ihn 10–15 Minuten in Wasser kochen und unter kaltem Wasser abwaschen. Akawi gibt es in einigen Nahostsupermärkten und gelegentlich im Fachhandel zu kaufen. Sie können auch jeden anderen Käse verwenden, der gut schmilzt.

Für die Nudeln in einem Topf Wasser mit Salz und einem Tropfen Öl zum Kochen bringen. Die Spaghetti hinzufügen und 7–10 Minuten al dente kochen. Abgießen und die Spaghetti in einer Auflaufform verteilen.

In einem großen Topf 120 ml Olivenöl bei hoher Temperatur erhitzen. Die Schalotten etwa 3 Minuten anbraten, bis sie weich und goldgelb sind. Den Knoblauch 30 Sekunden mitbraten, bis er duftet und weich ist. Anschließend Piment, 1 TL Pfeffer und Lorbeerblätter hinzugeben. Tomaten, Tomatenmark sowie etwas Brühe einrühren und 5 Minuten bei milder Temperatur dünsten. Mit der restlichen Rinderbrühe aufgießen, aufkochen lassen und 3–5 Minuten weitergaren, bis die Sauce etwas eindickt. Den Topf vom Herd nehmen.

Den Backofen auf 250 °C vorheizen. Die Spaghetti in der Auflaufform mit dem übrigen Öl beträufeln. Die Auflaufform in den Backofen stellen und das Arabische Brot 5 Minuten rösten, dabei zweimal wenden, bis es gleichmäßig braun ist. Die Spaghetti aus dem Backofen nehmen und die Backofentemperatur auf 180 °C reduzieren. Die Sauce und das Fleisch über die Spaghetti geben und alles gut miteinander vermischen. Mit Alufolie abdecken und weitere 20–30 Minuten in den Backofen geben, danach die Folie entfernen und mit dem Käse bestreuen. Nochmals 5 Minuten in den Backofen stellen, bis der Käse geschmolzen und goldbraun ist. Die Auflaufform aus dem Ofen nehmen und mindesten 5 Minuten stehen lassen, damit der Auflauf beim Aufschneiden nicht die Form verliert.

FÜR 6–8 PORTIONEN

250 ml natives Olivenöl Extra zzgl. einen Schuss für die Nudeln im Topf

1 kg dicke Spaghetti

3 Schalotten, fein gehackt

8 Knoblauchzehen, fein gehackt

1 EL gemahlener Piment

5 Lorbeerblätter

2 Dosen gehackte Tomaten (à 400 g)

2 Tuben oder Dosen Tomatenmark (à 200 g)

750 ml Brühe und 1,5 kg Rindfleisch von Würzigem Lamm oder Rind mit Brühe (siehe Seite 102), Fleisch in 2,5 cm Würfel geschnitten

750 g Akawi (nicht in Salzlake), Mozzarella oder Halloumi, gerieben

Meersalz und frisch gemahlener schwarzer Pfeffer

Zum Servieren:

Arabisches Brot (siehe Seite 57)

BEILAGEN

FRISCH AUS DEM GARTEN

Ich wusste bereits lange vor der Eröffnung des Tanoreen, wie wichtig und schön es ist, mit Zutaten, die frisch aus dem Garten stammen, zu kochen. Als ich noch in Nazareth lebte, pflanzte meine Familie, wie die meisten Bewohner der Stadt, ihre Zutaten im eigenen Garten an. Je nach Jahreszeit waren die Gärten der Nachbarschaft übersät mit Granatapfel-, Zitronen- und Mandarinenbäumen. Und fast jeder hatte auch noch einige Weinreben im Garten stehen. Bei meinen Eltern gab es riesige rote Tomaten, Favabohnen, grüne Löwenzahnblätter, Kürbisse und Gurken und kleine Aprikosen-, Walnuss- und Feigenbäume. Meine Mutter pflanzte duftenden Basilikum sowie erfrischende Minze und scharfe Frühlingszwiebeln selbst an. Einige unserer Nachbarn hatten sogar Ziegen im Garten, aus deren Milch sie frischen Joghurt und Käse herstellten, welchen sie dann immer sehr großzügig unter den Nachbarn verteilten.

Falls wir oder unsere Nachbarn etwas nicht selbst anbauen konnten, gingen wir zu dem Lebensmittelladen in unserem Dorf oder zum Bauernmarkt, wo verarbeitete Lebensmittel noch ein Fremdwort waren und alles, was es zu kaufen gab, aus biologischem Anbau stammte. Allerdings gab es zwei Dinge, die wir niemals kauften: Oliven und Olivenöl. Den Anbau, die Ernte und das Pressen der Oliven übernahmen wir selbst. Obwohl meine Mutter ausschließlich frische Zutaten verwendete und dies zunächst aufwendig erscheinen mag, so war ihre Zubereitung stets puristisch und einfach, erst recht, wenn es um die Beilagen aus Gemüse oder Getreide ging.

Als ich in die Vereinigten Staaten zog, wollte ich unbedingt genauso kochen wie meine Mutter und nur frische und unbehandelte Zutaten verwenden. Und obwohl mein Garten in Brooklyn nur eine Miniversion des Gartens meiner Eltern ist (und ohne Olivenbäume!), und die Weizenernte nichts als eine vage Erinnerung geworden ist, kann ich mich doch glücklich schätzen, dass es bei mir in der Nähe Bauernmärkte, Bio-Supermärkte und Frischdienste für Lebensmittel gibt. Nichts erinnert mich so sehr an zu Hause, wie ein Besuch auf dem Bauernmarkt, mit seinen Stangenbohnen, Löwenzahngemüse, Kohl, Okraschoten und Tomaten, um nur einige Gemüsesorten zu nennen, die ich sehr oft koche. Sie erinnern mich auch daran, welche Ehre meiner Mutter gebührt, dass sie mit so einfachem Gemüse solch wunderbare Gerichte zauberte. Ich habe mittlerweile auch qualitativ hochwertigen Bulgur sowie Jasmin- und Basmatireis gefunden. Durch die Verwendung von frischen Zutaten empfinde ich bei der Zubereitung von klassischen nahöstlichen Beilagen, wie Mujadara (Linsen mit Bulgur, siehe Seite 178), Shulbato (Bulgur mit Tomatensauce, siehe Seite 180) und Jasminreis mit Pinienkernen und Rosinen (siehe Seite 182) genauso viel Freude, wie einst meine Mutter.

„BEI MEINEN ELTERN GAB ES RIESIGE ROTE TOMATEN, FAVABOHNEN, GRÜNE LÖWENZAHNBLÄTTER, KÜRBISSE UND GURKEN UND KLEINE APRIKOSEN-, WALNUSS- UND FEIGENBÄUME.“

GEBRATENE STANGENBOHNEN

— ◦•◦ —

FASOOLIYA BI ZEIT

Ich erinnere mich daran, dass es früher in den Gärten in Palästina Stangenbohnen und Tomaten im Überfluss gab. Es gab keinen Freitagabend, an dem diese Speise fehlte; manchmal als Hauptgang mit Reis, andere Male als Beilage mit Arabischem Brot. Heutzutage serviere ich dieses Gericht auch gerne als Mezze.

✣ TIPP Die gebratenen Bohnen sind im Kühlschrank gut abgedeckt 5 Tage haltbar. Die Mengenangaben können gerne auch halbiert werden.

In einer großen Pfanne das Öl bei hoher Temperatur erhitzen. Die Schalotten 3 Minuten anbraten bis sie weich sind und duften. Anschließend den Knoblauch zugeben und 3 Minuten weiterbraten, bis er goldgelb ist.

Auf einem kleinen Teller, Koriander, 1 ½ TL Pfeffer und Piment vermischen. Die Gewürzmischung etwa 30 Sekunden in der Pfanne rösten, bis sie duftet. Die Stangenbohnen sowie 1 EL Salz hinzufügen und gut vermischen. Die Temperatur reduzieren und zugedeckt bei mittlerer Hitze etwa 10 Minuten garen, bis die Bohnen weich sind. Die Flaschentomaten hinzufügen, zudecken und 4–5 Minuten garen, bis die Tomaten genügend Flüssigkeit abgegeben haben. Die gehackten Tomaten und den Zitronensaft hinzufügen und 3–5 Minuten weiterkochen. Teklai einrühren und heiß servieren.

FÜR 8–10 PORTIONEN

250 ml natives Olivenöl Extra
2 Schalotten, gewürfelt
10 Knoblauchzehen, fein gehackt
2 gehäufte EL gemahlener Koriander
1–1 ½ TL gemahlener Piment
2,5 kg Stangenbohnen, beide Enden
    entfernt und in 4 cm lange Stücke
    geschnitten
6 Flaschentomaten, gehackt

1 Dose gehackte Tomaten (400 g)
frisch gepresster Saft von ½ Zitrone
1 EL Teklai (siehe Seite 196)
Salz und frisch gemahlener
    schwarzer Pfeffer

ALS HAUPTGERICHT:

Für einen Lamm- oder Rindseintopf das Würzige Lamm oder Rind mit Brühe (siehe Seite 102) vorbereiten. Die Bohnen wie oben geschrieben zubereiten. Nachdem die gehackte Tomaten und der Zitronensaft hinzugefügt wurden das Gemüse aufkochen und mit 500 ml der Brühe aufgießen und das Fleisch in den Topf geben. Den Eintopf abdecken, bei hoher Temperatur aufkochen lassen und anschließend 3 Minuten weitergaren. Den Deckel abnehmen und 10 Minuten weiterköcheln lassen, damit die Brühe etwas einkochen kann. Teklai einrühren und vom Herd nehmen. Heiß servieren.

GEGRILLTER LÖWENZAHN
MIT KARAMELLISIERTEN ZWIEBELN

HENDBEH

In meiner Heimat galt Löwenzahn meist als Unkraut und zu bitter und zu hart, um gegessen zu werden. Nur die älteren Dorfbewohnerinnen waren da anderer Meinung – sie gingen jeden Juni und Juli in die Berge, um säckeweise Löwenzahnblätter zu sammeln. Zu dem Gemüse gaben sie gebratene Zwiebeln und Olivenöl und servierten es mit Arabischem Brot. Ich persönlich fühle mich immer herrlich, wenn ich Löwenzahn esse – er schmeckt einfach so gesund, besonders mit einem Spritzer Zitronensaft. Einfach lecker. Als ich dieses Gericht anfangs im Tanoreen anbot, waren meine älteren italienischen Gäste immer voller Begeisterung; sie kannten das Gemüse aus ihrer alten Heimat, aber in den Vereinigten Staaten war es sehr schwer zu bekommen. Heutzutage bekommt man Löwenzahnblätter auf den Bauernmärkten und beim gut sortierten Gemüsehändler.

In einem großen Suppentopf 3 l Wasser zum Kochen bringen. Den Löwenzahn hinzufügen und 5–10 Minuten weich garen. In einem Sieb abtropfen lassen und wenn er kalt genug ist, das restliche Wasser aus den Blättern vorsichtig mit den Händen ausdrücken.

Das Öl in eine große Pfanne geben und bei mittlerer Temperatur erhitzen. Die Zwiebeln etwa 2 Minuten anbraten bis sie goldbraun sind. Mit einem Schaumlöffel die Zwiebeln aus der Pfanne nehmen, auf einen Teller geben und beiseitestellen. Den Löwenzahn in die gleiche Pfanne geben und unter ständigem Rühren 7–10 Minuten dünsten. Mit Salz und ½ TL Pfeffer würzen.

Das Gemüse auf eine Servierplatte geben, mit Olivenöl beträufeln und mit den Zwiebeln bestreuen. Mit Zitronenspalten anrichten und Arabisches Brot sowie schwarze oder grüne Oliven dazu servieren.

FÜR 4–6 PORTIONEN

500 g Löwenzahnblätter, gehackt
120 ml natives Olivenöl Extra
   zzgl. etwas zum Beträufeln
200 g weiße Zwiebeln, in dünne
   Scheiben geschnitten
Zitronenspalten zum Garnieren
Salz und frisch gemahlener
   schwarzer Pfeffer

Zum Servieren:
Arabisches Brot (siehe Seite 57)
schwarze oder grüne Oliven

175

BEILAGEN

GEBRATENE TOMATEN

KALAYET BANDOORA

Es ist vielleicht überraschend, aber als Kind war ich sehr wählerisch beim Essen. Wenn meine Mutter etwas kochte, das ich nicht mochte, bekam ich immer frittierte Tomaten und Pommes! So esse ich sie bis heute am liebsten. Servieren Sie die gebratenen Tomaten als Beilage zu Ganzem Frittierten Fisch (siehe Seite 129) oder zu Falafel (siehe Seite 52). Ich kann es auch wärmstens als vegetarische Hauptspeise empfehlen – dazu ein Stück arabisches Brot, um die Sauce aufzutunken.

Kreuzkümmel, 1 ½ TL Pfeffer und 1 EL Salz in einer kleinen Schüssel vermengen. Mit der Hälfte der Gewürzmischung die Tomatenscheiben bestreuen.

In einer großen Bratpfanne das Olivenöl bei mittlerer Temperatur erhitzen. Die Tomatenscheiben vorsichtig in die Pfanne gleiten lassen und etwa 2 Minuten pro Seite frittieren. Mit einem Schaumlöffel aus der Pfanne nehmen und auf einen Teller legen. Die Temperatur reduzieren, die Jalapeños in die Pfanne geben und 1 Minute anbraten. Danach den Knoblauch 1 Minute mitbraten, bis er weich ist. Die restliche Gewürzmischung 10 Sekunden einrühren, bis sie duftet. Die Tomaten mit ihrem Saft wieder in die Bratpfanne geben, den Zitronensaft hinzufügen und 3–5 Minuten garen. Sofort servieren.

FÜR 4–6 PORTIONEN

1 ½ TL gemahlener Kreuzkümmel
6 große reife Fleischtomaten,
  in 1 cm dicke Scheiben geschnitten
250 ml Olivenöl
1–2 Jalapeños, entkernt und in dünne
  Ringe geschnitten (optional)
6 Knoblauchzehen, fein gehackt
frisch gepresster Saft von 1 Zitrone
Salz und frisch gemahlener
  schwarzer Pfeffer

KOHL MIT SCHALOTTEN UND OLIVENÖL

KHUBEZEH

Ich liebe *Khubezeh*, ein nahöstliches Gemüse, das wild überall in der Region wächst. Leider ist es im Westen nicht erhältlich und deshalb habe ich eines der vielen beliebten *Khubezeh*-Rezepte an Kohl angepasst, der übrigens ein sehr guter Ersatz dafür ist. Am besten schmeckt er mit einem Spritzer frischem Zitronensaft, schwarzen Kalamata-Oliven, Arabischem Brot (siehe Seite 57), aber auch mit Harissa (siehe Seite 194) und Olivenaufstrich (siehe Seite 194).

In einer Pfanne 180 ml Olivenöl bei mittlerer Temperatur erhitzen. Koriander, Kreuzkümmel, ½ EL Pfeffer und 1 EL Salz 1 Minute rösten. Die Zwiebeln 7–8 Minuten goldgelb anbraten. Für die Garnitur 2 EL der Zwiebelmischung beiseitestellen. Den Knoblauch hinzugeben, etwa 1 Minute anbraten, dann die Chilischote hinzufügen. Den Kohl in die Pfanne geben und 3–5 Minuten garen, bis er zur Hälfte in sich zusammengefallen ist. Die Temperatur reduzieren, einen Deckel auflegen und das Gemüse etwa 15 Minuten unter gelegentlichem Rühren weichgaren. Die Pfanne vom Herd nehmen und den Kohl mit dem restlichen Olivenöl beträufeln. Zudecken und 1–2 Minuten ziehen lassen, bis sich das Olivenöl verteilt hat. Den Kohl auf einen Servierteller geben, mit Zitronensaft beträufeln und mit der beiseitegestellten Zwiebelmischung garnieren. Warm servieren.

FÜR 6–8 PORTIONEN

250 ml natives Olivenöl Extra
1 EL gemahlener Koriander
1 gestrichener EL gemahlener
  Kreuzkümmel
200 g weiße Zwiebeln, gehackt
½ EL Knoblauch, fein gehackt
1 Jalapeño, fein gehackt (optional)
1,75–2 kg Kohl, Strunk entfernt und
  gehackt
frisch gepresster Saft von 1 Zitrone
Meersalz und frisch gemahlener
  schwarzer Pfeffer

LINSEN MIT BULGUR

— ◆ —

MUJADARA

Sie werden in Palästina kaum einen Haushalt finden, in dem es keine Linsen und keinen Bulgur gibt. Die Hauptzutaten dieses klassischen Gerichts erfreuen sich in der gesamten arabischen Welt großer Beliebtheit. Einige Köche servieren dazu Reis, andere wiederum variieren die Gewürze, aber eins haben sie alle gemeinsam, sie karamellisieren die Zwiebeln, die dieses Gericht krönen. Ich verwende grob gemahlenen Bulgur – bitte keine ganzen Körner verwenden. Seit ich das Tanoreen eröffnet habe, füge ich noch gebratenen Fenchel hinzu, ich liebe das subtile Aroma, das er diesem Gericht verleiht. Servieren Sie dazu eingelegte Steckrüben und Rote Bete (siehe Seite 188) und Oliven, gemeinsam mit einer Schale gekühltem Joghurt.

Die Linsen in einen hohen Topf geben und mit ausreichend kaltem Wasser bedecken. Aufkochen lassen, die Temperatur reduzieren und 20–25 Minuten köcheln lassen, bis die Linsen gar sind. Abtropfen lassen und beiseitestellen.

Das Olivenöl in einen großen Topf geben und bei mittlerer Temperatur erhitzen, die Zwiebeln etwa 2 Minuten goldbraun anbraten, dabei nicht anbrennen lassen, da die Farbe und das Aroma der angebratenen Zwiebeln für die Qualität des Gerichts entscheidend ist. Ein paar Löffel der goldbraunen Zwiebeln für die Garnitur beiseitestellen.

Piment, 1 EL Pfeffer, Kreuzkümmel, Zimt und Muskatnuss in den Topf geben und 10 Sekunden lang unter ständigem Rühren anrösten. Den Fenchel hinzufügen und 2 Minuten garen, danach den Bulgur 2 Minuten gut untermischen, sodass er komplett mit den Gewürzen bedeckt ist. Die Linsen hinzufügen und unter Rühren 2 Minuten weitergaren. Mit 1,5 l kochendem Wasser aufgießen, 1 EL Salz hinzufügen und umrühren. Den Topf abdecken und das Gericht bei niedriger Temperatur 15–20 Minuten garen, dabei gelegentlich umrühren.

Mit den beiseitegestellten goldbraunen Zwiebeln garnieren und mit Olivenöl beträufeln.

VARIATION *Wer an Glutenunverträglichkeit leidet, kann statt Bulgur, ägyptischen Reis oder eine andere Sorte Rundkornreis verwenden.*

FÜR 8 PORTIONEN

600 g kleine braune Linsen
250 ml natives Olivenöl Extra
    zzgl. etwas zum Beträufeln
2 große spanische Zwiebeln,
    in dünne Scheiben geschnitten
1 EL gemahlener Piment
4 ½ TL gemahlener Kreuzkümmel
¼ TL gemahlener Zimt
¼ TL frisch geriebene Muskatnuss
1 große Fenchelknolle (ca. 180 g)
    ohne Grün, gewürfelt
400 g grob gemahlener Bulgur
Salz und frisch gemahlener
    schwarzer Pfeffer

MITTAGESSEN UNTER OLIVENBÄUMEN

Anlässlich der Olivenernte fuhr meine Familie, inklusive Cousins, Onkel und Tanten, jedes Jahr im Herbst zu den Olivenhainen, die meine Mutter in ihrer Heimatstadt Rama, welche für ihre vielen großen Oliven und üppigen Olivenbäumen bekannt ist, geerbt hatte. Sobald die Sonne aufging, machten wir uns auf dem Weg, um die Oliven zu pflücken. Wir teilten die Zeit immer so ein, dass wir genau zur Mittagszeit, wenn die Sonne am stärksten war, Pause machen konnten. Wir versammelten uns dann alle unter den Olivenbäumen, wo meine Mutter ein leckeres Picknick aufgetischt hatte. Es gab immer das Gleiche – einen großen Topf mit Mujadara – Linsen mit Bulgur. Dieses Bild, wie wir dieses wunderbare Gericht mit dem leichten Fenchelaroma und den Röstzwiebeln, gemeinsam mit den Menschen, die mir am meisten am Herzen lagen, aßen, wird mir immer in Erinnerung bleiben.

Es mag vielleicht seltsam erscheinen, ein solches Gericht zu einem Picknick zu servieren, aber der Grund weshalb es Mujadara gab, war sehr gut durchdacht. Es ist ein vegetarisches, sogar veganes, Gericht und schmeckt besonders gut bei Zimmertemperatur, deshalb musste man es weder abkühlen noch erwärmen. Außerdem war es ein Gericht, das erschwinglich war und man leicht für eine größere Gruppe zubereiten konnte; und noch wichtiger: es war nahrhaft genug, um uns für die nächsten zwölf Stunden, in denen wir die Bäume hochkletterten, Oliven pflückten und volle Körbe schleppten, Energie zu geben.

Wenn es Mujadara zu Mittag gibt, esse ich bis heute noch ein paar Oliven dazu, erinnere mich gerne an jene Picknicks in den Bergen von Rama und schwelge in Erinnerungen oder bekomme ein bisschen Heimweh. Das ist dann der Punkt, an dem ich nostalgisch werde.

OKRASCHOTEN MIT TOMATEN

BAMYA BELZAIT

Immer wenn es kleine, frische Okraschoten gibt, koche ich dieses Gericht. Es ist **die vegetarische Version des traditionellen Okraschotengerichts mit Lamm, und schmeckt mindestens genauso gut.**

Wenn ich die Okraschoten frittiere, lasse ich das Frittieröl in der Pfanne und frittiere darin gleich die Schalotten. Wenn ich die Schoten brate, dann erhitze ich immer 2 EL Öl in einer Pfanne und brate sie bei mittlerer Temperatur 4–5 Minuten goldgelb an. Mit einem Schaumlöffel werden die Schoten dann auf einen Teller gelegt und beiseitegestellt.

Das Frittieröl aus der Pfanne entfernen, 120 ml Olivenöl hineingeben und bei hoher Temperatur erhitzen. Den Knoblauch 1 Minute einrühren. Anschließend den Koriander 10–15 Sekunden mitbraten. Salz, 1 TL Pfeffer und Kreuzkümmel für 2 Sekunden anrösten, das Koriandergrün zugeben und 1 Minute garen. Die Fleischtomaten in die Pfanne geben, die Temperatur reduzieren und 8–10 Minuten dünsten, bis sie auseinanderfallen und genügend Flüssigkeit für die Sauce abgeben. Die Dosentomaten und den Zitronensaft in die Pfanne geben, aufkochen und 2–3 Minuten gut verrühren. Die Okraschoten hinzufügen und bei milder Hitze etwa 20 Minuten köcheln lassen, bis sie gar sind. Darauf achten, dass die Tomaten nicht am Topfboden kleben bleiben. Auf eine große Platte geben und mit den frittierten Schalotten garnieren. Arabisches Brot dazu servieren.

FÜR 4–6 PORTIONEN

1 kg frische junge Okraschoten, frittiert
   (siehe Seite 109)
120 ml natives Olivenöl Extra
   zzgl. 2 EL zum Braten der Okraschoten
2 Schalotten, in dünne Scheiben geschnitten
2 EL Knoblauch, fein gehackt
1½ EL gemahlener Koriander
½ TL gemahlener Kreuzkümmel
3 EL gehacktes Koriandergrün
800 g Fleischtomaten, gehackt
4 EL gehackte Tomaten aus der Dose
60 ml frisch gepresster Zitronensaft
Salz und frisch gemahlener schwarzer Pfeffer

Zum Servieren:
Arabisches Brot (siehe Seite 57)

BULGUR MIT TOMATENSAUCE

SHULBATO

Als Kind verbrachte ich den Sommer oft in Tarshiha, dem Heimatdorf meines Vaters. Zu den Erinnerungen an diese Sommer gehört auch die Erinnerung an *Shulbato*, ein wunderbares Bulgurgericht, das aus dem ersten, frisch geernteten Weizen hergestellt wurde. Servieren Sie dazu schwarze oder grüne Oliven.

In einer Pfanne 180 ml Öl bei mittlerer Temperatur erhitzen. Die Zwiebeln 5 Minuten goldbraun anbraten. Kreuzkümmel, 1 EL Salz und 1 EL Pfeffer hinzugeben, mit dem Bulgur gut vermischen, sodass dieser vollkommen mit den Gewürzen bedeckt ist. Die Tomaten hinzufügen und etwa 3 Minuten garen, bis sie Ihre Flüssigkeit abgeben. Das Tomatenmark einrühren und 1 Minute garen. 1,5 l Wasser, Kichererbsen, die Hälfte der Kürbisse, Chilischoten und Auberginen in die Pfanne geben und zum Kochen bringen. Die Temperatur reduzieren, zudecken und unter gelegentlichem Rühren 15 Minuten köcheln lassen. Die Bulgurmischung auf einen Servierteller geben, das restliche gebratene Gemüse darüber verteilen und mit dem übrigen Olivenöl beträufeln.

VARIATION *Im Tanoreen fülle ich Arabisches Brot mit Shulbato und Olivenaufstrich (siehe Seite 194) und biete es als vegetarisches Sandwich an.*

FÜR 4–6 PORTIONEN

250 ml natives Olivenöl Extra
2 weiße Zwiebeln, gewürfelt
1 EL gemahlener Kreuzkümmel
600 g Bulgur
4 Flaschentomaten, gewürfelt
350 g Tomatenmark
1 Dose Kichererbsen (400 g),
   gewaschen und abgetropft
3 Kürbisse oder Zucchini, gewürfelt und gebraten
2 Chilischoten, gehackt und gebraten
1 Aubergine, gewürfelt und gebraten
Meersalz und frisch gemahlener schwarzer Pfeffer

REIS UND VERMICELLI PILAF

— ◦✦◦ —

Wenn ich mir nicht sicher bin, dann serviere ich immer diesen Mix aus Reis und zerkleinerten Nudeln. Als meine Tochter Jumana noch ein kleines Mädchen war, wollte sie immer dieses Pilaf essen, wenn es etwas anderes gab, das ihr nicht schmeckte. Vor einigen Jahrhunderten wurde dieses Gericht ausschließlich mit Bulgur und geräuchertem Weizen gekocht. Als dann der Reis in die arabische Welt eingeführt wurde, hat er den Weizen ersetzt. Ägyptische Reiskörner sind klein, rund und gebrochen; das ist die einzige Reissorte, die man für die authentische Version dieses Gerichtes verwenden darf.

FÜR 8–10 PORTIONEN

180 ml natives Olivenöl Extra
60 ml Ghee oder Butter
500 g Vermicelli
800 g ägyptischer Reis, gewaschen
Meersalz

In einem großen Topf Olivenöl und Ghee bei hoher Temperatur erhitzen. Die Vermicelli in das heiße Öl geben und 7–10 Minuten rühren, bis sie goldbraun sind. Den Reis 3–5 Minuten einrühren, bis er perlweiß ist, 2–2,5 l kochendes Wasser hineingießen und 1 EL Salz hinzugeben. Die Temperatur reduzieren und zugedeckt etwa 12 Minuten köcheln lassen, bis der Reis locker ist. Nach der Hälfte der Garzeit einmal umrühren.

Den Topf vom Herd nehmen, erneut umrühren, zudecken und 5 Minuten ziehen lassen. Warm servieren.

VARIATION *Wer an Glutenunverträglichkeit leidet, kann die Vermicelli und 250 ml Wasser weglassen und stattdessen weitere 100 g Reis hinzufügen.*

JASMINREIS MIT PINIENKERNEN UND ROSINEN

— ◦✦◦ —

ROZ BEL MAZAHER

Dieser würzige, süße und duftende Reis passt hervorragend zu gegrilltem Fleisch oder Hühnchen-Tajine (siehe Seite 145). Nehmen Sie das Öl der gerösteten Nüsse und geben Sie es gemeinsam mit Ghee oder Butter über den Reis. Manchmal stäube ich etwas Zimt darüber, um dem Gericht eine weitere Gewürznote zu verleihen.

FÜR 6 PORTIONEN

60 ml Pflanzenöl
75 g Pinienkerne
75 g Mandelstifte
60 ml Ghee
600 g Jasminreis
1,5 l Brühe von Würzigem Hühnchen mit
    Brühe (siehe Seite 90) oder Hühnerbrühe
125 g Sultaninen
4 EL Orangenblütenwasser
Meersalz

✥ **TIPP** Orangenblütenwasser hat ein intensiv blumiges Aroma und verleiht jedem Gericht aus dem Nahen Osten eine besondere Note. Ich verwende es nicht nur bei Desserts, sondern auch bei herzhaften Gerichte, um ihnen eine außergewöhnliche Geschmacksnote zu verleihen. Man sollte jedoch sehr sparsam damit umgehen. Es kann im Fachhandel, in nahöstlichen Geschäften und Online gekauft werden.

In einem großen Topf das Öl mit den Pinienkernen und den Mandeln vermischen und bei mittlerer Temperatur goldgelb rösten. Die Nüsse auf einen Teller geben und das Ghee gemeinsam mit dem Öl in einem Topf bei mittlerer Temperatur erhitzen. Sobald es heiß ist, den Reis 3–5 Minuten anbraten, bis er die Farbe ändert. Brühe oder 1,5 l Wasser, 1 EL Salz und Sultaninen hinzufügen und aufkochen lassen. Die Temperatur reduzieren, zudecken und 15 Minuten köcheln. Den Topf vom Herd nehmen, das Orangenblütenwasser über den Reis träufeln, zudecken und 3 Minuten ziehen lassen. Den Reis auf einen Servierteller geben und mit Pinienkernen und Mandeln bestreuen.

BASMATIREIS MIT GEMÜSE

— ◦•◦ —

Basmatireis ist eine meiner liebsten Beilagen. Bei diesem Gericht habe ich viel mit Gemüsesorten und Gewürzen experimentiert. In dieser Kombination passt er perfekt zu Hühnchen-Tajine (siehe Seite 145), gegrilltem Fleisch, Hühnchen oder Fisch.

FÜR 4–6 PORTIONEN

120 ml natives Olivenöl Extra
600 g Basmatireis
2 Schalotten, fein gehackt
3 Knoblauchzehen, fein gehackt
1 EL gemahlene Kurkuma
1 EL gemahlener Piment
1 EL gemahlener Koriander
½ TL gemahlener Kardamom
½ EL gemahlener Kreuzkümmel
30 g gehackte Petersilie
30 g gehacktes Koriandergrün
1 EL fein gehackte Salbeiblätter
400 g frischer oder gefrorene junge Erbsen
2 mittelgroße Karotten, geschält und gewürfelt
3 Flaschentomaten, gewürfelt
1 Stange Staudensellerie, gewürfelt
1 Chilischote, fein gehackt (optional)
1 l Brühe von Würzigem Hühnchen
   mit Brühe (siehe Seite 90)
Meersalz

In einem großen Topf 60 ml Olivenöl bei mittlerer Temperatur erhitzen. Den Reis hinzufügen und unter ständigem Rühren 3–5 Minuten anbraten, bis der Reis Farbe annimmt. Den Topf vom Herd nehmen und das restliche Öl einrühren. Den Topf wieder auf den Herd stellen, die Schalotten bei mittlerer Temperatur 3 Minuten braten und alle 30 Sekunden rühren. Den Knoblauch 1 Minute einrühren, dann Kurkuma, Piment, Koriander, 1 EL Salz, Kardamom und Kreuzkümmel hinzufügen und 30 Sekunden braten. Petersilie, Koriandergrün und Salbei 1 Minute unterrühren. Anschließend Erbsen, Karotten, Tomaten, Sellerie und Chilischoten hinzufügen und 3–5 Minuten weichgaren. Vorsichtig mit der Brühe oder 1 l Wasser aufgießen, aufkochen lassen und anschließend die Temperatur reduzieren. Einen Deckel auflegen und 12–15 Minuten köcheln, bis der Reis die Flüssigkeit aufgesogen hat. Warm servieren.

SCHARFER REIS

— ◦•◦ —

Scharfer Reis passt hervorragend zu Fisch, Garnelen oder gegrilltem Fleisch. Er kann aber auch als vegetarische Mahlzeit serviert werden. Bei diesem Gericht verwende ich – zum Beispiel ägyptischen – Rundkornreis oder Basmati, aber eigentlich kann hier jede Sorte verwendet werden. Ich bereite immer etwas mehr als zu als nötig, denn aufgewärmt schmeckt dieses Reisgericht auch am nächsten Tag sehr gut.

FÜR 8–10 PORTIONEN

12 Flaschentomaten, gehackt
2–3 mittelgroße Schalotten, gehackt
6 Knoblauchzehen, gehackt
4 Frühlingszwiebeln, gehackt
2 Jalapeños, gehackt
60 g gehacktes Koriandergrün
3 EL frisch gepresster Zitronensaft
1 l Brühe von Würzigem Hühnchen mit Brühe
   (siehe Seite 90) oder Hühner- oder Gemüsebrühe
250 ml natives Olivenöl Extra
1,2 kg Reis
1 EL gemahlener Kreuzkümmel
1 EL gemahlener Koriander
500 g frische oder gefrorene junge Erbsen (optional)
Meersalz und frisch gemahlener
   schwarzer Pfeffer

Die Tomaten mit der Hälfte der Schalotten und des Knoblauchs gemeinsam mit Frühlingszwiebeln, Jalapeños, Koriandergrün, Zitronensaft und Salz in einen Mixbehälter geben und pürieren. Soviel Brühe oder Wasser hinzugießen, sodass sich eine Gesamtmenge von 2,25 l (2,5 l, falls Basmatireis verwendet) ergibt. Die Flüssigkeit in einen Topf gießen und bei hoher Temperatur aufkochen lassen.

Inzwischen in einem weiteren Topf das Öl bei mittlerer Temperatur erhitzen und die restlichen Schalotten 3 Minuten anbraten, bis sie weich sind. Den zurückbehaltenen Knoblauch 1 Minute lang einrühren. Reis, Kreuzkümmel, Koriander und 1 EL Pfeffer hinzufügen und 3 Minuten lang gut mit dem Öl verrühren, bis der Reis perlweiß wird. Die Erbsen hinzufügen und die heiße Tomatenmischung langsam einrühren. Die Temperatur reduzieren und den Reis zugedeckt 12–15 Minuten köcheln lassen. Warm servieren.

EINGELEGTES & SAUCEN

SNACKS MIT BISS UND SAUCEN MIT PFIFF

Eine nahöstliche Mahlzeit ist nicht komplett, wenn es nicht wenigstens eine kleine Portion von unfassbar köstlichem eingelegtem Gemüse und eine Sauce gibt.

Eingelegtes Gemüse ist beim Frühstück, Mittag- und Abendessen genauso unentbehrlich wie Arabisches Brot. Leicht salzige Stücke von Blumenkohl, Karotten, Chilischoten und Steckrüben, um nur einige zu nennen, sind ein wunderbar frischer Gegenpart zu frittierten Falafelsandwiches, herzhaften Eintöpfen und *Hummus* beziehungsweise *Foul*.

In meiner Kindheit war das Einlegen von Gemüse ein Ritual am Ende eines jeden Sommers. Es nahm immer den ganzen Tag in Anspruch, und die gesamte Familie wurde dafür eingespannt. Die Aufgabe meines Vaters war es, auf dem nahegelegenen Markt das beste, günstigste und frischeste Gemüse – möglichst klein sollte es auch noch sein – zu besorgen. Und er hatte dafür wirklich ein Händchen. Er kam dann immer mit Kisten voller Gurken, jungen Auberginen, Blumenkohl, Paprika, Steckrüben, Roter Bete, Karotten und riesigen Dillbündeln. Meine Mutter setzte sich dann zum Schnippeln an das große, abgenutzte Holzbrett, was immer ein Zeichen dafür war, dass die Einlegesaison begonnen hatte. Sie schnitt stundenlang Gemüse, und

das rhythmische schlagende Geräusch des Messers auf das Holz hatte etwas sehr Beruhigendes an sich.

Ehe wir uns versahen, hatte mein Mutter die Steckrüben zu Halbmonden, die Rote Bete zu Scheibchen, die Jalapeños in Ringe und den Knoblauch in Scheiben geschnitten. Dann brach sie den Blumenkohl in kleine Röschen, vermischte sie mit Karottenstücken und gab der Mischung scharfe, salzige Amba hinzu, eine curryähnliche Mangopaste. Ich mochte besonders die jungen Gurken in Essig mit frischem Dill. Es gab aber auch schwarze Oliven in Olivenöl, Portulak und grüne Oliven mit Chilpaste. Zum Füllen der bereitgestellten Metalldosen mit einer Mischung aus Gemüse, Essig, Salz und Kräutern mussten alle mithelfen. Sobald die Behälter randvoll waren, verschloss und verschweißte mein Vater sie für die Winterlagerung und brachte sie aufs Dach. Wir öffneten die Dosen dann immer nach Bedarf. Und der war groß – wir aßen sie nämlich zu jeder Mahlzeit.

Meine Liebe für Eingelegtes hat seinen Ursprung in Nazareth und wurde, als ich nach New York zog, noch stärker. Ich mag alles, was etwas Biss hat, und heutzutage besteht für mich ein perfekter Snack aus geschälten Zitronenspalten, mit Meersalz bestreut. Ich bereite alle eingelegten Gemüse, die ich

„DIE AUFGABE MEINES VATERS WAR ES AUF DEM NAHEGELEGENEN MARKT DAS BESTE, GÜNSTIGSTE UND FRISCHESTE GEMÜSE – MÖGLICHST KLEIN SOLLTE ES AUCH NOCH SEIN – ZU BESORGEN. UND ER HATTE DAFÜR WIRKLICH EIN HÄNDCHEN."

im Tanoreen serviere, selbst zu, und obwohl wir die Behälter nicht auf dem Dach des Restaurants lagern, ist die Zubereitungsform die gleiche wie die meiner Mutter. Für die meisten Rezepte in diesem Kapitel gilt – eine Woche abwarten, bevor man die Köstlichkeiten verzehren kann. Um es auf drei Tage zu reduzieren, sollten Sie den Essig vor dem Abfüllen aufkochen.

Fast jedes nahöstliche Gericht wird mit Sauce verfeinert. Kein Eintopf, der nicht mit nach Knoblauch schmeckendem *Teklai* (siehe Seite 196) aufgepeppt werden kann. Wenn es in kochende Brühe eingerührt wird, gibt es ein Zischen von sich als Zeichen, dass sich der intensive Geschmack des Korianders und des Knoblauchs mit der Brühe vermischt. Ein paar Spritzer Harissa (siehe Seite 194), der hausgemachten scharfen Sauce,

können ein Gericht enorm verändern; eine wunderbare Möglichkeit, ein vegetarisches Gericht aufzupeppen oder einem milden Eintopf etwas Schärfe zu verleihen. Einige der folgenden Saucen können auch als Aufstriche verwendet werden, wie etwa Olivenaufstrich (siehe Seite 194) und Tomaten-Dill-Aufstrich (siehe Seite 196), beide werden großzügig auf das Brot verteilt, bevor ein weiterer Belag folgt.

Natürlich darf in keiner nahöstlichen Küche die dickflüssige Tahini-Sauce (siehe Seite 195) fehlen, eine scharfe Mischung aus Sesampaste, Knoblauch und Zitronensaft. Damit wird Blumenkohlsalat (siehe Seite 75) oder Rosenkohl mit Panko (siehe Seite 45) beträufelt, und sie wird auch bei allen Fleisch- und Hühnchengerichten verwendet. Vor allem als Hauptzutat bei Hummus (siehe Seite 36) und Baba Ghanoush (siehe Seite 40), den zwei beliebtesten Dips im Nahen Osten, ist sie unentbehrlich.

Sie finden hier auch ein Pestorezept, denn seit ich es das erste Mal probiert habe, bin ich süchtig danach. Das Rezept für Basilikumpesto (siehe Seite 191) beschreibt am besten meine kulinarische Reise durchs Leben. Ich serviere es als Dip mit Sambosek (siehe Seite 60), gebe es zu den Tajines und verwende es als Marinade für Hühnchen.

EINGELEGTE STECKRÜBEN MIT ROTER BETE

LEFET MAKBOUS

Für mich ist eingelegtes Gemüse der perfekte Snack. Ich hatte schon immer eine Vorliebe für scharfes, salziges Essen. Meiner Meinung nach gibt es keine aufregendere Kombination als die von Steckrüben und Roter Bete – eine Verschmelzung von Süße und Schärfe. Ich gehe mal davon aus, dass alle anderen es genauso sehr mögen wie ich, denn ich serviere es im Tanoreen an jedem Tisch. Das Originalrezept ist sehr einfach, daher habe ich meinem mit Jalapeños noch einen besonderen Touch verliehen.

Steckrüben, Rote Bete, Jalapeños, Knoblauch und Zitronensäure in einen sterilisierten, gut verschließbaren 2-Liter-Behälter geben. Ein Drittel des Behälters mit Essig und 2 EL Salz füllen. Dann immer wieder 250 ml Wasser und 1 EL Salz hinzufügen, bis der Behälter gefüllt ist. Sorgfältig verschließen und mindestens 5 Tage bei weniger als 24 °C lagern. Nach dem Öffnen ist das eingelegte Gemüse bei Lagerung im Kühlschrank etwa 3 Monate haltbar.

ERGIBT 2 L

10 Steckrüben, in 5–10 mm dicke
   Stifte geschnitten
2 Rote Bete in 5 mm–1 cm dicke
   Stifte geschnitten
2 Jalapeños, entkernt (optional)
   und in dünne Ringe geschnitten
2 Knoblauchzehen, in dünne Scheiben
   geschnitten
1 TL Zitronensäure
weißer Branntweinessig und Meersalz

EINGELEGTER BLUMENKOHL MIT KAROTTEN

ZAHRA MAKBOUSEH

Ich dachte immer, dass meine Tante den besten eingelegten Blumenkohl macht. Bis ich welchen im Khazen, einem kleinen, aber bekannten Imbiss in Haifa, probierte. Heute ist der Stand um ein Vielfaches größer, aber ich behalte ihn als den Ort in Erinnerung, an dem wir immer auf dem Weg zum Baden im wunderschönen Mittelmeer hielten. Wir aßen dort immer einen mit scharfem, goldgelb eingelegtem Blumenkohl belegten Snack. Ich habe noch nie besseren gegessen.

Alle Zutaten außer Essig und Salz in einen sterilisierten, gut verschließbaren 1-Liter-Behälter geben. Ein Drittel des Behälters mit Essig und 2 EL Salz füllen. Dann immer wieder 250 ml Wasser und 1 EL Salz hinzufügen, solange bis der Behälter gefüllt ist. Sorgfältig verschließen und mindestens 5 Tage bei Zimmertemperatur unter 24 °C lagern. Nach dem Öffnen ist das eingelegte Gemüse bei Lagerung im Kühlschrank etwa 3 Monate haltbar.

ERGIBT 1 L

1 Blumenkohl, Röschen und Strunk in
   kleine Stücke geschnitten
1 große Karotte, geschält, geviertelt und
   in Stifte geschnitten
1 Chilischote, entkernt und in dünne
   Ringe geschnitten (optional)
2 Knoblauchzehen, in Scheiben
   geschnitten
2 Bund gehackter Dill
1 EL Koriandersamen
1 EL Zitronensäure
1 TL Kurkuma
½ TL Currypulver (optional)
weißer Branntweinessig und Meersalz

EINGELEGTE JALAPEÑOS MIT KAROTTEN

❖

Neulich habe ich diese Kombination morgens eingelegt und konnte sie bereits drei Stunden später bei einer Feier im Restaurant servieren. Das Gericht wurde begeistert angenommen, und niemand glaubte mir, dass die Mischung am gleichen Tag zubereitet worden war.

Essig mit 250 ml Wasser, 2 EL Salz, Dill und Oregano in einem mittelgroßen Stieltopf aufkochen. Jalapeños, Karotten und Knoblauch hinzufügen und wieder aufkochen. Den Topf vom Herd nehmen und zum Abkühlen beiseitestellen.

Die Mischung in einen sterilisierten, gut verschließbaren 1-Liter-Behälter gießen. Mit Öl aufgießen und den Behälter sorgfältig verschließen. Nach dem Öffnen ist das eingelegte Gemüse bei Lagerung im Kühlschrank etwa 3 Monate haltbar.

ERGIBT 1 L

250 ml weißer Branntweinessig
2 Bund frischer Dill
2 Bund frischer Oregano
18 Jalapeños, auf beliebige Größe geschnitten
2 große Karotten, geschält und in beliebig dicke Stifte geschnitten
1 Knoblauchzehe, zerdrückt
60 ml natives Olivenöl Extra
Meersalz

EINGELEGTE GEFÜLLTE PAPRIKASCHOTEN

❖

FILFIL MAHSHI MAKBOUS

Ich kenne keinen Hobbykoch in Galiläa, der die Paprikaschoten so füllt, wie meine Mutter es tat. Wenn sie sie auftischte, waren sie innerhalb von Sekunden weg. Bei der Kreation der Füllung sind dem Ideenreichtum keine Grenzen gesetzt. Ich schaue immer, was der Bauernmarkt so an frischem Gemüse anzubieten hat.

Von den Paprikaschoten den Stiel zusammen mit dem Strunk herausschneiden. Den Stiel zur späteren Verwendung aufbewahren, den Strunk entsorgen. Mit einem Löffel die Samen entfernen.

Sellerie, Karotten, Tomaten, Gurken, Weißkohl, Jalapeños und 4 EL Essig in einer Schüssel vermengen.

Die Gemüsemischung gleichmäßig in die Paprikaschoten füllen. Die aufbewahrten Stiele der Paprikaschoten wieder aufsetzen und die Schoten mit dem Stielende nach oben in einem 4-Liter-Glas mit fest schließendem Deckel anordnen. Die Paprikaschoten können dabei problemlos aufeinander gestapelt werden.

Ein Drittel des Glases mit Essig und 2 EL Salz füllen. Dann immer wieder 250 ml Wasser und 1 EL Salz hinzufügen, solange bis der das Glas gefüllt ist. Die Zitronensäure hinzufügen, das Glas gut verschließen und mindestens 5 Tage bei Zimmertemperatur unter 24 °C lagern. Nach dem Öffnen ist das eingelegte Gemüse bei Lagerung im Kühlschrank etwa 3 Monate haltbar. Zum Servieren die Paprikaschoten der Länge nach vierteln.

ERGIBT 6 STÜCK

6 Paprikaschoten, Farbe nach Belieben
weißer Branntweinessig und Meersalz zum Einlegen
1 EL Zitronensäure

Für die Füllung:
2 Stangen Staudensellerie, gehackt
2 Karotten, geschält und gewürfelt
2 grüne Tomaten, gehackt
2 persische Gurken, gewürfelt
200 g Weißkohl, klein geschnitten
2 Jalapeños, entkernt (optional) und gewürfelt
2 EL Knoblauch, fein gehackt

EINGELEGTE AUBERGINEN IN OLIVENÖL

· ·

BATINJAN MAKBOUS

Diese in Öl eingelegten Auberginen sind ein einzigartiges Geschmackserlebnis – eine wunderbare Kombination aus weicher Aubergine, scharfer Chilipaste und knackigem Knoblauch. Diese Variante der gefüllten Auberginen ist leichter als die reichhaltigen, mit Walnuss gefüllten *Makdous* (siehe Seite 46). Sie eignet sich auch sehr gut zu einem Falafelsandwich oder zu fast allen Hauptgerichten. Als ich klein war, konnten sich viele Familien keine größeren Mengen an Walnüssen leisten, daher gab es diese Version des Gerichts während der Woche.

In einem großen Topf Wasser zum Kochen bringen und die Auberginen 10 Minuten gabelweich – aber nicht zu weich – garen. Zum Abtropfen in ein Sieb geben und abkühlen lassen. Wenn sie kühl genug sind, der Länge nach einen 4 cm langen Schlitz hineinschneiden, die Auberginen aber nicht vollständig durchschneiden.

Zitronensäure und 3 EL Salz in einer kleinen Schüssel vermischen. Die Hälfte der Salzmischung um die Außenseite des Einschnitts in den Auberginen reiben. Die Auberginen in einem Sieb für weitere 2 Stunden zum Entwässern beiseitestellen. In der Zwischenzeit die Chilischoten, den Knoblauch und die Chilipaste mit der restlichen Salzmischung vermengen.

Je 1 TL der Chilimischung in den Einschnitten der entwässerten Auberginen verteilen, dann eine über die andere in einem sterilisierten, gut verschließbaren 4-Liter-Behälter stapeln. Mit Olivenöl komplett bedecken, falls es nicht ausreicht etwas ergänzen und den Behälter sorgfältig verschließen. Nach dem Öffnen ist das eingelegte Gemüse bei Lagerung im Kühlschrank etwa 3 Monate haltbar.

VARIATION *Für in Essig eingelegte Auberginen die oben erwähnten Schritte bis zu dem Punkt, an dem die Auberginen in den Behälter gelegt werden, folgen.*

Ein Drittel des Behälters mit Essig und 2 EL Salz füllen. Dann immer wieder 250 ml Wasser und 1 EL Salz hinzufügen, solange bis der Behälter gefüllt ist. Den Behälter sorgfältig verschließen und mindestens 5 Tage bei Zimmertemperatur unter 24 °C lagern. Nach dem Öffnen ist das eingelegte Gemüse bei Lagerung im Kühlschrank etwa 3 Monate haltbar.

ERGIBT 12 STÜCK

12 junge Auberginen, ca. 2 kg

1 TL Zitronensäure

2 grüne Chilischoten, beispielsweise Jalapeños, fein gehackt

3 EL gehackter Knoblauch

3 EL kernlose nahöstliche oder türkische Chilipaste

500 ml natives Olivenöl Extra zzgl. etwas zum Auffüllen

Meersalz

BASILIKUMPESTO

—— ❖ ——

Nachdem ich Pesto zum ersten Mal gegessen hatte, war ich sofort süchtig danach. Es erscheint mir auch wie gestern, dass ich es erstmals zum Kochen verwendet habe – in Pesto geschwenkte Linguine, mit frittierten Auberginen und frischem, selbst gemachtem Brot. Wenn ich das Pesto als Sauce verwende, gebe ich immer noch Pinienkerne dazu. Ist es nur ein Gewürz, dann nehme ich statt Pinienkerne Mandeln, die sind viel preisgünstiger.

Den Knoblauch in eine Küchenmaschine geben und grob hacken. Nüsse, Parmesan, Salz und 1 TL Pfeffer hinzufügen und 1 Minute mixen, bis die Nüsse fein gehackt sind. Anschließend Basilikum, Öl und Zitronensaft dazugeben und 1 Minute weitermixen, bis alles cremig ist. Rote Chiliflocken unterrühren.

Das Pesto in einen sterilisierten gut verschließbaren Behälter geben. Eine dünne Schicht Öl auf das Pesto gießen, den Behälter verschließen und im Kühlschrank bis zu 10 Tage aufbewahren oder einfrieren und bis zu 3 Monate aufbewahren.

ERGIBT 500 ML

3–5 Knoblauchzehen, geschält
150 g Pinienkerne, Mandelstifte
    oder Walnusshälften
2 EL geriebener Parmesan
    oder nach Geschmack (optional)
300 g gehackte Basilikumblätter
120 ml natives Olivenöl Extra zzgl. etwas
    für die Ölschicht zum Aufbewahren
frisch gepresster Saft von 2 Zitronen
gehackte rote Chiliflocken
    zum Abschmecken (optional)
Meersalz und frisch gemahlener
    schwarzer Pfeffer

KNOBLAUCHSAUCE

—— ❖ ——

THOUM

Die Sauce wird für gewöhnlich für Kebabs oder Brathähnchen verwendet. Ich kenne einige Leute, die es ohne gar nicht erst essen! Das Geheimnis für eine leckere, cremige Sauce ist, das Öl nur sehr langsam in die Mischung hineinzu-tröpfeln. Je langsamer Sie das Öl hineingießen, desto samtiger wird die Sauce.

Den Knoblauch im Mixaufsatz einer Küchenmaschine fein hacken. Essig, Eiweiße, Salz und Zitronensalz durch die Deckelöffnung in die laufende Küchenmaschine hinzugie-ßen. So lange verrühren, bis die Knoblauchmischung sehr fein ist. Das Öl sehr langsam durch die Öffnung hineingeben, nur wenige Tropfen auf einmal – das kann 5-10 Minu-ten dauern. Weiterhin verrühren, bis die Konsistenz der Sauce dickflüssig und cremig ist. Die Sauce ist in einem gut verschlossenen Behälter bis zu 1 Woche im Kühlschrank haltbar.

ERGIBT 500 ML

40 Knoblauchzehen, geschält
3 EL weißer Branntweinessig
2 Eiweiß (Größe M)
1 TL Zitronensalz
375 ml Pflanzenöl
Meersalz

SELBST GEMACHTE SCHARFE SAUCE

Es gibt nichts Besseres als selbst gemachte Scharfe Sauce. In Nazareth trockneten wir die Chilischoten immer, weichten sie dann ein, tupften sie trocken und hackten sie klein. Wir froren sie dann in kleinen Portionen ein und verbrauchten sie bis zur nächsten Ernte. Meine Schwester schickt mir immer die besonderen Chilischoten aus Nazareth, da ich in den Vereinigten Staaten bisher vergeblich nach einer vergleichbaren Sorte gesucht habe. Hier bevorzuge ich die nahöstliche Chilipaste, obwohl die türkischen kernlosen Markenpasten auch fantastisch schmecken. Sie können sie in Nahostsupermärkten oder im Internet kaufen. Servieren Sie die Scharfe Sauce zu Fisch oder rühren Sie sie in eine meiner Linsensuppen.

Das Olivenöl in einem Topf bei mittlerer Temperatur erhitzen. Den Knoblauch hinzufügen und 2–3 Minuten goldbraun anbraten. Chilipaste, Kreuzkümmel, Kümmel, Dill und ½ TL Pfeffer etwa 2 Minuten unterrühren. Mit Zitronensaft und 80–160 ml Wasser aufgießen, je nach erwünschter Konsistenz, und 2–3 Minuten kochen.

Den Topf vom Herd nehmen, abkühlen lassen und salzen. Die Scharfe Sauce in einen gut verschließbaren Behälter füllen. Im Kühlschrank aufbewahrt ist sie bis zu 1 Monat haltbar.

ERGIBT 550 ML

6 EL natives Olivenöl Extra
6 Knoblauchzehen, fein gehackt
500 ml Chilipaste
1 TL gemahlener Kreuzkümmel
½ TL gemahlener Kümmel (optional)
½ TL gemahlene Dillsamen (optional)
160 ml frisch gepresster Zitronensaft
Meersalz und frisch gemahlener
    schwarzer Pfeffer

OLIVENAUFSTRICH

Dieser Aufstrich eignet sich für alle Gelegenheiten. Er schmeckt wunderbar zu Brot – besonders zu Arabischem Brot mit *Shulbato* (siehe Seite 180) gefüllt. Ich bevorzuge einen cremigen Aufstrich, aber das Schöne am selber machen ist, dass Sie die Konsistenz nach Ihrem eigenen Geschmack bestimmen können. Für eine mildere Version können Sie die Hälfte der entkernten Kalamata-Oliven mit den kernlosen schwarzen abgetropften Oliven aus der Dose ersetzen.

Alle Zutaten mit ½ TL Pfeffer in einen Mixer geben, bis zur gewünschten Konsistenz pürieren und in einen gut verschließbaren Behälter füllen. Der Olivenaufstrich ist im Kühlschrank bis zu 2 Monate haltbar.

ERGIBT 500 ML

200 g entkernte schwarze Kalamata-Oliven
2 Knoblauchzehen, gehackt
1 Schalotte, gehackt
6 Kapern in Salzlake, gewaschen und
    abgetropft
5 sonnengetrocknete Tomaten in Olivenöl,
    gehackt (optional)
4 Sardellen, gewässert und gehackt
    (optional)
frisch gepresster Saft von 1,25–2 Zitronen
60 ml natives Olivenöl Extra
½ TL gemahlener Kreuzkümmel
frisch gemahlener schwarzer Pfeffer

DICKFLÜSSIGE TAHINI-SAUCE

Tahini-Sauce ist eine Mischung aus gerösteter Sesampaste, Zitronensaft, Knoblauch und Olivenöl und ist in jedem Haushalt des Nahen Ostens reichlich vorhanden. Sie ist das Gewürz schlechthin. Fast jedes Gericht wird damit aufgepeppt – auf Falafelsandwiches (siehe Seite 52) und über Rosenkohl mit Panko (siehe Seite 45) geträufelt; vermischt mit pürierten Kichererbsen für Hummus (siehe Seite 36) und den gegrillten Auberginen für das Baba Ghanoush (siehe Seite 40). Mein Lieblingsrezept, Ganzer frittierter Fisch (siehe Seite 129), wird mit dieser Saucenmischung und Petersilie serviert. Im Tanoreen vermische ich Tahini-Sauce mit dem Salatdressing und beträufle damit den Blumenkohlauflauf. Meine Tochter dippt darin immer ihre Chips! Lernen Sie, wie Tahini-Sauce zubereitet wird und Sie werden umgehend eine einfache, wunderbare, vielseitige Sauce in ihrem Kochrepertoire haben.

Tahini, Knoblauch, Zitronensaft und Salz in die Rührschüssel der Küchenmaschine geben und bei niedriger Stufe 2 Minuten vermischen. Die Geschwindigkeit eine Stufe höher schalten und so lange verrühren bis die Tahini-Mischung weiß wird. Langsam 120 ml Wasser hinzufügen bis die Mischung die gewünschte Konsistenz erreicht hat.

Die Sauce in eine Servierschüssel geben und mit Petersilie garnieren. Die Saucenreste sind in einem gut verschlossenen Behälter bis zu 2 Wochen im Kühlschrank haltbar.

VARIATIONEN

Scharfe Tahini-Sauce 60 ml Grantapfelsirup und 2 EL Chilipaste in die in die Küchenschüssel hinzugeben und gründlich vermischen.

Sandwichsauce Für eine dünnflüssigerer Version, zum Beispiel um Falafel, Kafta oder Blumenkohl-Tajine zu beträufeln, Wasser zur Mischung hinzufügen und verrühren, bis die gewünschte Konsistenz erreicht ist.

Fetti-Sauce 250 ml Tahini-Sauce mit 250 g Naturjoghurt so lange in der Küchenmaschine vermischen, bis sie cremig ist und als Sauce zu Hühnchen-Fetti (siehe Seite 140) serviert werden kann.

ERGIBT 625 ML

375 ml Tahini (Sesampaste)
3–4 Knoblauchzehen, gehackt
frisch gepresster Saft von 5 Zitronen
    zum Abschmecken (ca. 250 ml)
gehackte glatte Petersilie zum Garnieren
Meersalz

TOMATEN-DILL-AUFSTRICH

◆

DAGGA

Diese Spezialität aus Gaza ist ein hervorragender Dip und eignet sich zudem wunderbar als Sauce zu jeder Art von Fisch. Öffnen Sie eine Dose Sardinen, und Sie können das köstlichste Sandwich zaubern, indem Sie Arabisches Brot oder zwei Scheiben italienisches oder französisches Brot damit bestreichen und die Sardellen darauflegen. Ich verwende die Chilischoten mit Kernen, da sie für eine wunderbare Schärfe sorgen. Für eine mildere Version können die Samen entfernt werden.

Knoblauch und Salz in einen Mörser geben und mit einem Stößel zu einer Paste verarbeiten. Die Dillsamen hinzufügen und zu einer gleichmäßige Mischung zerreiben. Den frischen Dill genauso einarbeiten. Die Chilischoten hinzufügen und gut zerstoßen, damit sie ihren Geschmack entfalten. Jetzt die Tomaten vorsichtig einarbeiten, bis die Mischung eine dickflüssige Konsistenz bekommt. Zitronensaft und Öl einrühren, mit Salz würzen. Gut verschlossen ist der Tomaten-Dill-Aufstrich bis zu 3 Tage im Kühlschrank haltbar.

ERGIBT 2 L

8 Knoblauchzehen, fein gehackt
1 gehäufter EL Dillsamen
40 g gehackter Dill
2 Chilischoten, beispielsweise Jalapeños, fein gehackt
10 Flaschentomaten oder 5 Fleischtomaten, überbrüht, gehäutet und grob gehackt
frisch gepresster Saft von 1 ½ Zitrone
5 EL natives Olivenöl Extra
Meersalz

WÜRZIGE KNOBLAUCHSAUCE

◆

TEKLAI

Sie werden für die Zubereitung eines einzelnen Gerichts nicht so viel Sauce brauchen, wie dieses Rezept ergibt, aber die Sauce ist in einem gut verschlossen Behälter im Gefrierschrank bis zu 1 Monat haltbar. Falls die *Teklai* direkt aus dem Kühlschrank kommt, sollten Sie sie zunächst etwas aufwärmen. Dazu etwas Olivenöl bei mittlerer Temperatur in einer Bratpfanne erwärmen, Teklai hinzufügen und so lange anbraten, bis die Sauce zu köcheln beginnt.

Das Olivenöl in einer mittelgroßen Pfanne bei mittlerer Temperatur erhitzen. Den Knoblauch hinzufügen und 3 Minuten andünsten, bis er weich ist und duftet. Koriander, ½ EL Salz und ½ EL Pfeffer einrühren und so lange mitrösten, bis die Mischung duftet und der Knoblauch goldbraun ist. Die Pfanne vom Herd nehmen und die Knoblauchmischung zum Abkühlen in einer dünnen Schicht auf einem sauberen Backblech verteilen. Die Sauce zum Aufbewahren in einen gut verschließbaren Behälter geben. Im Kühlschrank ist sie bis zu 1 Woche haltbar.

ERGIBT 250 ML

120 ml natives Olivenöl Extra
20 Knoblauchzehen, fein gehackt
50 g gemahlener Koriander
Meersalz und fein gemahlener schwarzer Pfeffer

WÜRZIGE KNOBLAUCHSAUCE MIT ZITRONE

— •·• —

Ich bereite von dieser Teklai immer nur so viel vor, wie auch sofort verzehrt wird. Frisch zubereitet schmeckt sie nämlich am besten. Dennoch ist sie in einem gut verschlossenen Behälter im Kühlschrank bis zu 1 Woche haltbar.

In einer kleinen Pfanne die Butter bei mittlerer Temperatur zum Schmelzen bringen. Knoblauch und Salz hinzufügen und 3–5 Minuten goldbraun anbraten. Den Koriander einrühren und eine Minute weiterbraten. Mit Hilfe eines großen Löffels den Schaum an der Oberfläche der Mischung entfernen und die Pfanne vom Herd nehmen. Den Zitronensaft hinzufügen und die Teklai abkühlen, dann in einem gut verschließbaren Behälter füllen und bis zu 1 Woche im Kühlschrank aufbewahren.

ERGIBT 120 ML

4 EL Butter oder Ghee
3 gehäufte EL Knoblauch, fein gehackt
3 gehäufte EL gemahlener Koriander
frisch gepresster Saft von 3 Zitronen
Meersalz

SCHARFE WÜRZIGE KNOBLAUCHSAUCE

— •·• —

Die Mischung aus Koriander und Jalapeño gibt dieser *Teklai* das gewisse Etwas – Blumenkohleintopf mit Lamm (siehe Seite 98) und Okraschoteneintopf mit Lamm und Granatapfelsirup (siehe Seite 109) bekommen durch sie einen speziellen feinen und würzigen Beigeschmack. In einem gut verschlossenen Behälter ist diese Teklai im Kühlschrank bis zu 1 Monat haltbar.

Das Öl in einer mittelgroßen Pfanne bei mittlerer Temperatur erhitzen und den Knoblauch 3 Minuten andünsten. Koriander, ½ TL Pfeffer und Salz 30 Sekunden unterrühren, bis die Mischung zu duften beginnt. Koriandergrün und Jalapeño gut untermischen. Den Zitronensaft hinzufügen und alles gut vermengen. Abkühlen und anschließend in einen gut verschließbaren Behälter füllen. Im Kühlschrank ist die Sauce bis zu 1 Monat haltbar.

ERGIBT 250 ML

60 ml natives Olivenöl Extra
8–10 Knoblauchzehen, fein gehackt
3 EL gemahlener Koriander
40 g gehacktes Koriandergrün
1 Jalapeño, teils entkernt, fein gehackt
  (optional)
frisch gepresster Saft von 1 Zitrone
Meersalz und frisch gemahlener
  schwarzer Pfeffer

DESSERTS

ZUM ABSCHLUSS ETWAS SÜSSES

Zu Hause in Nazareth drehte sich am Wochenende alles ausschließlich ums Essen. Freitag und Samstag gab es immer rohes Kibbeh und frittierten Fisch, während wir am Sonntagmorgen immer vom unverkennbaren Geruch des frisch gebackenen Kokosnuss-Grieß-Kuchens (*Harisa*; siehe Seite 204) geweckt wurden. Meine Mutter stand immer viel früher auf als wir, und wenn wir dann langsam in der Küche eintrudelten, erwartete uns dort ein leckerer, goldgelber, mit Zuckersirup getränkter und mit Orangenblüten- und Rosenwasser übergossener Kuchen. Sie verwendete für den Kuchen immer ein großes Backblech – in der Hoffnung, dass er bis zum nächsten Sonntag ausreichen würde.

Da man im Nahen Osten über den ganzen Tag verteilt, ja sogar zum Frühstück, Kuchen isst, wurde aus diesem Plan leider nichts. Makkaroniröllchen (siehe Seite 215), Dattelgebäck (*Ka'ik*; siehe Seite 214) und *Mamoul*-Walnuss-Gebäck (siehe Seite 211), werden morgens zu starkem türkischem Kaffee serviert. Der nach Blumen duftende Pudding mit Pistazien und Sirup (*Sahlab*; siehe Seite 202) wird oft nach dem Mittagessen gereicht.

Es gibt im Nahen Osten nicht viele, aber dafür sehr besondere Desserts. Im Gegensatz zu anderen Gerichten sind die Portionen bei den Nachspeisen recht klein. Es werden so reichhaltige Zutaten verwendet, dass ein bis zwei Bissen ausreichen, um die Lust nach Süßem zu stillen. Sie werden feststellen, dass sich eine Reihe von Zutaten oft wiederholt und bei sehr vielen Desserts des Nahen Ostens verwendet werden. Aromatisches Rosen- und süßes Orangenblütenwasser ist fester Bestandteil des so oft verwendeten Sirups „*Attir*". Dieser wird beispielsweise bei Knafeh (siehe Seite 216), für die Pochierflüssigkeit der Gefüllten frischen Datteln (siehe Seite 213) und bei dem Pudding mit Pistazien und Sirup (siehe Seite 202) verwendet. Auch Nüsse dürfen bei den Süßspeisen nicht fehlen. Selbst wenn ein Dessert nicht aus einer Schicht Pistazien, Walnüssen, Pinienkerne oder Mandeln besteht beziehungsweise damit gefüllt ist, wird es zumindest damit garniert. Verschiedene süße Gewürzkombinationen – Zimt, Muskatnuss und Gewürznelken – sind auch nicht wegzudenken. Diese Gewürze werden nicht nur bei den Dattel- und Nussfüllungen, sondern auch beim Zuckersirup eingesetzt und verleihen den Süßspeisen ein nahöstliches Aroma.

Die Mischung aus aromatischem Blumenwasser, Nüssen und Gewürzen ist einzigartig und, wie Sie sicherlich bemerken werden, sehr beliebt. Bis auf ein paar Ausnahmen halte mich stets an die traditionellen Rezepte aus dem Nahen Osten. Bei einigen wenigen habe ich etwas herumexperimentiert und hier und da etwas ergänzt.

„MEINE MUTTER STAND IMMER VIEL FRÜHER AUF ALS WIR UND WENN WIR DANN LANGSAM IN DER KÜCHE EINTRUDELTEN, ERWARTETE UNS DORT EIN LECKERER, GOLDGELBER, MIT ZUCKERSIRUP GETRÄNKTER UND MIT ORANGENBLÜTEN- UND ROSENWASSER ÜBERGOSSENER KUCHEN.“

NACH BLUMEN DUFTENDER PUDDING MIT PISTAZIEN UND SIRUP

SAHLAB

Meine Gäste, die an Glutenunverträglichkeit leiden, lieben *Sahlab* – dieses cremige Dessert mit einem Hauch von Rosen- und Orangenblütenwasser. Es kann entweder als Heißgetränk – hierzu füge ich eine Prise Zimt, einige Rosinen und gehackte Walnüsse hinzu – oder wie hier, als gekühlter Pudding mit gehackten Pistazien und duftendem Sirup serviert werden.

Mastix und eine ½ Teelöffel Zucker in eine kleine Schüssel geben. Mit der Rückseite eines Löffels die Mastixstücke zu einem groben Pulver zermahlen.

In einem mittelgroßen Topf die Milch mit der Mastixmischung verrühren und bei mittlerer Temperatur aufkochen lassen. Die Speisestärke mit 120 ml Wasser verrühren. Die Speisestärkemischung, Rosen- und Orangenblütenwasser in die kochende Milch geben. Den Topf vom Herd nehmen und die Flüssigkeit mit einem Handrührgerät etwa 2 Minuten vermischen, bis sie dickflüssig wird und leicht an der Rückseite eines Löffels haften bleibt. Die Creme in eine runde Backform mit einem Durchmesser von etwa 23 cm füllen beziehungsweise in Serviergläsern oder Auflaufförmchen verteilen. Nach dem Abkühlen mit Frischhaltefolie abdecken und mindestens 3 Stunden in den Kühlschrank stellen, bis die Milchcreme fest und durchgekühlt ist.

Falls Sie sich für die Variante mit der Backform entschieden haben, eine Servierplatte, die mindestens 10 cm größer ist, auf darauflegen. Den Kuchen auf die Servierplatte stürzen – der Sirup, der sich auf dem Boden der Form abgesetzt hat, wird nun dekorativ über den Kuchen herunterfließen. Den Kuchen in Stücke schneiden, mit Pistazien bestreuen und kalt servieren.

FÜR 6–8 PORTIONEN

1 TL gemahlener Mastix
185 g Zucker zzgl. ½ TL
2 l kalte Milch
125 g Speisestärke
2 EL Rosenwasser (optional)
2 EL Orangenblütenwasser
150 g gehackte Pistazien

RUBINROTES FRÜCHTEKOMPOTT

Dieses Himbeer-Kirsch-Kompott kann man für verschiedene Süßspeisen verwenden; besonders gut schmeckt es zu *Sahlab* (oben). Auch zu Eis oder einem Stück Kuchen ist es ein wahrer Genuss.

Himbeeren und Kirschen mit Zucker, Grand Marnier, Vanille und Zitronensaft in einen mittelgroßen Topf geben und bei hoher Temperatur 5-8 Minuten kochen, bis die Früchte auseinanderfallen. Die Temperatur reduzieren und bei milder Temperatur 20-25 Minuten köcheln lassen, bis die Mischung leicht dickflüssig wird. Den Topf vom Herd nehmen und vor dem Servieren abkühlen lassen. Das Kompott ist in einem gut verschlossenen Behälter bis zu 2 Wochen im Kühlschrank halten.

ERGIBT 750 ML

500 g frische oder gefrorene Himbeeren
500 g frische oder gefrorene Kirschen, entkernt
100 g braunen Zucker
2 EL Grand Marnier (alternativ anderer Orangenlikör)
1 EL Vanilleextrakt
5 Tropfen frisch gepresster Zitronensaft

KOKOSNUSS-GRIESS-KUCHEN

HARISA

Dieser saftige süße Kuchen, der in einigen Regionen des Nahen Ostens als Namoura oder Basboosa bekannt ist, wird in Galiläa *Harisa* genannt und hat natürlich nichts mit der gleichnamigen, nordafrikanischen scharfen Sauce zu tun. Meine Mutter liebte die von ihr perfektionierte Version und hat diesem Rezept ihre ganz eigene Note verliehen. Sie verwendete Kokosnuss, eine Zutat, die für Harisas sehr untypisch ist und die Sie in anderen Rezepten auch nicht finden werden (für die traditionelle Version einfach weglassen). Falls Ihnen der Kuchen zu groß ist, können Sie die Mengenangaben halbieren und dann natürlich eine kleinere Kuchenform verwenden. Ansonsten können Sie den Rest einfach für das nächste Mal einfrieren.

⚜ **TIPP** Sie werden wahrscheinlich nicht den ganzen Sirup brauchen. Verwenden Sie ihn einfach für den nächsten Grießkuchen. Oder probieren Sie ihn zu Eistee oder Limonade. Abgedeckt ist er im Kühlschrank bis zu 4 Monate haltbar.

Den Backofen auf 175 °C vorheizen. Saure Sahne und Backpulver in einer großen Rührschüssel verrühren und 1 Minute ruhen lassen oder so lange, bis die saure Sahne gerinnt. 4 EL der Saure-Sahne-Backpulver-Mischung mit 4 EL geschmolzener Butter in einer kleinen Schüssel verrühren und beiseitestellen.

In einer weiteren großen Schüssel Mehl, Kokosflocken, Zucker, Natron und Vanilleextrakt mit der restlichen geschmolzenen Butter vermischen. Mit einem Plastikspatel oder den Händen etwa 5 Minuten gut vermengen. Alternativ die Zutaten in eine Rührschüssel geben und mit der Küchenmaschine bei mittlerer Geschwindigkeit vermischen. Die Saure-Sahne-Backpulver-Mischung hinzufügen und zu einem Teig verarbeiten.

Die Hälfte der beiseitegestellten Mischung aus saurer Sahne, Backpulver und Butter in eine tiefe 30 × 50 cm große Backform geben. Den Teig gleichmäßig darauf verteilen und mit einem Teigspatel gut in die Ecken streichen. Anschließend mit der restlichen Mischung aus saurer Sahne, Backpulver und Butter gleichmäßig bestreichen. Den Kuchen im vorgeheizten Backofen etwa 30 Minuten goldbraun backen. Den Sirup auf den noch warmen Kuchen geben. Die Backform zum Abkühlen auf ein Kuchengitter stellen und bei Zimmertemperatur abkühlen lassen.

Den Kuchen in zwölf Stücke schneiden, jedes Stück mit Pistazien bestreuen und servieren. Mit Frischhaltefolie abgedeckt, ist der Kuchen bei Zimmertemperatur bis zu 3 Tagen haltbar oder im Kühlschrank bis zu 2 Wochen. Vor dem Servieren bei niedriger Temperatur im Backofen erwärmen.

VARIATION *Walnusskuchen Geben Sie 450 g gehackte Walnüsse, 125 g entkernte, gehackte Datteln und 3 EL Kakaopulver zum Teig hinzu, und Sie haben ein komplett anderes leckeres Dessert.*

ERGIBT 12 STÜCKE

1 kg saure Sahne
2 EL Backpulver
350 g Butter, geschmolzen und abgekühlt
800 g fein gemahlener Grieß
150 g Kokosflocken
185 g Zucker
¼ TL Natron
3 EL Vanilleextrakt
Sirup, zimmerwarm (siehe Seite 216)
75 g gehackte Pistazien (optional)

BACKPULVERTEST

Mit folgender Methode können Sie testen, ob ihr Backpulver noch Triebkraft hat. Saure Sahne und Backpulver vermischen, falls die saure Sahne nicht wächst, ist das Backpulver abgelaufen.

SCHOKOLADEN-HIMBEER-KUCHEN

Ich bin ein bekennender Schokoholic und habe diese Sucht an meine Tochter vererbt, die keinen Abend ohne ein Stückchen Edelbitterschokolade aushält. Im Tanoreen biete ich ab und zu auch ein Schokoladendessert an. Diesen Kuchen hatte ich einmal für ein Menü zum Valentinstag kreiert. Ich wollte damals den schokoladigsten aller Schokokuchen backen. Das Geheimnis sind die verschiedenen Schokoladenkomponenten – dunkles Kakaopulver, starker Schokoladenlikör und Zartbitterschokolade. Ich gebe auch noch ein wenig Instantkaffee in die Mischung, denn durch das Röstaroma wird der Schokoladengeschmack noch intensiver.

Den Backofen auf 175 °C vorheizen. Eine runde Backform mit einem Durchmesser von 30–35 cm verwenden und die Seiten und den Boden mit Mehl bestäuben. Überschüssiges Mehl abklopfen. Eine mittelgroße Rührschüssel und einen Schneebesenaufsatz oder einen großen Handschneebesen zum Abkühlen in den Kühlschrank legen.

Mehl, Backpulver und Natron in einer Schüssel vermischen. Die Eier in die Rührschüssel einer Küchenmaschine aufschlagen und bei mittlerer Geschwindigkeit 4 Minuten hellgelb rühren. Zucker, Olivenöl, Kirschsaft und Vanilleextrakt hinzufügen und cremig rühren. Bei laufender Küchenmaschine nach und nach die Mehlmischung hinzugeben und 5 Minuten weiterrühren, bis ein geschmeidiger Teig entsteht. Kokosflocken, Walnüsse und Schokosplitter mit einem Teigspatel einarbeiten.

Den Teig in die vorbereitete Backform geben und im vorgeheizten Backofen 25–30 Minuten backen. Zur Garprobe mit einem Holzstäbchen in die Mitte des Kuchens stechen. Wenn beim Herausziehen am Stäbchen keine Teigreste mehr kleben, ist der Kuchen fertig. Den Kuchen aus dem Backofen nehmen und auf einem Kuchengitter auskühlen lassen. Währenddessen den Sirup und die Schlagsahne vorbereiten.

Für den Sirup: In einem mittelgroßen Topf 120 ml Wasser aufkochen. Grand Marnier, Ahornsirup, Instantkaffeepulver, Zucker und Kakaopulver hinzufügen und mit einem Holzlöffel 1 Minute lang verrühren. Vom Herd nehmen und beiseitestellen.

Für die Schlagsahne: Die Sahne in die gekühlte Schüssel geben und mit dem gekühlten Schneebeseneinsatz bei mittlerer Geschwindigkeit so lange schlagen, bis sie beginnt, fest zu werden. Als Alternative die Sahne mit einem Handrührgerät schlagen, große Kreise ziehen und immer wieder die Richtung wechseln, um möglichst viel Luft einzuarbeiten. Vanilleextrakt und Zucker hinzufügen und die Sahne so lange weiterrühren, bis sie steif ist.

Mit einem Messer den Rand des Kuchens von der Backform lösen. Einen Tortenteller umgekehrt über die Backform legen und den Kuchen auf den Teller stürzen. Den Sirup gleichmäßig über dem ausgekühlten Kuchen verteilen und einziehen lassen. Den Kuchen 15–30 Minuten in den Kühlschrank stellen. Vor dem Servieren mit der Schlagsahne bestreichen, die frischen Beeren darauf verteilen und mit Puderzucker bestreuen.

ERGIBT 10–12 STÜCKE

Für den Kuchen:
250 g Mehl zzgl. etwas zum Bestäuben der Backform
4 ½ TL Backpulver
½ TL Natron
4 Eier (Größe M)
185 g Zucker
180 ml natives Olivenöl Extra oder 225 g Butter, geschmolzen
250 ml Kirsch- oder Himbeersaft
2 EL Vanilleextrakt
75 g Kokosflocken (optional)
150 g gehackte Walnüsse
125 g Schokoladensplitter (halbbitter)

Für den Sirup:
5 EL Grand Marnier (optional)
3 EL Bioahornsirup
2 EL Instantkaffeepulver
2 EL Zucker
1 EL ungesüßtes Kakaopulver

Für die Schlagsahne:
500 g gekühlte Schlagsahne
1 EL Vanilleextrakt
1 EL Zucker

500 g frischer Himbeeren, Erdbeeren oder Brombeeren
Puderzucker zum Bestäuben

MEHLLOSER MANDARINEN-APRIKOSEN-KUCHEN

—— •◦• ——

Die Nachfrage nach glutenfreien Gerichten steigt stetig. Da die meisten unserer schmackhaften Gerichte es von Haus aus sind, stellt das für uns kein Problem dar. Anders sieht es dagegen bei Kuchen und Süßgebäck aus, aber auch hier habe ich mich der Herausforderung gerne gestellt. Ich habe mit mehreren glutenfreien Alternativen zu Mehl experimentiert und festgestellt, dass eine Kombination aus gemahlenen Mandeln und Pistazien ein wunderbarer Mehlersatz ist. Mahlen Sie die Nüsse, bis sie so fein sind wie Mehl – jedoch nicht mehr, sonst leidet die Konsistenz des Kuchens darunter. Dieser wunderbare Kuchen kann sich auf jedem Fest sehen lassen.

Die Mandarinen in einem großen Topf mit Wasser bedeckt aufkochen lassen und 25–30 Minuten garen, bis die Früchte weich sind. Die Kochzeit kann je nach Reifegrad der Früchte variieren. Die Mandarinen in einem Sieb abtropfen lassen, anschließend in einen Mixer geben und pürieren.

Die Aprikosen im gleichen Topf mit Wasser bedeckt aufkochen lassen 15–20 Minuten garen, bis die Früchte weich sind. Die Kochzeit kann je nach Reifegrad der frischen oder nach Härte der getrockneten Aprikosen variieren. In einem Sieb abtropfen lassen, in eine Schüssel geben und cremig pürieren.

Den Backofen auf 175 °C vorheizen. Eine runde Backform von etwa 40 cm Durchmesser mit Antihaftspray besprühen.

Zucker, Mandeln, Pistazien, Walnüsse, Kokosflocken und Backpulver in einer mittelgroßen Schüssel verrühren und beiseitestellen.

Die Eier in die Schüssel einer Küchenmaschine schlagen und hellgelb verrühren. Die pürierten Mandarinen und Aprikosen, den Frangelico sowie den Vanilleextrakt hinzufügen und so lange weiterrühren, bis alle Zutaten gut vermischt sind. Bei laufender Küchenmaschine nach und nach die Nussmischung in die Schüssel geben und 3–5 Minuten weiterrühren, bis eine cremige Mischung entsteht.

Den Teig in die Kuchenform geben und, da der Kuchen nicht sehr aufgeht, bis zu 2,5 cm unter den Rand füllen. Den Kuchen im vorgeheizten Backofen 35–40 Minuten backen. Zur Garprobe mit einem Holzstäbchen in die Mitte des Kuchens stechen. Wenn beim Herausziehen am Stäbchen keine Teigreste mehr kleben, ist der Kuchen fertig. Den Kuchen aus dem Backofen nehmen und auf einem Kuchengitter auskühlen lassen.

Mit einem Messer den Kuchen am Rand von der Backform lösen. Einen großen Tortenteller umgekehrt auf die Backform legen und den Kuchen auf den Teller stürzen. Den Kuchen warm mit Schlagsahne und frischen Früchten oder Eis servieren.

ERGIBT 10–12 STÜCK

8 kernlose Mandarinen, geschält,
    in Spalten geteilt
8 Aprikosen, geschält und entkernt,
    oder 125 g getrocknete
185 g Zucker
500 g Mandeln, enthäutet und
    mehlfein gemahlen
150 g Pistazien, enthäutet und
    mehlfein gemahlen
150 g zerstoßene Walnüsse
40 g Kokosflocken (optional)
2 EL Backpulver
8 Eier (Größe M)
4 EL Frangelico (Haselnusslikör; optional)
2 EL Vanilleextrakt

OSTERN IN NAZARETH

Als ich noch ein kleines Mädchen war, besuchte uns mein Onkel zu Ostern. Er lebte in den Vereinigten Staaten und war seit fast 10 Jahren nicht mehr in Nazareth gewesen.

Die Ostertradition wollte es damals so, dass in der Woche vor Ostersonntag die Familien der Nachbarschaft tagsüber zusammen backten. Jeden Abend gab es dann bei einer der Familien ein gemeinsames reichhaltiges Abendessen. Bei seiner Ankunft fiel meine Mutter meinem Onkel um den Hals, aber zu seiner großen Verwunderung gehörten zum Begrüßungskomitee auch etwa zehn fleißige Bäckerinnen, die mit meiner Mutter das Ostergebäck vorbereiteten. Einige waren für die *Mamouls* zuständig, ein domförmiges Gebäck, das mit Walnüssen oder Pistazien gefüllt, mit Organgenblütenwasser aromatisiert und anschließend mit Zucker bestäubt wird. Andere kümmerten sich um die kranzförmigen, mit Datteln gefüllten und mit Zimt, Gewürznelken und Muskatnuss gewürzten *Ka'iks*.

Es gab drei Arbeitsstationen – an einer wurde der Teig zubereitet, an der nächsten die Füllung, und an der dritten wurde der Teig mit der Füllung bestückt. Wolken aus Mehlstaub lagen in der Luft, und auf den Tischen standen Berge von Grieß, Nuss, Zucker, Pflanzenfett, Gewürzen und Datteln. Die Frauen füllten, rollten und dekorierten ein Gebäck nach dem anderen, und sobald ein Blech voll war, lief eines der Kinder damit zum Backen in die Dorfbäckerei, denn damals besaß man daheim keinen eigenen Backofen.

Warum alleine backen, wenn man es auch gemeinsam machen kann? Warum nur ein paar süße Stücke backen, wenn man auch hunderte backen kann? So ist die palästinensische Philosophie. Damals war die Osterwoche Synonym für köstlich duftenden, frisch gebrühten Kaffee und gut gewürztes Gebäck. Überall standen gefüllte Platten herum, als seien sie vom Himmel gefallen. Und angesichts der „himmlischen" Form einiger Gebäckstücke erschien das auch gar nicht so unwahrscheinlich. Da gab es zum Beispiel *Ka'iks*, die in ihrer Form an die Dornenkrone erinnerten, die Jesus am Kreuz trug. Die domförmigen *Mamouls* sollten wiederum die Grabstätte Jesu' symbolisieren. Leider sind viele dieser Traditionen und Rituale mit der Zeit verlorengegangen, aber ich werde sie immer als ein Sinnbild für die Großzügigkeit und Selbstlosigkeit dieser früheren Gemeinschaft sehen.

„BEI SEINER ANKUNFT FIEL MEINE MUTTER MEINEM ONKEL UM DEN HALS, ABER ZU SEINER GROSSEN VERWUNDERUNG GEHÖRTEN ZUM BEGRÜSSUNGS-KOMITEE AUCH ETWA ZEHN FLEISSIGE BÄCKERIN-NEN, DIE MIT MEINER MUTTER DAS OSTERGEBÄCK VORBEREITETEN."

MAMOUL-WALNUSS-GEBÄCK

Ich mache die *Mamouls* immer von Hand — auch wenn es mit den Backformen, die es heutzutage gibt, und die sogar noch ein nettes Muster geben, viel schneller geht. Es hat auch keinerlei Auswirkung auf den Geschmack des Gebäcks, aber das Formen der Mamouls liegt einfach in meiner Natur. Man kann die Backformen in nahöstlichen Lebensmittelgeschäften und im Fachhandel für Küchenzubehör kaufen. Falls Sie Pistazien verwenden möchten, sollten Sie diese zunächst 30 Minuten in Wasser einweichen und dann abtropfen lassen, so behalten sie ihre schöne grüne Farbe. Und falls Sie keine Molkereiprodukte verwenden möchten, können Sie statt der Milch auch Orangenblütenwasser nehmen.

Für die Füllung in einer großen Schüssel die Nüsse mit Butter, Rosenwasser, Orangenblütenwasser, Zucker, Zimt und Gewürznelken so lange vermischen, bis die Nüsse damit vollständig überzogen sind. Anschließend beiseitestellen.

Für den Teig Grieß, Hartweizenmehl und Weizenmehl in einer großen Schüssel vermischen. Mit Mastix und Mahlab bestreuen. In der Mitte der Mehlmischung eine Mulde formen und Hefe sowie Zucker hineingeben. 3 EL warmes Wasser hinzufügen und die Hefemischung 1 Minute ruhen lassen, bis sie anfängt zu schäumen. Die Milch hinzufügen und mit einer Gabel nach und nach die flüssigen Zutaten mit den trockenen zu einem Teig verrühren.

Den Teig aus der Schüssel nehmen und auf einer sauberen Arbeitsfläche so lange kneten, bis er weich und locker ist. Falls der Teig zu hart ist, nach und nach etwas Wasser hinzufügen, damit eine geschmeidig Konsistenz entsteht. Den Teig wieder in die Schüssel geben, mit einem sauberen Geschirrtuch abdecken und an einem warmen Ort 1 Stunde ruhen lassen.

Den Backofen auf 190 °C vorheizen. Zwei Backbleche mit Backpapier auslegen.

Wenn Sie die Mamouls mit der Hand formen, so nehmen Sie 3 EL vom Teig und rollen ein Bällchen zwischen den Händen. Mit dem Finger eine Kuhle in die Kugel drücken und 1 ½ EL der Nussmischung hineingeben. Die Teigränder über der Füllung zusammendrücken und verschließen, sodass die Füllung komplett vom Teig bedeckt ist. Die Kugel mit der Verschlussseite nach unten in eine Hand nehmen und mit leichtem Druck die Unterseite glätten. Das Gebäck auf das vorbereitete Backblech setzen und mit dem restlichen Teig und der Füllung wiederholen.

Die Mamouls im vorgeheizten Backofen 12–15 Minuten hellbraun backen. Aus dem Ofen nehmen und auf einem Kuchengitter auskühlen lassen. Das Gebäck kann bei Zimmertemperatur 2 Tage lang aufbewahrt werden. In einem luftdichten Behälter ist es im Kühlschrank bis zu 2 Wochen oder im Gefrierfach bis zu 3 Monate haltbar. Vor dem Servieren mit Puderzucker bestreuen.

ERGIBT 36 STÜCK

Für die Füllung:

1,5 kg Pistazien oder Walnüsse, geschält und grob gehackt

3 EL Butter, Ghee oder Pflanzenöl

3 EL Rosenwasser

3 EL Orangenblütenwasser

185 g Zucker

½ TL gemahlener Zimt

1 Prise gemahlene Gewürznelken

Für den Teig:

1 kg fein gemahlener Grieß

500 g Hartweizenmehl

500 g Weizenmehl

1 EL Mastix

1 EL Mahlap

1 TL Trockenhefe

1 EL Zucker

500 ml Milch oder Orangenblütenwasser

Puderzucker zum Bestäuben

GEROLLTE DATTELKEKSE

⋅•⋅

MAQROOTA

Bis heute habe ich vergebens versucht, die Dattelrollen meiner Mutter nach-
zubacken. Dieses Rezept kommt dem Ganzen schon sehr nahe, doch ich glaube,
sie hat mehr Butter verwendet als ich. Da wir heutzutage alle viel bewusster
Essen, nehme ich statt Ghee oft Olivenöl – das Ergebnis kann sich sehen lassen.
Mit Kaffee oder Tee servieren.

Datteln mit Öl, Zimt, Gewürznelken und Piment in eine Schüssel geben. Die Zutaten mit
den Händen zu einem Teig verarbeiten. (Falls die Datteln hart sind, sollten Sie sie mit Öl
in einer großen Pfanne bei milder Temperatur erwärmen. Anschließend die Gewürze
hinzufügen und dann zu einem Teig verarbeiten.) Beiseitestellen.

Weizenmehl, Maismehl, Hartweizenmehl, Mahlab, Mastix und – bis auf einen Esslöffel –
den gesamten Zucker in einer großen Schüssel vermischen. In der Mitte der Mehlmischung eine Mulde formen. Ghee oder Olivenöl in die Mulde geben. Wenn Sie Olivenöl
verwenden, dann die Anissamen hinzufügen. Die Mischung mit den Händen zu einem
Teig verarbeiten. Zudecken und 30–60 Minuten ruhen lassen.

Nachdem der Teig geruht hat, den restlichen Zucker mit einem Tropfen warmem Wasser
und der Trockenhefe in einer kleinen Schale verrühren. In der Teigmitte erneut eine
Mulde formen und die Hefemischung hineingeben. Das Orangenblütenwasser hinzufügen und den Teig von der Mulde aus Richtung Außenseite 3–5 Minuten gut vermischen.
Als Alternative den Teig in die Schüssel einer Küchenmaschine mit Knethaken geben, in
der Mitte eine Mulde formen, die Hefemischung und das Orangenblütenwasser hinzufügen und bei mittlerer Geschwindigkeit zu einem glatten Teig verarbeiten. Aus dem Teig
vier Kugeln formen und auf eine saubere Arbeitsfläche legen. Mit einem Geschirrtuch
abdecken und 15 Minuten ruhen lassen. In der Zwischenzeit den Backofen auf 200 °C
vorheizen und zwei Backbleche mit Olivenöl einreiben.

Die Arbeitsfläche mit etwas Mehl bestäuben und die einzelnen Teigbälle ausrollen, bis sie
1,5 cm dick sind und einen Durchmesser von 40 cm haben. Die Dattelmischung auf den
Teigscheiben verteilen, bis an den Rand ausstreichen und mit Walnüssen bestreuen. Die
Teigstücke jeweils zusammenrollen und mit 5 cm Abstand auf die Backbleche legen. Die
Teigrollen 10 Minuten backen. Während der Backzeit prüfen, ob die Rollen bereits zu viel
Farbe haben, sie sollten hell sein. Die Temperatur auf 150 °C reduzieren und 15–20 Minu-
ten weiterbacken. Die Rollen aus dem Ofen nehmen und abkühlen lassen.

Wenn die Rollen vollständig ausgekühlt sind, in 2,5 cm dicke Scheiben schneiden und
servieren. Die Kekse sind in einem geschlossenen Behälter an einem kühlen, trockenen
Ort bis zu 2 Wochen haltbar, im Kühlschrank sogar bis zu 3 Wochen.

VARIATION *Für gerollte Feigenkekse die Füllung mit Feigen zubereiten und auf dem
Teig verstreichen. Anstelle der Walnüsse Pistazien zum Bestreuen verwenden. Für die
noch süßere Variante, den Teig vor dem Rollen mit Schokoladenstreuseln bestreuen.*

ERGIBT 36 KEKSE

2 kg frische Datteln, entkernt und gehackt

2 EL Pflanzenöl

½ TL gemahlener Zimt

1 Prise gemahlene Gewürznelken

1 Prise gemahlener Piment

250 g Weizenmehl zzgl. etwas
   zum Bestäuben

125 g Maismehl

125 g Hartweizenmehl

1 TL Mahlab (optional)

1 TL Mastix

100 g Zucker

375 ml Ghee oder natives Olivenöl Extra
   zzgl. etwas zum Einfetten

2 EL Anissamen (optional)

1 EL Trockenhefe

375–500 ml Orangenblütenwasser,
   Milch oder Wasser

500 g Walnüsse, gehackt

TIPP Manchmal bereite ich die Rolle
vor und friere sie dann ein. Dazu die Rolle
10–12 Minuten backen, vollständig
abkühlen lassen und gut in Frischhaltefolie
einpacken. Eingefroren ist sie bis zu
2 Monate haltbar. Nach dem Auftauen
backe ich die Rolle dann bei 150 °C in
15–20 Minuten fertig.

GEFÜLLTE FRISCHE DATTELN

Zugegeben, man findet frisch gepflückte Datteln im Westen eher selten, aber es gibt sie immer häufiger in Obst- und Gemüsemärkten oder auch Online zu kaufen. Die Dattelsaison dauert nur drei Monate im Jahr – von August bis Oktober. Natürlich gibt es sie auch getrocknet, nur ich garantiere Ihnen: Sie werden Ihren ersten Biss in eine frische Dattel nie vergessen. Die Datteln werden in verschiedenen Reifegraden angeboten. Verwenden Sie *Khalal* – sie sind knackig und gelb und haben ein unverwechselbares Aroma. *Kimri* dagegen sind noch grün und unreif. In der letzten Reifephase, *Rutah* genannt, sind die Datteln weich und klebrig. Die meisten Datteln im Supermarkt sind fest und dunkel und befinden sich in der vierten und fünften Reifephase, *Tamir* genannt.

Jede Dattel mit einer Mandel füllen und beiseitestellen.

In einem großen Topf 500 ml Wasser bei mittlerer Temperatur zum Kochen bringen. Den Zucker hinzufügen und so lange rühren, bis er sich auflöst. Anschließend Orangensaft, Frangelico, Orangenblütenwasser, Rosenwasser, Gewürznelken und die Zimtstange einrühren. Die Temperatur erhöhen und zum Kochen bringen. Den Zitronensaft einrühren, die Temperatur reduzieren und bei milder Hitze 10 Minuten köcheln lassen, bis der Sirup etwas eindickt. Die gefüllten Datteln vorsichtig in den Topf geben und darauf achten, dass die Mandeln nicht herausfallen. Die Temperatur etwas erhöhen und die Datteln 12 Minuten köcheln lassen. Den Herd ausschalten und ohne Deckel auf Zimmertemperatur abkühlen lassen.

Die Datteln sowie den Sirup in einen hitzebeständigen Behälter geben und in den Kühlschrank stellen, bis sie richtig kühl sind. Zum Servieren die Datteln auf vier Teller verteilen, einen Löffel Ricotta dazugeben und mit etwas Sirup übergießen.

FÜR 4 PORTIONEN

32 frische Khalal-Datteln, entkernt
32 rohe Mandeln oder Walnüsse, enthäutet
150 g Zucker
60 ml frisch gepresster Orangensaft
50 ml Frangelico (Haselnusslikör),
    Amaretto oder Grand Marnier
1 EL Orangenblütenwasser
1 EL Rosenwasser
5 ganze Gewürznelken
1 Zimtstange
2 Tropfen Zitronensaft

Zum Servieren:
150 g Ricotta
Sirup (siehe Seite 216) zum Beträufeln

DATTELGEBÄCK

KA'IK

Falls Ihre Datteln etwas hart oder trocken sind, können Sie sie in einer Pfanne bei milder Temperatur erwärmen und mit einem Holzkochlöffel oder Pfannenwender zerstampfen. Sollten Sie es etwas süßer bevorzugen, können Sie zum Teig noch ein wenig Zucker hinzufügen. Ich finde aber, dass Datteln bereits süß genug sind und verwende daher lieber etwas weniger.

Für den Teig das Mehl in eine große Schüssel geben und die geschmolzene Butter hinzufügen. So lange mit den Händen kneten, bis die geschmolzene Butter komplett vom Mehl aufgesogen wurde. Eine Mulde in der Mitte der Schüssel formen und Hefe, Zucker und 2 EL heißes Wasser hineingeben. 1 Minute ruhen lassen. Mastix und Mahlab zur Mehlmischung geben. Orangenblütenwasser hinzufügen und zu einem glatten Teig kneten. Mit einem Geschirrtuch abdecken und 30 Minuten ruhen lassen.

Für die Füllung die Datteln mit Öl, Rosenwasser, Zimt, Gewürznelken und Muskatnuss in einer großen Schüssel vermischen. Mit den Händen so lange kneten, bis die Mischung eine weiche, teigähnliche Konsistenz hat.

Den Backofen auf 190 °C vorheizen. Zwei Backbleche mit Backpapier auslegen.

In eine Handfläche 3 EL des Teiges geben und mit der anderen Hand zu einem Ball formen. Mit dem Finger eindrücken, sodass eine kleine Mulde entsteht und 1 ½ EL von der Dattelmischung hineingeben. Die Teigränder über der Füllung verschließen. Die Kugel mit der Verschlussseite nach unten in die andere Hand geben und die Verschlussseite leicht glattdrücken. Das Gebäck auf das vorbereite Backblech setzen und mit dem restlichen Teig und der übrigen Füllung wiederholen.

Das Gebäck im vorgeheizten Backofen 15–20 Minuten goldbraun backen. Zum Abkühlen auf ein Kuchengitter legen. Bei Zimmertemperatur ist das Dattelgebäck 2 Tage haltbar, in einem luftdichten Behälter im Kühlschrank bis zu 2 Wochen oder gefroren bis zu 3 Monate. Vor dem Servieren großzügig mit Puderzucker bestäuben.

ERGIBT 42 STÜCK

Für den Teig:
750 g Weizenmehl
1 kg Butter, geschmolzen
1 EL Trockenhefe
1 EL Zucker
1 EL Mastix
1 EL Mahlab
500 ml Orangenblütenwasser
    oder warme Milch

Für die Füllung:
1,5 kg Datteln, entkernt
3 EL Maisöl, Butter oder Ghee
2 EL Rosenwasser (optional)
½ TL gemahlener Zimt
1 Prise gemahlene Gewürznelken
1 Prise frisch gemahlene Muskatnuss
Puderzucker zum Bestäuben

MAKKARONIRÖLLCHEN

—— ◦✦◦ ——

Immer wenn die von unseren eigenen Bäumen stammenden Oliven gepresst wurden, backte meine Mutter dieses leicht nach Anis schmeckende Gebäck. Es reichte dann für die nächsten zwei Monate, da sie immer gleich etwa 25 Pfund davon machte! Man wusste ja nie, wann unerwarteter Besuch kam, und ein guter Gastgeber hatte selbstverständlich stets selbst gemachtes Gebäck im Haus. Wie der Name ahnen lässt, haben diese Röllchen so wie die gleichnamige Nudelsorte ein Loch in der Mitte. Ich esse sie am liebsten mit kaltem Sirup (siehe Seite 216) oder mit geschmolzener Schokolade. Meine neueste Kreation ist, sie mit Datteln zu füllen.

Das Mehl in eine große Schüssel sieben und mit Zucker, Sesamsamen sowie gemahlenen und ganzen Anissamen vermischen. Das Öl hinzufügen und mit den Händen 3–5 Minuten unter das Mehl mischen, bis das Mehl so viel Öl wie möglich aufgenommen hat (es wird sehr viel Öl übrigbleiben, dieses bitte entsorgen). Nach und nach 250 ml kaltes Wasser hinzufügen und nach jeder Zugabe gut mit den Händen vermischen, bis ein Teig entsteht. Falls der Teig nicht richtig zusammenhält, kann noch mehr Wasser hinzugefügt werden. Immer jeweils ein paar Teelöffel, bis die Konsistenz stimmt.

Den Backofen auf 190 °C vorheizen. Zwei Backbleche mit Backpapier auslegen.

Für ein Röllchen ein tischtennisballgroßes Stück Teig abtrennen, auf ein flaches Sieb legen und zu einem 5 × 8 cm großen Rechteck formen. Mit vier Fingern den Teig von oben nach unten einrollen. Das Röllchen mit der Verschlussseite nach unten auf ein Backblech legen. Mit dem restlichen Teig wiederholen. Zwischen den Röllchen immer 2 cm Platz lassen.

Das Gebäck im vorgeheizten Backofen 12–15 Minuten backen, bis es hellbraun ist. Zum Abkühlen auf ein Kuchengitter legen. Die Röllchen sind sehr gut haltbar. Gut eingepackt zwischen zwei Schichten Frischhaltefolie lassen sie sich in einem wiederverschließbaren Plastikbeutel bis zu 2 Monate einfrieren.

VARIATION *Makkaroni-Fasten-Kekse: Während der Fastenzeit füllte meine Mutter die Cookies mit würziger Dattelfüllung. Hierfür werden ¼ TL gemahlener Zimt und je 1 Prise gemahlene Gewürznelken und Piment in 1 kg frische entkernte Datteln gerührt. Sie gab dann auch immer noch 1 TL echten Schwarzkümmel zum Teig. Für das Füllen ein wallnussgroßes Teigstück zu einem 5 × 2,5 cm Rechteck ausrollen. 2 TL der Dattelfüllung zwischen den Handflächen auf die gleiche Länge des Teiges rollen, in die Mitte des Rechtecks legen, mit dem Teig umwickeln und die Ränder zusammenpressen. Die Teigenden zu einem Kranz verbinden und wie oben beschrieben backen.*

ERGIBT 60 KEKSE

750 g Weizenmehl

300 g Zucker

25 g ungeschälte Sesamsamen

80 g gemahlener Anis

80 g Anissamen

750 ml natives Olivenöl Extra oder 500 ml natives Olivenöl Extra und 250 ml Pflanzenöl

KNAFEH

—— ◦▪◦ ——

Katayfeh, so werden die hauchdünnen Teigfäden genannt, aus denen dieses traditionelle, mit Käse oder Walnüssen gefüllte Dessert hergestellt wird, das im gesamten Nahen Osten bekannt ist. Wenn ich es im Restaurant zubereite, verwende ich Ghee, aber Sie können auch Butter nehmen. Das Wichtigste ist, ausschließlich qualitativ hochwertige Zutaten zu verwenden. Wenn Sie sich nicht zutrauen, das Knafeh aus der Backform auf einen Teller zu stürzen, können sie es mit etwas Sirup beträufeln und direkt in der Backform servieren.

☙ **TIPP** Man kann Knafeh wunderbar einfrieren, und es schmeckt aufgewärmt genauso gut wie frisch zubereitet (aber bitte niemals in der Mikrowelle). Die ungebackene Süßspeise kann gut verpackt bis zu 3 Monate eingefroren werden. Nachdem es gebacken wurde ist es im Kühlschrank noch etwa 1 Woche haltbar.

Den nudelartigen Teig in eine große Schüssel geben und mit der geschmolzenen Butter übergießen. Mit den Händen alles so lange vermischen, bis die Butter gänzlich einzogen ist. Die Mischung sollte weich sein und keine trockenen Stellen haben. Als Alternative den Teig in der Küchenmaschine zu etwa 3 mm langen Stückchen zerhacken und gleichzeitig die geschmolzene Butter zugeben.

Den Backofen auf 230 °C vorheizen. Eine runde Backform mit einem Durchmesser von 45 cm oder eine 30 × 40 cm große Form bereitstellen.

Die Hälfte des Teiges mit den Händen in der Form verteilen. Den Teig komplett mit Käse oder Walnüssen bestreuen. Den restlichen Teig über die Füllung streuen und mit den Handinnenflächen herunterdrücken, sodass der Teig die Füllung bedeckt. Achten Sie darauf, dass die gesamte Füllung bedeckt ist (ansonsten verbrennt sie), und vergewissern Sie sich, dass der Teig nicht die Backblechränder berührt – das Knafeh lässt sich dann nicht aus der Form lösen.

Im vorgeheizten Backofen etwa 20 Minuten backen, bis der Käse komplett geschmolzen und goldbraun ist (bei Käse-Knafeh) oder die Nussfüllung warm und der Teig goldbraun und knusprig ist (bei dem Walnut-Knafeh). Noch während das Gebäck heiß ist, ein großes Backblech oder eine Servierplatte umgedreht auf die Form legen und stürzen. Den Sirup großzügig auf dem gesamten Gebäck verteilen.

Käse-Knafeh mit Pistazien bestreuen. Mit einem Pizzaschneider in 5 cm große Stücke schneiden und servieren.

ERGIBT 48 STÜCK

750 g Katayfeh-Teig
    (nudelartiger Fädenteig)
500 g Butter, geschmolzen oder Ghee
Käse oder Walnussfüllung
    (siehe Seite 220)
Sirup (siehe unten), bei Zimmertemperatur
250 g Pistazien, gehackt zum Garnieren
    (für den Käse- Knafeh)

EINFACHER SIRUP

In einem Topf 2 l Wasser bei mittlerer Temperatur erhitzen, dabei 1,25 kg Zucker einrühren und aufkochen lassen. ½ TL Zitronensaft, 2 EL Orangenblütenwasser und 2 EL Rosenwasser hineinrühren. Die Temperatur leicht reduzieren und 30 Minuten weiterkochen. Für einen dickflüssigeren Sirup die Kochzeit verlängern, bis der Sirup die gewünschte Konsistenz erreicht hat. Vom Herd nehmen und abkühlen lassen. Den Sirup warm oder kalt verwenden. Falls sie warmen verwenden, muss das Dessert kalt sein – umgekehrt bei kaltem Sirup. In einem gut verschlossenen Behälter lässt sich der Sirup bis zu 1 Monat einfrieren.

VARIATION Für einen zusätzlichen geschmacklichen Kick ein Stück Ingwer, Orangenschale oder Gewürznelken hinzufügen.

KÄSEFÜLLUNG FÜR KNAFEH

Wenn ich die Füllung im Restaurant zubereite, verwende ich immer meinen eigenen selbstgemachten Käse, aber Sie können gerne auch qualitativ hochwertigen Käsebruch, Ricotta und Mozzarella verwenden. Käsebruch erhält man auf Bauernmärkten, in Käsehandlungen, in einigen Feinkostläden und im Internet.

FÜR EINE BACKFORM
30 × 40 CM ODER MIT 45 CM Ø

1 kg Käsebruch
250 g Ricotta
500 g frischer Mozzarella, gerieben

Käsebruch, Ricotta und Mozzarella in einer großen Schüssel vermischen und bis zum Gebrauch in den Kühlschrank stellen.

WALNUSSFÜLLUNG FÜR KNAFEH

Bei diesem Dessert werden eigentlich nur Walnüsse verwendet, aber ich füge gerne auch Mandeln und Pistazien hinzu. Unabhängig davon müssen es insgesamt 1,5 kg sein.

FÜR EINE BACKFORM
30 × 40 CM ODER MIT 45 CM Ø

1 kg Walnüsse, gehackt
500 g ganze Mandeln oder Pistazien,
    enthäutet und gehackt, oder Mandelstifte
250 g Rosinen oder Sultaninen
250 g Kokosflocken
60 ml Orangenblütenwasser
3 EL Rosenwasser (optional)
3 EL Pflanzenöl
1 TL gemahlener Zimt
1 Prise frisch geriebene Muskatnuss
1 Prise gemahlene Gewürznelken

Walnüsse und Mandeln mit Rosinen, Kokosflocken, Orangenblütenwasser, Rosenwasser, Öl, Zimt, Muskatnuss und Gewürznelken in einer großen Schüssel geben. Die Zutaten gut mit den Händen vermischen und bis zur Verwendung beiseitestellen.

REGISTER

DANKSAGUNG

An meine Tochter und Geschäftspartnerin Jumana, meine Freude, die jeden Tag mit mir im Tanoreen steht: Danke für deine ständige Motivation und deinen festen Glauben an die Familie und an dieses Buch.

An meinen Sohn Tarek, mein Licht und Stolz: Dein Engagement und dein Glaube an die Veröffentlichung dieses Buches waren unbezahlbar und grenzenlos.

An meinem Ehemann Wafa, der mich die letzten 40 Jahre begleitet hat: Danke für deine ständigen Unterstützung und gemeinsamen Momente auf dieser bemerkenswerten Reise: Ich liebe dich.

An Rawda, Azmi, Marwan und Samia, meine Geschwister, mit denen ich immer noch koche, esse, und die mir Kraft geben. Unsere Kindheit und unsere gemeinsamen Geschichten sind das Fundament dieses Buches: Danke für die Freude die ihr mir gebt.

An meine besten Freunde Yolanda, Soumaya, Suhair und George – wir lieben es zu essen. Ihr habt mich dazu ermutigt, meine Leidenschaft für das Kochen zu meinem Beruf zu machen, und das Resultat eurer Ermutigungen ist heute das Tanoreen.

An meine Mitarbeiter im Tanoreen, die mir all diese Jahre so loyal beiseitestanden und mit denen ich endlos viele Rezeptideen ausprobiert habe: Danke.

An meine wunderbaren Restaurantgäste, die mich von Anfang an unterstützt haben und denen ich den Erfolg des Tanoreen verdanke: Vielen Dank.

Ich danke dem Team, das mich bei diesem Buch unterstützt hat:

Meiner Autorin Kathleen für die unermüdliche Überprüfung aller einzelnen Rezepte, für die harte Arbeit und für deine Ausdauer im letzten Jahr.

Meiner Agentin Judith, die stets optimistisch war und immer das Licht am Ende des Tunnels gesehen hat.

An unsere Fotografen Pete Cassidy und Vicki Murrell von Kyle Books und die Familien und Freunde, die uns während des Fotoshootings im Ausland beherbergt haben, die jedes Rezept mit Leben gefüllt haben und mich während meiner Kindheit begleitet haben: Vielen Dank.

Und natürlich meiner Verlegerin Kyle für Ihre Idee und dafür, dass sie an mich geglaubt hat und meine Lektorin, Anja, deren Geduld und Weitsicht dafür gesorgt haben, dass aus einem bunten Haufen Rezepte ein ordentliches Buch entstehen konnte.